Das Recht auf eine ärztliche Zweitmeinung zur Krankenbehandlung im Rahmen der gesetzlichen Krankenversicherung

Recht und Medizin

Herausgegeben von den Professoren
Dr. Erwin Deutsch (†), Dr. Bernd-Rüdiger Kern, Dr. Thorsten Kingreen,
Dr. Adolf Laufs (†), Dr. Hans Lilie, Dr. Hans-Ludwig Schreiber,
Dr. Andreas Spickhoff

Bd./Vol. 140

Zur Qualitätssicherung und Peer Review der vorliegenden Publikation

Die Qualität der in dieser Reihe erscheinenden Arbeiten wird vor der Publikation durch Herausgeber der Reihe geprüft.

Notes on the quality assurance and peer review of this publication

Prior to publication, the quality of the work published in this series is reviewed by editors of the series.

Josephine Katharina Mutzek

Das Recht auf eine ärztliche Zweitmeinung zur Krankenbehandlung im Rahmen der gesetzlichen Krankenversicherung

PETER LANG

Bibliografische Information der Deutschen Nationalbibliothek
Die Deutsche Nationalbibliothek verzeichnet diese Publikation in der Deutschen Nationalbibliografie; detaillierte bibliografische Daten sind im Internet über http://dnb.d-nb.de abrufbar.
Zugl.: Halle-Wittenberg, Univ., Diss., 2022

3
ISSN 0172-116X
ISBN 978-3-631-87695-4 (Print)
E-ISBN 978-3-631-89220-6 (E-PDF)
E-ISBN 978-3-631-89221-3 (EPUB)
DOI 10.3726/ b20315

Peter Lang – Berlin · Bern · Bruxelles · New York · Oxford · Warszawa · Wien

Diese Publikation wurde begutachtet.

www.peterlang.com

Vorwort

Die vorliegende Arbeit wurde im Sommersemester 2020 von der Rechtswissenschaftlichen Fakultät der Martin-Luther-Universität Halle-Wittenberg als Dissertation angenommen.

Mein größter Dank gilt dabei Herrn Prof. Dr. Reimund Schmidt-De Caluwe für die unermüdliche, geduldige und inspirierende Betreuung meiner Arbeit. Seine Art, bewusst geistige Freiräume zu schaffen, prägt mich seitdem persönlich sehr. Ich bin sehr froh, dass ich im Laufe der Jahre die Möglichkeit hatte, so vieles über das Juristische hinaus von ihm zu lernen.

Mein besonderer Dank gilt daneben auch Frau Prof. Dr. Katja Nebe für den anregenden wissenschaftlichen Austausch und für die Erstellung des Zweitgutachtens.

Besonders dankbar bin ich meinem Mann, der zu jeder Zeit an mich geglaubt und mich immer unterstützt hat. Sein bedingungsloser Rückhalt und seine Ermutigung haben mir sehr bei der Fertigstellung der Arbeit geholfen.

Ich danke auch meinen Eltern, ohne die dieses Vorhaben wohl nie umsetzbar gewesen wäre. Ich schätze ihren offenen, kritischen Blick sehr, ihre Begeisterung und ganz besonders ihre ehrliche Freude für mich.

Zuletzt möchte ich meinen guten Freunden Franziska Masius, Max Wohlleben und Theresa Rammelt danken. Ihre zahlreichen Denkanstöße und der fortlaufende Austausch mit ihnen haben mich sehr bereichert.

Berlin, August 2022
Josephine Mutzek

Inhaltsverzeichnis

Abkürzungsverzeichnis

Abs.	Absatz
a. F.	Alte Fassung
AG	Aktiengesellschaft
AMNOG	Arzneimittelmarktneuordnungsgesetz, mit Wirkung zum 01.01.2011, BGBl. I S. 2262
AOK	Allgemeine Ortskrankenkasse
AöR	Archiv des öffentlichen Rechts
Art.	Artikel
AT	allgemeiner Teil
Barmer GEK	Barmer Gmünder Ersatzkasse
BÄK	Bundesärztekammer
BGB	Bürgerliches Gesetzbuch, zuletzt durch Artikel 2 des Gesetzes vom 21. Februar 2017 geändert, BGBl. I S. 258
BGH	Bundesgerichtshof
BGHZ	Sammlung der Entscheidungen des Bundesgerichtshofs in Zivilsachen
BSG	Bundessozialgericht
BSGE	Sammlung der Entscheidungen des BSG
BT-Drs.	Drucksache des Deutschen Bundestages
BVerfG	Bundesverfassungsgericht
BverfGE	Sammlung der Entscheidungen des BVerfG
BVerfGG	Gesetz über das Bundesverfassungsgericht
BVerwG	Bundesverwaltungsgericht
bzw.	beziehungsweise
ca.	circa
DAK-Gesundheit	Deutschen Angestellten-Krankenkasse
DÄ	Deutsches Ärzteblatt
DEWI	Determinanten bei der Versorgung von Patienten mit Wirbelsäulenoperation
DKG	Deutsche Krankenhausgesellschaft
DRG	Diagnosis Related Groups
DRG-Statistik	Fallpauschalenbezogene Krankenhausstatistik

EBM	einheitlicher Bewertungsmaßstab
EG	Europäische Gemeinschaft
EL	Ergänzungslieferung
Ethik Med	Ethik in der Medizin
EUGH	Gerichtshof der Europäischen Union
f.	folgend
ff.	fortfolgend
G-BA	Gemeinsamer Bundesausschuss
GesR	GesundheitsRecht
GG	Grundgesetz
GKV	Gesetzliche Krankenversicherung
GKV-VSG	GKV-Versorgungsstärkungsgesetz, mit Wirkung zum 23.07.2015, BGBl. I S. 1211
GKV-VStG	GKV-Versorgungsstrukturgesetz, mit Wirkung zum 01.01.2012, BGBl. 2011, 2983
GmbH	Gesellschaft mit beschränkter Haftung
GO G-BA	Geschäftsordnung des Gemeinsamen Bundesauschusses
GRG	Gesundheits-Reformgesetz, mit Wirkung zum 01.01.1989, BGBl. I S. 2477
GuP	Gesundheit und Pflege
GVWG	Gesundheitsversorgungsweiterentwicklungsgesetz, mit Wirkung zum 20.07.2021, BGBl. I 2021 S. 2754
i. d. F	in der Fassung
i. E.	im Ergebnis
IQWiG	Institut für Qualität und Wirtschaftlichkeit im Gesundheitswesen
i. S. d.	im Sinne des
i. S. e.	im Sinne eines
i. S. v.	im Sinne von
JuS	Juristische Schulung
i. V. m.	in Verbindung mit
JZ	Juristenzeitung
KBV	Kassenärztliche Bundesvereinigung
KH	Das Krankenhaus (Zeitschrift)

KHG	Krankenhausfinanzierungsgesetz, mit Wirkung zum 01.01.2016, BGBl. S. 1722
KV	Kassenärztliche Vereinigung(en)
KZBV	Kassenzahnärztliche Bundesvereinigung
LandesKHG	Landeskrankenhausgesellschaft
MBO	(Muster-)Berufsordnung für die in Deutschland tätigen Ärztinnen und Ärzte (Stand 2015)
MedR	Medizinrecht
Mio.	Millionen
Mrd.	Milliarden
m. w. N.	mit weiteren Nachweisen
NJW	Neue Juristische Wochenschrift
Nr.	Nummer
NVwZ	Neue Zeitschrift für Verwaltungsrecht
NZS	Neue Zeitschrift für Sozialrecht
o. Ä.	oder Ähnliches
OECD	Organisation for Economic Co-operation and Development
PharmR	Pharma Recht
PKR	Pflege- und Krankenhausrecht
PKV	Private Krankenversicherung
RDG	Rechtsdepesche für das Gesundheitswesen
RGSt	Sammlung der Entscheidungen des Reichsgerichts in Strafsachen
RGZ	Sammlung der Entscheidungen des Reichsgerichts in Zivilsachen
Rn.	Randnummer
S.	Satz
S.	Seite
SGb	Die Sozialgerichtsbarkeit
SGB V	Sozialgesetzbuch V, zuletzt geändert durch Art. 11 G v. 24.6.2022 I 959
s. o.	siehe oben
SozSich	Soziale Sicherheit
SuP	Sozialrecht + Praxis
TK	Techniker Krankenkasse

TSVG	Terminservice- und Versorgungsgesetz, mit Wirkung zum 11.05.2019, BGBl. I 2019 S. 646
u. a.	unter anderem
VerfO G-BA	Verfahrensordnung des Gemeinsamen Bundesausschusses
vgl.	vergleiche
Vorb. v.	Vorbemerkungen vor
VSSR	Vierteljahresschrift für Sozialrecht
VwGO	Verwaltungsgerichtsordnung
WzS	Wege zur Sozialversicherung
z. B.	zum Beispiel
Zm-RL	Zweitmeinungsrichtlinie des G-BA
ZMGR	Zeitschrift für das gesamte Medizin- und Gesundheitsrecht
z. T.	zum Teil

Erstes Kapitel: Der bisherige Umgang mit der Einholung einer Zweitmeinung aus den verschiedenen Perspektiven der Systembeteiligten

A. Einführung

Das Einholen einer ärztlichen Zweitmeinung ist ein Thema, bei dem gesetzliche Wirklichkeit und tatsächliche Inanspruchnahme durch Patient:innen in der Praxis bisher weit auseinanderlagen. Aus Sicht der GKV bestand bislang eine weitgehende Regelungsarmut zu diesem Thema. Das dürfte doch sehr wahrscheinlich nicht mit der tatsächlichen Inanspruchnahme von ärztlicher Zweitmeinung durch Patient:innen übereinstimmen, was einiges über deren Bedürfnis nach ärztlicher Zweitmeinung vermuten lässt.

Aus Sicht der Patient:innen geht es bei dem Einholen einer ärztlichen Zweitmeinung um das Absichern von Diagnosen und die Entscheidungsfindung für oder gegen eine bestimmte medizinische Behandlung, wobei das Bedürfnis dazu generell steigt, desto schwerer die Erkrankung oder risikoreicher ein indizierter Eingriff für die Gesundheit der Patient:innen ist. Mit dem GKV-VSG[1] wurde durch § 27b SGB V erstmalig einen Anspruch auf Einholung einer ärztlichen Zweitmeinung sowohl für den ambulanten als auch für den stationären Versorgungsbereich im Leistungskatalog des SGB V normiert, wobei aus gesetzgeberischer Sicht das zuvor beschriebene Anliegen von Patient:innen eher weniger Berücksichtigung gefunden hat, was schon die Historie der Regelung zeigt. Anlass der neuen Regelung in § 27b SGB V war, dass Deutschland laut OECD als „Europameister" in der Durchführung sogenannter „mengenanfälliger Eingriffe" (Endoskopien, Kniegelenks-Endoprothesen, Angiographien) bezeichnet wurde.[2] Unabhängig davon ist die Erbringung einer Zweitmeinung im Rahmen des Leistungsspektrums SGB V nicht gänzlich neu. Allerdings bestanden zuvor dazu geltende Regelungen nicht im gleichen Umfang und haben z. T. mangels Beschlusses durch den G-BA keine Relevanz für die Versorgung erlangt.

Vor diesem Hintergrund untersucht die vorliegende Arbeit die Voraussetzungen des Anspruchs auf Zweitmeinung gemäß § 27b SGB V und die

---

1 BT-Drs. 18/4095 vom 25.02.2015.

2 *Ziegelmeier*, in: KassKomm SGB V, § 27b Rn. 2.

Rechtmäßigkeit der dazugehörigen Zweitmeinungsrichtlinie des G-BA (Zm-RL) und geht darüber hinaus der Frage nach, wie dieses Leistungsrecht aufgrund verfassungsrechtlicher Anforderungen an die Ausgestaltung des Leistungskatalogs der GKV zu bewerten ist.

Ausgangspunkt der Untersuchung ist die Betrachtung des Begriffs der Zweitmeinung in Abhängigkeit der jeweiligen Interessenlage und die damit verbundene Frage, unter welchen (gesetzlichen) Voraussetzungen Patient:innen eine ärztliche Zweitmeinung bisher überhaupt in Anspruch nehmen konnten. Daneben wird auch auf Seite der Krankenkassen untersucht, ob und in welchen Fällen diese eine Zweitmeinung erstattet haben.

Das zweite und dritte Kapitel widmen sich der Betrachtung der leistungsrechtlichen Voraussetzungen des Anspruchs aus § 27b SGB V und ihrer Ausgestaltungen in der Zm-RL, wobei es letztlich um die Frage geht, ob die Zm-RL in jeder Hinsicht den Rechtmäßigkeitsanforderungen in Hinblick auf die Voraussetzungen der gesetzliche Ermächtigungsgrundlage genügt.

Abschließend wird im vierten Kapitel der Frage nachgegangen, ob nicht gerade für Fälle der schweren Erkrankung ohnehin ein Recht auf Zweitmeinung aus den Grundrechten besteht, da aus verfassungsrechtlicher Sicht Anforderungen an die Ausgestaltung des GKV-Leistungsrechts zu stellen sind. Ausgehend von dieser Betrachtung wird erneut ein wertender Blick auf die Neuregelung in § 27b SGB V geworfen.

B. Der Begriff der Zweitmeinung

Je nach Perspektive der Betrachtung fällt das Verständnis des Begriffs *Zweitmeinung* unterschiedlich aus. Das hängt vor allem mit den unterschiedlichen Erwartungen zusammen, die von unterschiedlicher Seite an das Erbringen einer ärztlichen Zweitmeinung gestellt werden.

I. In der Medizin

Das allgemeine Verständnis des Begriffes Zweitmeinung ist ein medizinisches, womit vor allem ein medizinischer Behandlungsvorgang gemeint ist. Unter dem Stichwort *Zweitmeinung* findet man in dem *Pschyrembel Sozialmedizin*[3] folgende Erläuterung: „zweite ärztliche Meinung zur Beurteilung einer Diagnose und der damit verbundenen Therapiemöglichkeiten nach aktuellen medizinischen

3 Gemeint ist: *Brüggemann/Niehues/Rose/Schwöbel*, Pschyrembel Sozialmedizin und Public Health.

Erkenntnissen; aufgrund der Vielfalt möglicher Therapieformen und der damit verbundenen Konsequenzen (z. B. Heilungserfolg, Nebenwirkungen) kann es insbesondere bei schwerwiegenden Erkrankungen sinnvoll sein, eine Zweitmeinung weiterer Spezialisten auf dem betreffenden Gebiet einzuholen; kann sowohl vom Patienten wie auch vom behandelnden Arzt veranlasst werden."[4]

Vor allem in der medizinischen Literatur bestehen verschiedene Ansätze zur Strukturierung des Begriffs. Hierbei wird bereits unterschieden zwischen expliziten und impliziten Zweitmeinungsverfahren und Zweitmeinungsverfahren *peer review*.[5]

Explizite Zweitmeinungsverfahren werden definiert als „Zweitmeinungssysteme im engen Sinne, [bei denen] eine unabhängige ärztliche Begutachtung und Beratung eines Patienten erbracht wird, nachdem eine Indikation für eine medizinische Prozedur, zumeist eine elektive Operation, von einem Arzt oder einer Ärztin bescheinigt wurde."[6] Bei dieser Beschreibung des Begriffs wird die Erbringung der Zweitmeinung bereits an Voraussetzungen des Verfahrens geknüpft. Voraussetzungen bestehen in Bezug auf die Unabhängigkeit der ärztlichen Zweitbegutachtung und auf die gestellte Indikation zu einer medizinischen Prozedur.

Im stationären Versorgungsbereich wird der implizite Zweitmeinungsbegriff relevant. Dem Wortsinn nach geht es dabei um ärztliche Maßnahmen, die gleichzeitig auch die Erbringung einer Zweitmeinung beinhalten oder mitenthalten. Die dabei erfolgende Zweitmeinung kann nicht die eigentliche Handlung sein, sie kann nur gleichzeitig im Rahmen einer anderen Leistung mit erbracht werden. Ein solches implizites Zweitmeinungssystem ist als Indikationskonferenz bekannt, welche nur im Rahmen der stationären Versorgung gebräuchlich ist.[7]

Vor diesem Hintergrund ist besonders interessant, dass der implizite Begriff die Erbringung einer Zweitmeinung generell in einen Bezug zu schweren Krankheiten setzt und damit aufzeigt, dass die Erbringung einer Zweitmeinung gerade bei schweren und komplexen Behandlungen medizinisch nötig und sinnvoll sein kann, um den Behandlungserfolg zu sichern. Ein Beispiel ist dafür die interdisziplinäre Tumorkonferenz als Regelfall in der Onkologie.

---

4 *Brüggemann/Niehues/Rose/Schwöbel,* Pschyrembel Sozialmedizin und Public Health, Stichwort: Zweitmeinung.

5 Aus dem medizinischen Fachbereich trifft diese Unterscheidung *Geraedts,* Die ärztliche Zweitmeinung bei der Therapiewahl, S. 215 f.

6 *Geraedts,* Die ärztliche Zweitmeinung bei der Therapiewahl, S. 215 f.

7 *Geraedts,* Die ärztliche Zweitmeinung bei der Therapiewahl, S. 216.

Eine dritte Verwendung findet der Begriff als das Zweitmeinungsverfahren *peer review*. Es handelt sich dabei um die Erbringung der Zweitmeinung nur anhand der Aktenlage durch einen zweiten gleichwertigen Arzt oder einer Ärztin.[8] Besonderes Merkmal dabei ist, dass zwischen dem oder der Patient:in und dem oder der Zweitbegutachter:in kein persönlicher Kontakt besteht, sondern Behandlungsunterlagen an einen zweiten Arzt oder eine zweite Ärztin zur reinen Begutachtung weitergereicht werden.

Vor diesem Hintergrund bleibt festzuhalten, dass unter medizinischer Betrachtung des Begriffs die Zweitmeinung eine Überprüfung der gestellten Diagnose und der indizierten Behandlung meint. Aus Leistungserbringer:innensicht wird es damit auch immer um die Verringerung von Haftungsrisiken in Folge von Behandlungsfehlern gehen. Gleichzeitig bewirkt die Zweitmeinung aus Sicht der Leistungserbringer:innen aber auch die Erweiterung von medizinischem Sachverstand, in welchem Zusammenhang der Zweitmeinung eine besondere medizinische Bedeutung bei schweren Erkrankungen oder komplexen Behandlungen zukommt, wie der implizite Zweitmeinungsbegriff zeigt.

II. Aus der Sicht der Patient:innen

Patient:innen verstehen unter dem Begriff Zweitmeinung vor allem die Absicherung einer gestellten Diagnose und somit die Sicherstellung der Qualität einer medizinischen Behandlung.[9]

Viel relevanter ist aber, dass spätestens seit der letzten Jahrtausendwende der Begriff der Zweitmeinung sinnbildhaft für die Ausübung von Patient:innenautonomie geworden sein dürfte, da sich im Laufe der Jahre das Bild des Arztes oder der Ärztin gewandelt hat und der/die Patient:in mit seinen Bedürfnissen und Wünschen verstärkt in den Mittelpunkt der medizinischen Behandlung gerückt ist.[10] Was das im Einzelfall für die Erbringung der Zweitmeinung bedeutet, hängt vor allem von den jeweiligen Präferenzen der Patient:innen ab.[11]

III. Aus Sicht der Krankenversicherer

Aus Sicht der Krankenversicherungen geht es mit der Zweitmeinung um die zulässige Durchführung von Untersuchungs- und Behandlungsleistungen, bzw.

8 *Geraedts,* Die ärztliche Zweitmeinung bei der Therapiewahl, S. 216.
9 *Heberlein*, GuP 2018, 1 (2).
10 Spricht von „Patientenzentrierung" *Pieper*, GGW 2020, S. 16 (18).
11 *Heberlein*, GuP 2018, 1 (2).

wenn man an den Begriff der Zweitmeinung peer review denkt, auch um die erneute Begutachtung von Befundunterlagen.

Mit Blick auf die internationale Historie von Zweitmeinungsverfahren ging es aus Sicht der Krankenversicherer mit der Erbringung einer Zweitmeinung vor allem um die Reduktion von Operationszahlen, was besonders anhand verschiedener Programme seit Beginn der 1970er Jahre in den USA zu beobachten war. Die Zweitmeinung stellt sich damit als Mechanismus der Kostenregulierung dar, wodurch „eine effektive und effiziente Behandlung von Patienten i. S. d. evidenzbasierten Medizin bzw. bezogen auf die Gesundheitspolitik i. S. d. evidenzbasierten Health Care“[12] gewährleistet werden soll. In diesem Zusammenhang wird von „Zweitmeinungsverfahren“ gesprochen.

Vor allem in den USA gab es seit 1972 verschiedene Zweitmeinungsprogramme, um die Anzahl der durchgeführten Operationen zu verringern. Es sollte eine gesundheitliche Risikoverminderung für betroffene Patient:innen erzielt und Kosten für unnötige Operationen eingedämmt werden.[13] Insgesamt waren die Angebote der verschiedenen Krankversicherungen sehr unterschiedlich ausgestaltet, wodurch es trotz einer generell hohen Inanspruchnahme zu großen regionalen Unterschieden in ihrer Durchführung kam.[14] Ob die im Ergebnis durch die Zweitmeinungsverfahren tatsächlich erzielten Kostenersparnisse in einem angemessenen Verhältnis zum Kostenaufwand durch die Bereitstellung einer Zweitmeinung standen, kann abschließend nicht einheitlich beurteilt werden, da Studien zu dieser Frage zu unterschiedlichen Ergebnissen gelangen.[15] Zumindest verschwanden bis Anfang der 1980er Jahre viele dieser Programme wieder aus der Versorgungslandschaft.[16]

Im deutschsprachigen Raum gab es Ende der 1990er Jahre ein ähnliches Projekt in der Schweiz. In einem Pilotprojekt der im Forum schweizerischer Krankenkassen vertretenen Krankenkassen wurde ein obligatorisches Zweitmeinungsprogramm einem freiwilligen Zweitmeinungsprogramm gegenübergestellt.[17] Ziel sollte dabei auch ganz allgemein die Senkung der Kosten des

12 *Heberlein*, GuP 2018, 1 (1).

13 Im Überblick: *Geraedts*, Die ärztliche Zweitmeinung bei der Therapiewahl, S. 217.

14 *Geraedts/Kraska*, Gesundheitsmonitor Newsletter 01/2016, 1 (2); *Pieper*, GGW 2020, S. 16 (18).

15 *Geraedts/Kraska*, Gesundheitsmonitor Newsletter 01/2016, 1 (2) m.w.N.

16 *Pieper*, GGW 2020, S. 16 (18).

17 Dargestellt und ausgewertet in: Projektgruppe Zweitmeinung, Zweitmeinungsprogramme zur Reduktion unnötiger Operationen, S. 5 ff.; 37 ff.

Gesundheitssystems sein.[18] Der Gruppe von Versicherten des Schweizer Pilotprojekts, die während des Projekts die ärztliche Zweitmeinung freiwillig in Anspruch nehmen konnten, stand dieses Recht für jede Art von Eingriff zur Verfügung. Das Ergebnis wurde insofern als positiv bewertet, als dass diese Gruppe von Versicherten sich nach der Inanspruchnahme der Zweitmeinung oft gegen die geplante Operation entschied. Dagegen ließen sich die Versicherten der Gruppe wesentlich häufiger operieren, die während des Projekts die ärztliche Zweitmeinung nur zu einer begrenzten Anzahl von Eingriffen obligatorisch in Anspruch nehmen mussten.[19] Abgezeichnet hat sich auch, dass sich nicht immer sofort nach Inanspruchnahme der Zweitmeinung ein Nutzen abschätzen ließ. Im Falle des Schweizer Pilotprojekts ist die freiwillige Inanspruchnahme der ärztlichen Zweitmeinung z. B. nur langsam angelaufen. Als Grund dafür wird die Eingewöhnungsphase des Verfahrens angeführt, der sowohl die beteiligten Ärzte und Ärztinnen als auch die Patient:innen unterliegen.[20]

IV. Ergebnis

Der Begriff Zweitmeinung erfährt zwar im Allgemeinen ein breites medizinisches Verständnis. Wichtiger ist aber, dass mit dem Begriff gleichzeitig die unterschiedlichen Erwartungen ausgedrückt werden, die von verschiedener Seite an die Erbringung einer Zweitmeinung gestellt werden, denn je nachdem, wen man im System der Gesundheitsversorgung betrachtet, werden dabei unterschiedliche Interessen und Zwecke verfolgt.

Im Ergebnis überschneiden sich die Interessen der verschiedenen Beteiligten nicht unbedingt.[21] Insbesondere gibt es Divergenzen aus Sicht der Patient:innen und aus der Sicht von Kostenträgern.

---

18 Projektgruppe Zweitmeinung, Zweitmeinungsprogramme zur Reduktion unnötiger Operationen, S. 6.

19 Projektgruppe Zweitmeinung, Zweitmeinungsprogramme zur Reduktion unnötiger Operationen, S. 6, 10.

20 Projektgruppe Zweitmeinung, Zweitmeinungsprogramme zur Reduktion unnötiger Operationen, S. 6.

21 So auch *Heberlein*, GuP 2018, 1 (1).

C. Möglichkeiten der Inanspruchnahme einer ärztlichen Zweitmeinung vor Erlass des § 27b SGB V

Da aus allen Perspektiven ein Verständnis für den Begriff der Zweitmeinung verbunden mit einer bestimmten Erwartung an die Erbringung dieser existiert, stellt sich die Frage, wie Patient:innen bisher überhaupt aus Sicht der GKV eine Zweitmeinung in Anspruch nehmen konnten.

I. Gesetzliche Grundlagen

Sofern die Krankenkassen die Kosten für die Erbringung der Zweitmeinung auch vor der Normierung des § 27b SGB V übernommen haben, hätte sich dafür eine rechtliche Grundlage aus dem SGB V, bzw. den entsprechenden Satzungen der Krankenkassen ergeben müssen.

1. § 73d SGB V a. F.

§ 73d SGB V a. F.[22] regelte die Verpflichtung zur Einbeziehung eines zweiten Arztes oder einer zweiten Ärztin bei der Verschreibung besonderer Arzneimittel. Demnach erfolgte die Verordnung der besonderen Arzneimittel durch den behandelnden Arzt oder die behandelnde Ärztin in Abstimmung mit einem Arzt

---

22 § 73d Abs. 1 SGB V a. F. lautete: „Die Verordnung von Arzneimitteln, insbesondere von Spezialpräparaten mit hohen Jahrestherapiekosten oder mit erheblichem Risikopotenzial, bei denen auf Grund ihrer besonderen Wirkungsweise zur Verbesserung der Qualität ihrer Anwendung, insbesondere hinsichtlich der Patientensicherheit sowie des Therapieerfolgs besondere Fachkenntnisse erforderlich sind, die über das Übliche hinausgehen (besondere Arzneimittel), erfolgt durch den behandelnden Arzt in Abstimmung mit einem Arzt für besondere Arzneimitteltherapie nach Absatz 2 oder durch diesen Arzt. Der Gemeinsame Bundesausschuss bestimmt in den Richtlinien nach § 92 Abs. 1 Satz 2 Nr. 6 das Nähere insbesondere zu Wirkstoffen, Anwendungsgebieten, Patientengruppen, zur qualitätsgesicherten Anwendung und zu den Anforderungen an die Qualifikation der Ärzte nach Absatz 2 für die jeweiligen Arzneimittel. In den Richtlinien ist das Nähere zur Abstimmung des behandelnden Arztes mit einem Arzt nach Absatz 2 zu regeln. In den Richtlinien soll vorgesehen werden, dass die erstmalige Verordnung sowie eine Wiederholung der Verordnung nach Ablauf einer bestimmten Frist von einem Arzt nach Absatz 2 erfolgt, soweit dies zur Gewährleistung der Patientensicherheit, des Therapieerfolgs oder der Wirtschaftlichkeit erforderlich ist. In den Richtlinien sind angemessene Fristen für die Abstimmung des behandelnden Arztes mit einem Arzt für besondere Arzneimitteltherapie nach Satz 1 unter Berücksichtigung des indikationsspezifischen Versorgungsbedarfs vorzusehen sowie das Nähere zur Verordnung ohne vorherige Abstimmung nach Satz 1 in Notfällen."

oder einer Ärztin für besondere Arzneimitteltherapie nach Abs. 2 der Regelung oder durch diesen Arzt oder diese Ärztin.[23]

Gemäß § 73d Abs. 1 S. 1 SGB V a. F. waren besondere Arzneimittel i. S. d. Regelung insbesondere Spezialpräparate mit hohen Jahrestherapiekosten oder mit erheblichem Risikopotenzial, bei denen auf Grund ihrer besonderen Wirkungsweise zur Verbesserung der Qualität ihrer Anwendung, insbesondere hinsichtlich der Patient:innensicherheit sowie des Therapieerfolgs, besondere Fachkenntnisse erforderlich sind, die über das Übliche hinausgehen.

Hintergrund dieser Regelung war, dass nach damaligem Kenntnisstand gerade auf Spezialpräparate die höchsten Ausgabensteigerungen bei Arzneimitteln entfielen, die aber gleichzeitig zunehmend verordnet wurden.[24] In dem Bereich wurde eine Ausgabensteigerung beobachtet, die sich in einem Zeitraum von 1995 bis ca. 2007 von 600 Mio. € auf 4,6 Mrd. € entwickelte.[25] Gleichzeitig konnte man feststellen, dass die Präparate verordnet wurden, obwohl sich durch sie nicht immer ein Hinweis eines zusätzlichen Nutzens gegenüber preiswerten Arzneimitteln ergab.[26]

In Hinblick auf die Normierung von § 27b SGB V ist durchaus interessant, dass § 73d Abs. 1 S. 1 SGB V a. F. bereits einen Aspekt der Kostenvermeidung aufwies, was eine Parallele zum § 27b SGB V darstellt. Mit der Einbeziehung eines zweiten Arztes oder einer zweiten Ärztin bei der Verordnung besonders kostspieliger Pharmakotherapien sollte der gezielte, indikationsgerechte Einsatz der Medikation erreicht werden,[27] was letztlich auch dazu diente, der rasanten Kostenentwicklung in diesem Bereich der Versorgung entgegenzuwirken. Ausweislich der Gesetzesbegründung wurde die Regelung letztlich durch Inkrafttreten des AMNOG zum 01.01.2011[28] gestrichen, mit der Begründung, Überregulierung im Arzneimittelmarkt der GKV abzubauen.[29]

---

23 Zur damaligen Kritik an der Norm in Bezug auf die Regelungsbefugnis des G-BA siehe *Hauck*, MedR 2010, 226 (231f.).

24 *Wille*, PharmR 2007, 503 (509).

25 *Wille*, PharmR 2007, 503 (509).

26 *Wille*, PharmR 2007, 503 (509).

27 *Wille*, PharmR 2007, 503 (509).

28 BT-Drs. 17/2413, S. 16.

29 BT-Drs. 17/2413, S. 27.

2. *§ 64 Abs. 4 SGB V*

Daneben schien der Gesetzgeber auch mit § 64 Abs. 4 SGB V bereits vor Normierung des § 27b SGB V von einer zulässigen Inanspruchnahme von Zweitmeinungen auszugehen.

Gemäß § 64 Abs. 4 S. 1 SGB V können die Krankenkassen und ihre Verbände mit den in der GKV zugelassenen Leistungserbringer:innen oder Gruppen von Leistungserbringer:innen Modellvorhaben zur Vermeidung einer unkoordinierten Mehrfachinanspruchnahme von Vertragsärzt:innen durch die Versicherten durchführen. Gemäß § 64 Abs. 4 S. 2 SGB V können diese vorsehen, dass Vertragsärzt:innen, die von Versicherten weder als erster Arzt oder erste Ärztin in einem Behandlungsquartal noch mit Überweisung noch zur Einholung einer Zweitmeinung in Anspruch genommen werden, von diesem oder dieser Versicherten verlangen können, dass die bei ihm oder ihr in Anspruch genommenen Leistungen im Wege der Kostenerstattung abgerechnet werden.

Grund der Regelung ist die Vermeidung des „doctor-hopping" durch Patient:innen.[30] Die möglichen Modelvorhaben, die freiwillig bleiben, sollen eine Sanktionswirkung für Versicherte entfalten, wodurch der Vertragsarzt oder die Vertragsärztin ggf. private Kostenerstattung verlangen kann.[31] Sofern ein Modellvorhaben i. S. d. § 64 Abs. 4 SGB V vereinbart ist, hat die Krankenkasse die Möglichkeit den Kostenerstattungsantrag des oder der Versicherten in Hinblick auf das Wirtschaftlichkeitsgebot aus § 12 SGB V zu überprüfen.[32] Unklar bleibt, woher erstmalig in Anspruch genommene Vertragsärzt:innen wissen, dass nicht bereits ein anderer Arzt oder eine andere Ärztin von dem oder der Versicherten konsultiert wurde, was letztlich nur über entsprechende Daten auf der elektronischen Gesundheitskarte ersichtlich werden kann.[33] Mit seinem Inhalt weist § 64 Abs. 4 SGB V eine Parallele zu § 76 Abs. 3a SGB V auf, durch den die Partner der Verträge nach § 82 Abs. 1 SGB V geeignete Maßnahmen zu vereinbaren haben, die einer unkoordinierten Mehrfachinanspruchnahme von Vertragsärzt:innen entgegenwirken und den Informationsaustausch zwischen vor- und nachbehandelnden Ärzt:innen gewährleisten.

Auch wenn § 64 Abs. 4 SGB V zeigt, dass der Gesetzgeber bereits vor Normierung von § 27b SGB V davon ausging, dass im Rahmen der GKV eine zulässige

30 BT-Drs. 13/7264, S. 63; *Huster*, in: Becker/Kingreen, SGB V, § 64 Rn. 10; *Scholz*, in: BeckOK-SozR, SGB V, § 64 Rn. 8.

31 BT-Drs. 13/7264, S. 63.

32 *Huster*, in: Becker/Kingreen, SGB V, § 64 Rn. 10.

33 *Scholz*, in: BeckOK-SozR, SGB V, § 64 Rn. 8.

Inanspruchnahme von Zweitmeinung besteht, geht aus der Norm selbst nicht hervor, auf welche rechtliche Grundlage sie sich damit bezieht. Aus § 64 Abs. 4 SGB V selbst kann sich ein solches Leistungsrecht zumindest nicht ergeben, dafür mangelt es in Hinblick auf den Regelungszweck (Vermeidung unkoordinierter Mehrfachinanspruchnahme) und möglichen Leistungsvoraussetzungen an einer tauglichen Anspruchsgrundlage.

3. *§ 137 Abs. 3 S. 1 Nr. 3 SGB V a. F.*

§ 137 Abs. 3 S. 1 Nr. 3 SGB V a. F.[34], der durch das GKV-VSG gleichzeitig mit der Einführung des § 27b SGB V aufgehoben wurde,[35] regelte eine Zweitmeinung vor Eingriffen im Krankenhaus. Demnach sollte der G-BA für zugelassene Krankenhäuser grundsätzlich einheitlich für alle Patient:innen auch Beschlüsse über Grundsätze zur Einholung von Zweitmeinungen vor Eingriffen fassen. Ein entsprechender Beschluss des G-BA ist allerdings nie ergangen, weshalb die Regelung insgesamt unbedeutend blieb.[36] Zweck der Regelung war es, durch die Einholung einer ärztlichen Zweitmeinung die Notwendigkeit eines bevorstehenden, geplanten medizinischen Eingriffs zu überprüfen und möglicherweise unnötige Eingriffe zu vermeiden.[37] Die medizinische Versorgung sollte das Maß des Erforderlichen nicht überschreiten.[38]

Der § 137 Abs. 3 S. 1 Nr. 3 SGB V a. F. stellte eine Qualitätssicherungspflicht des Krankenhauses dar. Die Norm befand sich im vierten Kapitel des SGB V, das die Beziehung der Krankenkassen zu den Leistungserbringer:innen regelt. Der neunte Abschnitt des Kapitels trägt die Überschrift „Sicherung der Qualität der Leistungserbringung“. Dem Wortlaut nach richtete sie sich an den G-BA, der verpflichtet wurde, die Qualität der Leistungserbringung zu sichern. Die Anforderungen an die Qualitätssicherung sollten durch den G-BA sektorenübergreifend, sowohl für den vertragsärztlichen- als auch für den stationären

---

34 § 137 Abs. 3 S. 1 Nr. 3 SGB V a. F. lautete: „Der Gemeinsame Bundesausschuss fasst für zugelassene Krankenhäuser grundsätzlich einheitlich für alle Patienten auch Beschlüsse über Grundsätze zur Einholung von Zweitmeinungen vor Eingriffen“

35 BT-Drs. 18/4095, S. 31.

36 *Harney/Huster/Recktenwald*, MedR 2014, 273 (282).

37 BT-Drs. 11/2237, S. 207; *Ulmer*, in: Eichenhofer/ v. Koppenfels-Spies/Wenner, SGB V, § 137 a. F. Rn.19; *Joussen*, in: BeckOK-SozR, SGB V, § 137 a. F. Rn. 7; *Harney/Huster/Recktenwald*, MedR 2014, 273 (282).

38 *Becker*, in: Becker/Kingreen, SGB V, § 137 a. F. Rn. 15; Ebenso auf das Kriterium der Notwendigkeit abgestellt: *Roters*, in: KassKomm, SGB V, § 137 a. F. Rn. 38.

Versorgungsbereich, aufgestellt werden.[39] Entgegen dieser sektorenübergreifenden Ausrichtung der gesamten Norm galten Beschlüsse des G-BA gemäß § 137 Abs. 3 SGB V a. F. nur für den stationären Versorgungsbereich. Dadurch, dass einzelne ergänzende Maßnahmen sektorenspezifisch geregelt wurden, konnten spezielle Anforderungen eines Versorgungsbereichs besser berücksichtigt werden.[40] Die Qualitätssicherung im stationären Bereich sollte dazu beitragen, die Belange der Patient:innen in allen Stufen des Behandlungsvorgangs zu berücksichtigen. Sie sollten nicht nur während der Versorgungsabläufe geschützt werden, sondern auch in Hinblick auf den Erfolg des Behandlungsergebnisses.[41]

Der G-BA hatte in seinem Beschluss die Grundsätze zur Einholung der Zweitmeinung und dem dazugehörigen Verfahren festzulegen, insbesondere auch die speziellen medizinischen Eingriffe, für die der oder die Versicherte eine ärztliche Zweitmeinung beanspruchen konnte.[42]

Unklar war, welche Eingriffe von der Regelung erfasst waren. Die Regelung konnte sich auf Grund des Geltungsbereichs des Abs. 3 nur auf Eingriffe im Rahmen der stationären Versorgung beziehen, wobei in der Literatur überwiegend davon ausgegangen wurde, dass der Eingriffsbegriff weit zu verstehen sei. Der Wortlaut war nicht beschränkt auf bestimmte Eingriffe, wie z. B. auf chirurgische.[43] Als Eingriff waren deshalb zunächst alle ärztlichen eingreifenden Maßnahmen der stationären Versorgung zu verstehen.[44] Obwohl der Wortlaut der Norm keine Beschränkungen enthielt, wurde z. T. davon ausgegangen, dass nicht jeder Eingriff tatbestandlich erfasst sein könne. Nach dieser Meinung hätte die Zweitmeinung im Rahmen des § 137 Abs. 3 S. 1 Nr. 3 SGB V a. F. nur für schwere invasive Eingriffe erbracht werden dürfen.[45] Der Umkehrschluss ergibt,

---

39 *Ulmer,* in: Eichenhofer/ v. Koppenfels-Spies/Wenner, SGB V, § 137 a. F. Rn. 1; *Roters, in: KassKomm, SGB V,* § 137 a. F. Rn. 2; *Becker,* in: Becker/Kingreen, SGB V, § 137 a. F. Rn. 2; *Joussen,* in: BeckOK-SozR, SGB V, § 137 a. F. Rn. 2.

40 Von allgemeinen und ergänzenden Maßnahmen sprach *Becker,* in: Becker/Kingreen, SGB V, § 137 a. F. Rn. 3.

41 Vgl. *Joussen,* in: BeckOK-SozR, SGB V, § 137 a. F. Rn. 3.

42 Vgl. zu den Inhalten, die der G-BA festzulegen hatte: *Roters,* in: KassKomm, SGB V, § 137 a. F. Rn. 38.

43 Wie z. B. in § 137 S. 5 i.d.F des GRG, dazu *Kruschinsky,* in: Hauck/Noftz, SGB V, § 137 a. F. Rn. 6; *Becker,* in: Becker/Kingreen, SGB V, § 137 a. F. Rn. 15.

44 *Kruschinsky,* in: Hauck/Noftz, SGB V, § 137 a. F. Rn. 6.

45 *Joussen,* in: BeckOK-SozR, SGB V, § 137 a. F. Rn. 6; *Roters,* in: KassKomm, SGB V, § 137 a. F. Rn. 38; „invasiv" bedeutet, in den Körper oder in ein Organ des Köpers eingreifend, zur Wortbedeutung: <http://www.duden.de/rechtschreibung/invasiv> Suchbegriff: invasiv, letzter Zugriff: 20.03.2017.

dass nach dieser Ansicht nicht-invasive Eingriffe vom Anwendungsbereich der Norm gänzlich ausgeschlossen waren. Unklar blieb, wie dann mit minimalinvasiven Eingriffen zu verfahren war. Führten Ärzt:innen eines Krankenhauses Eingriffe ambulant in der Einrichtung eines Krankenhauses durch, sollten auch diese nicht von der Regelung des § 137 Abs. 3 S. 1 Nr. 3 SGB V a. F. erfasst sein, da der Wortlaut die Anwendung nur auf stationär erbrachte Eingriffe beschränkte und nur dort schwere Eingriffe durchführbar seien.[46] Ausgegangen wurde davon, dass es prinzipiell nur bei invasiven Eingriffen angemessen sei, vor der Durchführung des Eingriffs die Maßnahme auf ihre Notwendigkeit hin zu überprüfen.[47]

Neben dem Begriff des Eingriffs wurden auch die Anforderungen nicht weiter geklärt, die an das Verfahren zur Einholung der Zweitmeinung zu stellen wären. Einzig in Hinblick auf den zweitbegutachtenden Arzt oder die Ärztin ergaben sich Voraussetzungen. Dabei musste es sich um einen anderen, zweiten Arzt oder eine zweite Ärztin handeln. Grund dafür war die unabhängige, eigenständige Untersuchung und Diagnosestellung, die von einem außenstehenden zweiten Arzt oder einer zweiten Ärztin zu erwarten war.[48] In Hinblick auf § 27b SGB V ergibt sich bei der Ausrichtung beider Normen eine Parallele, indem durch § 137 Abs. 3 S. 1 Nr. 3 SGB V medizinisch überflüssige Eingriffe reduziert werden sollten.

4. *§ 76 SGB V*

Krankenkassen verweisen immer wieder auf den Grundsatz der freien Arztwahl aus § 76 Abs. 1 S. 1 SGB V, um ihre Kostenpflicht für Zweitmeinungsverfahren zu begründen. So schreibt z. B. die Barmer GEK auf ihrer Homepage: „Grundsätzlich haben gesetzlich Versicherte im Rahmen der freien Arztwahl die Möglichkeit, einen weiteren Facharzt aufzusuchen. Es ist also Ihr gutes Recht, eine zweite medizinische Meinung zu einer vorgeschlagenen Behandlung, Untersuchung oder Operation einzuholen."[49]

---

46 *Kruschinsky,* in: Hauck/Noftz, SGB V, § 137 a. F. Rn. 6.

47 So zumindest *Roters,* in: KassKomm, SGB V, § 137 a. F. Rn. 38, mit Verweis auf BT-Drs. 11/2237, S. 207: worin sich allerdings kein Hinweis auf das Gebot der Angemessenheit finden lässt.

48 *Roters,* in: KassKomm, SGB V, § 137 a. F. Rn. 38; *Becker,* in: Becker/Kingreen, SGB V, § 137 a. F. Rn. 15; *Joussen,* in: BeckOK-SozR, SGB V, § 137 a. F. Rn. 6.

49 <https://www.barmer.de/unsere-leistungen/leistungen-a-z/beratung-und-hilfen/zweitmeinung-8574>, letzter Zugriff: 07.01.2022; auch die AOK weist zur Zweitmeinung darauf hin, dass grundsätzlich freie Arztwahl besteht, <https://www.aok.de/pk/uni/inh

Dieser Verweis wäre aber nur dann richtig, wenn sich aus § 76 SGB V überhaupt ein subjektives Recht auf eine bestimmte Leistung wie die Zweitmeinung ableiten ließe.

a) Grundsatz und Schutzzweck der freien Arztwahl

In § 76 Abs. 1 S. 1 SGB V ist der Grundsatz der freien Arztwahl geregelt. Er besagt, dass Versicherte im Falle der Krankenbehandlung den Arzt oder die Ärztin frei auswählen dürfen.[50] Diese Wahlfreiheit erstreckt sich auf alle an der vertragsärztlichen Versorgung teilnehmenden Leistungserbringer:innen, vgl. § 76 Abs. 1 S. 1 SGB V, und somit ausschließlich auf die Person.[51] Der Grundsatz ist auf unterschiedliche Weise verfassungsrechtlich verankert. Zum einen ist die Wahlfreiheit der Versicherten Ausprägung der allgemeinen Handlungsfreiheit gemäß Art. 2 Abs. 1 GG. In Bezug auf das spezielle Vertrauensverhältnis zwischen dem oder der Versicherten und dem von ihm frei gewählten Arzt oder der Ärztin ist das allgemeine Persönlichkeitsrecht gemäß Art. 2 Abs. 1 i. V. m. Art. 1 Abs. 1 GG betroffen.[52]

b) Ableitung eines subjektiven Rechts auf Leistung

Durch die Verleihung eines subjektiven Rechts wird dem Berechtigten eine bestimmte Rechtsposition zugeordnet.[53] In Bezug auf eine solche Rechtsposition kann der oder die Berechtigte einen Anspruch ausüben.[54] Davon ausgehend wird das Recht auf freie Arztwahl z. T. in der Literatur als *Anspruch* bezeichnet.[55]

---

alt/aerztliche-zweitmeinung/>, letzter Zugriff: 07.01.2022; Antwort vom 08.06.2015 durch die DAK Gesundheit auf vorausgegangene Anfrage, sowie Information auf der Homepage unter <https://www.dak.de/dak/kontakt/zweitmeinung-einholen-nach-medizinischer-diagnose-2077736.html>, letzter Zugriff: 02.10.2019; in der Literatur zu finden bei *Stupp*, KrV 2016, 11 (13).

50 *Lang*, in: Becker/Kingreen, SGB V, § 76 Rn. 3; *Höfling/Engels*, in: NoKo-GesR, SGB V, § 76 Rn. 3; *Joussen*, in: Knickrehm/Kreikebohm/Waltermann, SGB V, § 76 Rn. 1.

51 *Nebendahl*, in: Spickhoff, Medizinrecht, SGB V, § 76 Rn. 3; so auch: *Klückmann*, in: Hauck/Noftz, SGB V, § 76 Rn. 9.

52 *Lang*, in: Becker/Kingreen, SGB V, § 76 Rn. 4.

53 *Sachs*, Verfassungsrecht II, A 4 Rn. 3.

54 Zum Begriff und zu den Funktionen des subjektiv-öffentlichen Rechts in genannten Zusammenhang: *Jellinek*, System der subjektiven öffentlichen Rechte, S. 54 ff.

55 *Bäune*, in: Eichenhofer/v. Koppenfels-Spies/Wenner, SGB V, § 76 Rn. 5.

Gemäß dem eindeutigen Wortlaut des § 76 Abs. 1 S. 1 SGB V darf der Versicherte den Arzt oder die Ärztin unter den genannten Leistungserbringer:innen frei auswählen.[56]

Für die Ableitung eines subjektiven Rechts auf Zweimeinung müsste darüber hinaus dem Wortlaut zu entnehmen sein, dass jenes auch mehrmals hintereinander zwecks der zweiten Begutachtung einer bereits gestellten Indikation gilt.

Auch wenn der einzelne Arzt oder die Ärztin nur bedingt die Behandlung eines oder einer Versicherten ablehnen darf,[57] ist es i. E. abzulehnen, dass dem § 76 SGB V ein subjektives Recht auf eine Leistung wie die Zweitmeinung entnommen werden kann. § 76 SGB V befindet sich nicht im dritten Kapitel des SGB V und somit nicht im Leistungsrecht der GKV. Der Grundsatz der freien Arztwahl ist systematisch dem Leistungserbringungsrecht zuzuordnen.[58] Ferner knüpft der Wortlaut des § 76 SGB V die Wahlfreiheit von Versicherten allein an die Person des Leistungserbringers oder der -erbringerin. Deutlich wird dadurch, dass Versicherte gerade keine Wahlfreiheit bezüglich der Leistung haben.[59] Das subjektive Recht von Versicherten, das § 76 SGB V vermittelt, beschränkt sich demnach allein auf die Wahl der Person des Leistungserbringers oder der -erbringerin. Es erscheint somit sachfremd, aus dem Grundsatz der freien Arztwahl ein Recht auf eine bestimmte Leistung wie die Zweitmeinung abzuleiten. Wäre das möglich, müsste daraus konsequenterweise eine Vielzahl an Leistungen ableitbar sein, wofür der Wortlaut keinen Raum bietet.[60]

Darüber hinaus bezieht sich die Funktion des § 76 SGB V neben der Statuierung der freien Arztwahl auch darauf, diese gleichzeitig einzuschränken.[61] Die Norm begrenzt den Kreis auf Ärzt:innen und Einrichtungen, die an der vertragsärztlichen Versorgung teilnehmen und zwischen denen Versicherte auswählen

---

56 Die Rechtsprechung hat die Frage aber offengelassen, ob aus § 76 SGB V überhaupt ein Anspruch auf freie Arztwahl abzuleiten ist, so BVerfGE 16, 286 (303 f.); vgl. BSGE 11, 104 (111 f.); 37, 267 (270).

57 Wann das der Fall ist, ist z. T.in den Bundesmantelverträgen aufgeführt oder ein solches Recht des Arztes oder der Ärztin besteht in begründeten Fällen, genauer dazu *Nebendahl,* in: Spickhoff, Medizinrecht, SGB V, § 76 Rn. 4.

58 Das wird auch gesehen von *Nebendahl,* in: Spickhoff, Medizinrecht, SGB V, § 76 Rn. 4.

59 *Nebendahl,* in: Spickhoff, Medizinrecht, SGB V, § 76 Rn. 3.

60 Zu den bisherigen Einschränkungen: *Nebendahl,* in: Spickhoff, Medizinrecht, SGB V, § 76 Rn. 4.

61 *Wendtland,* in: BeckOK-SozR, SGB V, § 76 Rn. 2; dahingehend auch: *Klückmann,* in: Hauck/Noftz, SGB V, § 76 Rn. 9.

können, § 76 Abs. 1 S. 1, 2 SGB V.[62] Abs. 1 S. 2 macht deutlich, dass nur im Notfall[63] auf andere Ärzt:innen zurückgegriffen werden soll.

c) Grenzen der freien Arztwahl

§ 76 SGB V ist selbst zu entnehmen, dass der Grundsatz der freien Arztwahl auch nicht bedingungslos gilt, weshalb insbesondere die § 76 Abs. 2-3a SGB V die Grenzen der freien Arztwahl regeln.[64] An anderer Stelle ist in diesem Zusammenhang nicht die Rede von *Beschränkung*, sondern von einer „Modifizierung des Wirtschaftlichkeitsprinzips".[65]

§ 76 Abs. 2 SGB V schränkt die freie Arztwahl räumlich ein, womit der Einhaltung des Wirtschaftlichkeitsgebots Rechnung getragen wird.[66] Der oder die Versicherte soll den oder die nächstgelegene:n zulässige:n Leistungserbringer:in auswählen, sofern kein zwingender Grund vorliegt, davon abzuweichen.[67] Ein zwingender Grund besteht, wenn kein:e nach seinem oder ihrem Teilnahmeprofil geeignete:r und leistungsbereite:r Behandler:in in der näheren Umgebung zur Verfügung steht[68] oder das Vertrauensverhältnis zwischen Versichertem oder Versicherter und dem oder der örtlichen Behandler:in so tiefgreifend gestört ist, dass dem oder der Versicherten die Behandlung nicht zugemutet werden kann[69]. Ein solches besonderes Vertrauensverhältnis kann z. B. aufgrund der Behandlung einer langen Erkrankung oder auch zur Sicherung eines schnellen und sicheren Behandlungserfolgs trotz räumlichen Umzugs der Beteiligten vorrangig sein.[70]

---

62 Darüber hinaus zu der Auswahl von ermächtigten Ärzten und Einrichtungen und zu sonstigen Fallkonstellationen: *Lang,* in: Becker/Kingreen, SGB V, § 76 Rn. 9 ff., 13 ff.

63 Zu dem Begriff und den Voraussetzungen des Notfalls im Rahmen des § 76 Abs. 1 S. 2 SGB V: *Wendtland,* in: BeckOK-SozR, SGB V, § 76 Rn. 17; *Klückmann,* in: Hauck/Noftz, SGB V, § 76 Rn. 13a m.w.N.

64 *Wendtland,* in: BeckOK-SozR, SGB V, § 76 Rn. 2; *Joussen,* in: Knickrehm/Kreikebohm/Waltermann, SGB V, § 76 Rn. 1ff.

65 *Hesral,* in: jurisPK-SGB V, § 76 Rn. 39.

66 *Lang,* in: Becker/Kingreen, SGB V, § 76 Rn. 19.

67 *Lang,* in: Becker/Kingreen, SGB V, § 76 Rn. 19; *Klückmann,* in: Hauck/Noftz, SGB V, § 76 Rn. 18; *Lindemann,* in: Wannagat, SGB V, § 76 Rn. 6; *Bäune,* in: Eichenhofer/v. Koppenfels-Spies/Wenner, SGB V, § 76 Rn. 7 f.

68 *Hesral,* in: jurisPK-SGB V, § 76 Rn. 42.

69 LSG Niedersachsen v. 26.11.1980 – L 4 Kr 51/78, Leitsatz (juris).

70 *Lang,* in: Becker/Kingreen, SGB V, § 76 Rn. 19.

§ 76 Abs. 3 S. 1 SGB V beschränkt den Arztwechsel in zeitlicher Hinsicht, um die unnötige Mehrfachinanspruchnahme von Ärzt:innen zu verhindern. In Folge dieser Regelung hätte sich durchaus eine zulässige Zweitinanspruchnahme von Ärzt:innen i. S. e. Zweitmeinung ergeben können, bei der es typischerweise auf eine solche zeitnahe Konsultation zweier Ärzt:innen ankommt.

§ 76 Abs. 3 S. 1 SGB V regelt, dass Versicherte prinzipiell keinen Arztwechsel innerhalb eines Kalendervierteljahres vornehmen sollen, solange dafür kein wichtiger Grund vorliegt. Die Definition des wichtigen Grundes entspricht der des § 76 Abs. 2 SGB V (s.o.), es geht um schwerwiegende Vertrauensstörungen im Behandlungsverhältnis.[71] Hintergrund der Regelung war die quartalsgebundene Ausstellung des Krankenscheins und dass Versicherte auf die Ausstellung eines zweiten Krankenscheins angewiesen waren, sofern sie unmittelbar nach dem ersten Arztbesuch vorhatten, einen weiteren Arzt oder eine weitere Ärztin aufzusuchen.[72] Die Vorschrift hat insgesamt durch Einführung der Krankenversichertenkarte (§ 291 SGB V) und dem Wegfall der Praxisgebühr an Bedeutung verloren.[73] Da sie ohnehin als „soll"-Vorschrift formuliert ist, lassen sich aus Versichertensicht auch keine rechtlichen Konsequenzen an einen Verstoß dagegen knüpfen.[74] Für Leistungserbringer:innen kann sich im Einzelnen zumindest eine Konsequenz ergeben, sobald Vergütungstatbestände aus dem EBM nur einmal im Quartal abgerechnet werden können.[75] Hierzu hat das BSG entschieden, dass die innerhalb eines Quartals wiederholt erbrachte Leistung durch einen zweiten Arzt oder Ärztin nicht erneut abgerechnet werden darf, auch wenn dieser oder diese gar nicht von der vorherigen Inanspruchnahme eines anderen Arztes oder einer Ärztin wusste, es sich also um eine verdeckte Inanspruchnahme handelt. Ausschlaggebend sei dafür der Wortlaut des Gebührentatbestandes, dem auch keine Ausnahmeregelung für das Vorliegen eines gestörten Vertrauensverhältnisses zu entnehmen sei.[76] Insgesamt ist dem § 76 Abs. 3 S. 1 SGB V nur ein Appellcharakter zu entnehmen, der die wirtschaftliche Vernunft der Versicherten betrifft.[77]

---

71 *Joussen*, in: Knickrehm/Kreikebohm/Waltermann, SGB V, § 76 Rn. 3.

72 *Rademacker*, in KassKomm SGB V, § 76 Rn. 28.

73 *Rademacker*, in KassKomm SGB V, § 76 Rn. 28; *Sproll*, in: Krauskopf, SGB V, § 76 Rn. 20.

74 *Wendtland*, in: BeckOK-SozR, SGB V, § 76 Rn. 27

75 *Rademacker*, in: KassKomm SGB V, § 76 Rn. 28.

76 BSG v. 11.02.2015 – B 6 KA 15/14 R, Rn. 23ff. (juris).

77 *Wendtland*, in: BeckOK-SozR, SGB V, § 76 Rn. 27; i.E. auch *Sproll*, in: Krauskopf, SGB V, § 76 Rn. 20.

Auch wenn sich daraus mit Sicherheit noch kein subjektives Leistungsrecht auf Zweitmeinung aus oben genannten Gründen ergibt, besteht auf Grundlage dieser Regel zumindest die zulässige Möglichkeit eines Arztwechsels in zeitlicher Hinsicht, sofern ein wichtiger Grund vorliegt, was besonders der Wegfall des Vertrauensverhältnisses zwischen Behandler:in und Patient:in sein kann. Die freie Arztwahl aus § 76 Abs. 1 SGB V kann dann unter dieser Voraussetzung im Einzelfall soweit reichen, dass Patient:innen eine Zweitmeinung einholen können.

Mit der in § 76 Abs. 2-3 SGB V hervorgehobenen Bedeutung des Vertrauensverhältnisses zwischen dem Arzt oder der Ärztin und dem oder der Patien:in ergibt sich an dieser Stelle des Sozialrechts auch eine Schnittstelle zum Zivilrecht, bei dem die grundlegende Bedeutung der Patient:innenautonomie für das (Fort-)Bestehen des Behandlungsverhältnisses zwischen Behandler:in und Patient:in zuletzt auch vom BGH hervorgehoben wurde.[78] Der BGH betonte, dass medizinische und therapeutische Behandlungsmaßnahmen grundsätzlich auf einem besonderen Vertrauensverhältnis zwischen Behandler:in und Patient:in fußen.[79] Mit § 627 BGB ergibt sich im Zivilrecht für den Behandlungsvertrag deshalb sogar die Möglichkeit der sofortigen Beendigung des Vertragsverhältnisses, wobei dieses außerordentliche, fristlose Kündigungsrecht durch das besondere Vertrauen der Vertragsparteien begründet wird.[80] Auch wenn das keine Auswirkung auf die Leistungsgewährung im Bereich der GKV haben kann, da es sich hierbei um eine öffentlich-rechtliche Leistungsgewährung handelt, die eben durch Fragen der Finanzierbarkeit mitbestimmt ist,[81] scheint das SGB V an dieser Stelle, trotz seiner allgegenwärtigen Vorgaben des Wirtschaftlichkeitsgebots, dieser besonderen Bedeutung der Vertrauensbeziehung, als Grundpfeiler des Behandlungsverhältnisses, prinzipiell auch Rechnung zu tragen. Eine Mehrfachinanspruchnahme von Ärzt:innen ist deshalb zumindest bei Wegfall der Vertrauensbeziehung sowohl in zeitlicher als auch in räumlicher Hinsicht innerhalb eines Quartals ausnahmsweise möglich.

Eine weitere Einschränkung der freien Arztwahl befindet sich in § 76 Abs. 3a SGB V, durch den die Partner der Bundesmantelverträge, also KBV und GKV-Spitzenverband, geeignete Maßnahmen zu vereinbaren haben,

78 BGH v. 08.10.2020 – III ZR 80/20, Rn. 26 (juris).
79 BGH v. 08.10.2020 – III ZR 80/20, Rn. 23 (juris).
80 BGH v. 08.10.2020 – III ZR 80/20, Rn. 26 (juris).
81 Das steht prinzipiell im Einklang mit der Verfassung, BVerfG v. 06.12.2005 - 1 BvR 347/98, Rn. 57 (juris).

die einer unkoordinierten Mehrfachinanspruchnahme von Vertragsärzt:innen entgegenwirkt und den Informationsaustausch zwischen vor- und nachbehandelnden Ärzt:innen gewährleisten. Die Regelung dient auch dem Entgegenwirken einer unkoordinierten Mehrfachinanspruchnahme von Ärzt:innen durch Patient:innen, was nicht durch Informationen auf der elektronischen Gesundheitskarte gemäß § 291 SGB V gesteuert werden kann (s. o.). Insofern ist § 76 Abs. 3a SGB V mit seinen Modellvorhaben auch im Zusammenhang mit solchen aus § 64 Abs. 4 SGB V zu lesen (s. o.). Auch wenn die Ausrichtung der Norm klar ist, bleibt doch der Regelungsinhalt dieser Modellvorhaben unklar. Im Endeffekt sollen an dieser Stelle im Gesetz wohl noch bestehende Lücken geschlossen werden, die dadurch entstehen, dass davor normierte „Appelle an die wirtschaftliche Vernunft der Versicherten" bei der Inanspruchnahme von Ärzt:innen gesetzlich ohne echte rechtliche Konsequenzen ausgestattet sind.[82]

d) Ergebnis

§ 76 SGB V verleiht zwar ein subjektives Recht auf die Auswahl des Leistungserbringers oder der -erbringerin, also ein Wahlrecht des oder der Versicherten in personeller Hinsicht. Ein subjektives Recht auf eine bestimmte Leistung, wie die Erbringung einer ärztlichen Zweitmeinung, geht daraus aber nicht hervor. Für die Erbringung der Zweitmeinung kann § 76 SGB V deshalb auch nicht als Rechtsgrundlage herangezogen werden, weshalb es etwas „unglücklich" ist, dass von Krankenkassen bei Internetauftritten immer noch darauf verwiesen wird. Spätestens seit Einführung des § 27b Abs. 1 und 6 SGB V wäre von den Krankenkassen für die Rechtsgrundlage der Zweitmeinung vielmehr darauf zu verweisen. Einzig bei Wegfall des besonderen Vertrauensverhältnisses zwischen Arzt oder Ärztin und Patient:in kann ein zulässiger Behandlerwechsel zu einer Zweitinanspruchnahme einer Behandlungsleistung innerhalb eines Quartals führen.

II. Einholung einer Zweitmeinung aus Sicht von Patient:innen

Neben den gesetzlichen Grundlagen für die Erbringung der Zweitmeinung steht die faktische Inanspruchnahme verdeckter Zweitmeinungen durch Patient:innen.

Umfragen haben gezeigt, dass viele Patient:innen bereits eine Zweitmeinung eingeholt haben, bzw. auf anderem Wege mit einer solchen in Berührung gekommen sind.

---

82 *Wendtland*, in: BeckOK-SozR, SGB V, § 76 Rn. 32.

1. Häufigkeit und Gründe der Inanspruchnahme von Zweitmeinung

Umfragen haben zuletzt gezeigt, dass Patient:innen vielfach bereits mit einer Zweitmeinung in Kontakt gekommen sind, was sich zum einen in einem generellen Bedarf an der Einholung einer Zweitmeinung ausdrückt und zum anderen darin, dass dieser mitunter auch erfüllt wurde.[83] In diesem Zusammenhang haben zuletzt *Geraedts* und *Kraska* eine Umfrage unter 1598 Patient:innen durchgeführt, bei der es hauptsächlich darum ging, herauszufinden, ob Patient:innen sich eine Zweitmeinung wünschen und wenn ja, bei welchen Erkrankungen dieser Wunsch besonders ausgeprägt ist.[84]

Bei der Befragung hat sich herausgestellt, dass der Bedarf nach Zweitmeinung vor allem vom individuellen Gesundheitszustand von Patient:innen abhängig ist.[85] Patient:innen hatten generell bei schlechtem Gesundheitszustand 13 mal öfter ein Bedürfnis nach Zweitmeinung, als bei gutem Gesundheitszustand.[86] Ferner gaben viele Versicherte an, die mit der gestellten Erstdiagnose des Arztes oder der Ärztin oder der vorgeschlagenen Therapie nicht einverstanden waren, schon einmal über eine Zweitmeinung nachgedacht zu haben.[87] Ein weiterer gemeinsamer Faktor für das Bedürfnis nach Zweitmeinung war z. B. ein vergleichsweise geringes Lebensalter. So gaben vor allem die unter 25-Jährigen an, bereits einmal über die Einholung einer Zweitmeinung nachgedacht zu haben. Bei der Frage nach möglichen Erkrankungen, bei denen eine Zweitmeinung besonders gewünscht wäre, gab der überwiegende Anteil der Befragten eine Krebserkrankung an (83%). Der höchste Bedarf nach Zweitmeinung scheint somit im Bereich der onkologischen Erkrankungen[88] und ihren möglichen Behandlungsformen (hoher Bedarf in diesem Bereich auch bei Therapieformen wie medikamentöse- oder Chemotherapien) zu liegen.[89] Ebenso kam die Untersuchung zu dem Ergebnis, dass auch bei Erkrankungen am Herz oder an den Gefäßen (71%) und bei Hirnleistungsstörungen (66%) eine Zweitmeinung

---

83 vgl. vor allem *Wenner*, SozSich 2015, 333 (335).

84 Umfangreich und gut strukturiert *Geraedts/Kraska*, Gesundheitsmonitor Newsletter 01/2016, 1 (3).

85 *Geraedts/Kraska*, Gesundheitsmonitor Newsletter 01/2016, 1 (3).

86 *Geraedts/Kraska*, Gesundheitsmonitor Newsletter 01/2016, 1 (3).

87 *Geraedts/Kraska*, Gesundheitsmonitor Newsletter 01/2016, 1 (3).

88 Eine umfangreiche Betrachtung der Zweitmeinung speziell bei Krebserkrankungen befindet sich bei *Mellink/Dulmen/Wiggers/Spreeuwenberg/Eggermont/Bensing*, Journal of clinical oncology 2003, 1492 ff.

89 *Geraedts/Kraska*, Gesundheitsmonitor Newsletter 01/2016, 1 (3).

gewünscht wird.[90] Der orthopädische Bereich wurde immerhin bei der Frage nach speziellen Ärzt:innen, bei denen sich Patient:innen eine Zweitmeinung wünschen, mit 54% genannt.

Auch eine Studie im Auftrag der Asklepios Kliniken Hamburg GmbH und des IMWF Instituts für Management- und Wirtschaftsforschung GmbH kam zu dem Ergebnis, dass Patient:innen einen Bedarf an ärztlicher Zweitmeinung haben.[91] Dass das größte Bedürfnis im onkologischen Bereich liegt, wird bestätigt.[92]

Auch wenn der bloße Wunsch nach Zweitmeinung den Umfragen nach zu urteilen groß schien, gaben letztlich nur 24% der Befragten bei *Geraedts* und *Kraska* an, tatsächlich schon einmal eine Zweitmeinung eingeholt zu haben.[93] Die tatsächliche Inanspruchnahme hing von Faktoren wie z. B. der Anzahl der Arztbesuche in den letzten zwölf Monaten, der Unzufriedenheit mit dem Therapievorschlag und der Diagnose oder auch von regionalen Unterschieden ab.[94] Darüber hinaus unterschieden sich auch die tatsächlichen Gründe für das Einholen einer Zweitmeinung. Hierbei wurde am häufigsten angegeben, dass Unsicherheit hinsichtlich der Entscheidung über eine vorgeschlagene Therapie oder Behandlung bestand (53% bei *Geraedts/Kraska,* 52% bei Asklepios Kliniken Hamburg GmbH).[95] Des Weiteren gaben Patient:innen einen möglichen geringen Nutzen der bisherigen Therapie (43%) und ein geringes Vertrauensverhältnis zum behandelnden Arzt oder der Ärztin (19%) an.[96] Anderenorts wurde

---

90 *Geraedts/Kraska*, Gesundheitsmonitor Newsletter 01/2016, 1 (3); zu einer ungefähr gleichen Rangfolge kommt auch die Studie der Asklepios Kliniken Hamburg GmbH & IMWF Institut für Management- und Wirtschaftsforschung GmbH, Zweitmeinungsverfahren aus Patientensicht, S. 22.

91 Asklepios Kliniken Hamburg GmbH & IMWF Institut für Management- und Wirtschaftsforschung GmbH, Zweitmeinungsverfahren aus Patientensicht, S. 8.

92 Asklepios Kliniken Hamburg GmbH & IMWF Institut für Management- und Wirtschaftsforschung GmbH, Zweitmeinungsverfahren aus Patientensicht, S. 22.

93 Nach Umfrage der Asklepios Kliniken Hamburg GmbH (S. 24) sollen sogar 52% der Befragten schon einmal eine Zweitmeinung eingeholt haben, dieser Wert erscheint allerdings verhältnismäßig hoch, so *Geraedts/Kraska*, Gesundheitsmonitor Newsletter 01/2016, 1 (9).

94 *Geraedts/Kraska*, Gesundheitsmonitor Newsletter 01/2016, 1 (4).

95 *Geraedts/Kraska*, Gesundheitsmonitor Newsletter 01/2016, 1 (3); Asklepios Kliniken Hamburg GmbH & IMWF Institut für Management- und Wirtschaftsforschung GmbH, Zweitmeinungsverfahren aus Patientensicht, S. 26; auf dieses Motiv deutet auch hin *Mellink/Dulmen/Wiggers/Spreeuwenberg/Eggermont/Bensing*, Journal of clinical oncology 2003, 1492 (1494).

96 *Geraedts/Kraska*, Gesundheitsmonitor Newsletter 01/2016, 1 (5).

auch die Vermeidung einer unnötigen Operation oder Behandlung als Grund angegeben (47%).[97]

Beide Befragungen konnten auch Aufschluss über die Frage nach der Quelle einer Zweitmeinung geben. Aus der Studie der Asklepios Kliniken Hamburg GmbH ging hervor, dass sich der überwiegende Anteil der Patient:innen (65%) bei Verunsicherung über eine ärztliche Diagnose zunächst im Internet über Alternativen oder die Richtigkeit der gestellten Indikation informiert.[98] Das ist nicht ganz unkritisch zu betrachten, da gerade das Internet auch eine zusätzliche Verunsicherung des Patient:innen bezüglich der Diagnosestellung auslösen kann, indem dort eine gute Qualität der medizinischen Beratung nicht automatisch gewährleistet ist.[99] Sobald aber tatsächlich eine Zweitmeinung eingeholt wurde, kam es den Befragten besonders auf den persönlichen Kontakt zwischen dem Arzt oder der Ärztin und dem oder der Patient:in an (97% bei *Geraedts/Kraska*).[100] Die Zweitmeinung wurde demnach nur in 3% der Fälle tatsächlich über elektronische Wege wahrgenommen (Telefon, Internet, E-Mail).[101]

Im Ergebnis konnten die meisten Befragten für sich einen großen Nutzen aus der Zweitmeinung ziehen.[102] Der Großteil gab an, dass die Einholung einer Zweitmeinung tatsächlich zu einer Änderung der Entscheidung bezüglich der ersten vorgeschlagenen Therapie oder Behandlung geführt hat. Bei 45% der Befragten hat die Zweitmeinung eine gänzliche Entscheidungsänderung bewirkt, bei immerhin 26% hat die Zweitmeinung „zum Teil" eine Veränderung der Entscheidung über die vorgeschlagene Behandlung veranlasst. 27% gaben an, durch die Zweitmeinung keine andere Entscheidung getroffen zu haben.[103] Ein ähnlich gutes Résumé ergab sich auch aus der Umfrage der Asklepios Kliniken Hamburg GmbH. Dort gaben sogar 85% der Befragten an, dass die Zweitmeinung ihnen dabei geholfen habe, die individuell beste Behandlungsmethode zu finden. Als positiv empfanden Patient:innen auch, dass durch die Zweitmeinung das Vertrauen in die Ärzt:innen gestärkt werden konnte (72%). Nur für 16% der

97 Asklepios Kliniken Hamburg GmbH & IMWF Institut für Management- und Wirtschaftsforschung GmbH, Zweitmeinungsverfahren aus Patientensicht, S. 26.

98 Asklepios Kliniken Hamburg GmbH & IMWF Institut für Management- und Wirtschaftsforschung GmbH, Zweitmeinungsverfahren aus Patientensicht, S. 12; dargestellt auch bei *Wolfram*, KH 2015, 46; *Krüger*, RDG 2015, 12 (15).

99 *Krüger*, RDG 2015, 12 (14).

100 *Geraedts/Kraska*, Gesundheitsmonitor Newsletter 01/2016, 1 (5).

101 *Geraedts/Kraska*, Gesundheitsmonitor Newsletter 01/2016, 1 (5).

102 *Geraedts/Kraska*, Gesundheitsmonitor Newsletter 01/2016, 1 (5).

103 *Geraedts/Kraska*, Gesundheitsmonitor Newsletter 01/2016, 1 (5).

Befragten hat die Einholung der Zweitmeinung ein negatives Ergebnis bewirkt. In diesen Fällen hat sich der oder die Patient:in nach der Zweitmeinung zusätzlich verunsichert gefühlt und ihm/ihr wurde die Entscheidung über die eigentlich vorgeschlagene Behandlung erschwert.[104]

Im Ergebnis geben beide Umfragen Aufschluss darüber, dass das Einholen einer Zweitmeinung aus Sicht von Patient:innen besonders bei schlechtem Gesundheitszustand einen großen Nutzen mit sich bringen kann. Viele Patient:innen haben sich bereits mit dem Thema beschäftigt und empfinden das Einholen einer Zweitmeinung mitunter als notwendig.

2. *Offenlegen der ersten Diagnose*

Patient:innen war es, unabhängig von der Erstdiagnose, bisher auf zwei verschiedenen Wegen möglich, eine ärztliche Zweitmeinung tatsächlich einzuholen.

Versicherte konnten selbstständig einen zweiten Arzt oder eine zweite Ärztin aufsuchen, um von diesem oder dieser eine zweite fachliche Meinung einzuholen. Dabei informierten Patient:innen Ärzt:innen darüber, dass bereits eine erste Diagnose durch einen anderen Arzt oder eine andere Ärztin vorlag.[105] Da es bisher vor allem im ambulanten Bereich gesetzlich keinen ausdrücklichen Leistungsanspruch für ein solches Vorgehen gab, wie auch die vorangestellte Betrachtung der bisherigen gesetzlichen Grundlagen gezeigt hat, wurde die Leistung nicht über die Krankenversicherungskarte in Anspruch genommen.[106] Wenn Versicherte einen zweiten Arzt oder Ärztin zur Einholung einer Zweitmeinung aufsuchten, beabsichtigten sie tatsächlich keinen (zulässigen) Arztwechsel, sondern die erneute Untersuchung und Behandlung wegen gleicher Beschwerden, es ging ihnen mithin um die Absicherung von Diagnosen.[107] Einer solchen Mehrfachinanspruchnahme von Ärzt:innen steht prinzipiell das Wirtschaftlichkeitsgebot gemäß § 12 Abs. 1 SGB V entgegen, es sei denn es handelte sich um einen zulässigen Behandler:innenwechsel bei Wegfall des Vertrauensverhältnisses nach § 76 Abs. 3 SGB V (s. o.).

Wegen der fehlenden ausdrücklichen normativen Grundlage in allen anderen Fällen blieb Versicherten nur die Möglichkeit, die Kosten für die Erbringung

---

104 Asklepios Kliniken Hamburg GmbH & IMWF Institut für Management- und Wirtschaftsforschung GmbH, Zweitmeinungsverfahren aus Patientensicht, S. 28.

105 *Wenner*, SozSich 2015, 333 (335); *Knispel*, NZS 2016, 174; *Zieglmeier*, in: KassKomm, SGB V, § 27b Rn. 4.

106 *Wenner*, SozSich 2015, 333 (335); *Zieglmeier*, in: KassKomm, SGB V, § 27b Rn. 4.

107 *Wenner*, SozSich 2015, 333 (335).

der ärztlichen Zweitmeinung eigenständig zu übernehmen.[108] Das könnte eine Vielzahl an Patient:innen davon abgeschreckt haben, dem zweiten Arzt oder der zweiten Ärztin den wahren Grund der Konsultation zu nennen.

3. *Verschweigen der ersten Diagnose*

Denkbar war auch, dass Patient:innen einen zweiten Arzt oder eine zweite Ärztin aufsuchten und diesen nicht über bereits stattgefundene Untersuchungen und Diagnosen informierten. Das wird als „krummer Weg" zur Einholung einer Zweitmeinung bezeichnet.[109] Dem zweiten Arzt oder der Ärztin war es dabei unmöglich, die Wirtschaftlichkeit der doppelten Leistungserbringung zu überprüfen und die Leistungserbringung gegebenenfalls abzulehnen.[110]

Für Patient:innen hat die Einholung der Zweitmeinung auf diesem Wege eine Reihe an negativen Auswirkungen gehabt. Bereits vorliegende Behandlungsunterlagen wurden nicht übermittelt, weshalb bereits vorgenommene Untersuchungen erneut (mitunter unnötigerweise) durchgeführt wurden. Dass dieses Vorgehen für den oder die Patient:in auch Gefahren barg, zeigt sich besonders deutlich bei der erneuten Inanspruchnahme von radiologischen Untersuchungen. Hierbei bestehen gesundheitliche Risiken durch Strahlenbelastungen, welche von Patient:innen dann erneut in Kauf zu nehmen waren. Grund dafür war eine „Scheu" des oder der Patient:in gegenüber der erstbehandelnden Person, die Autorität und Kompetenz des Arztes oder der Ärztin in Frage zu stellen und Behandlungsunterlagen zwecks einer zweiten Begutachtung einzufordern.[111]

Man kann aufgrund dieser Scheu und auch wegen des Risikos der privaten Kostenübernahme davon ausgehen, dass es sich hierbei bisher um den typischen Umgang mit der ärztlichen Zweitmeinung in der Praxis gehandelt hat,[112] gerade auch, weil die Mehrfachinanspruchnahme für die Krankenkassen nur schwer nachvollziehbar ist, was besonders auf der zeitverzögerten Übermittlung der Abrechnungsdaten an die Krankenkasse durch die Leistungserbringer:innen beruht.[113] Auf diesem Wege konnte die Zweitmeinung nur als vertragsärztliche Leistung abgerechnet werden, §§ 28 ff. SGB V.

---

108 *Wenner*, SozSich 2015, 333 (335).

109 *Wenner*, SozSich 2015, 333 (335).

110 *Wenner*, SozSich 2015, 333 (335); *Zieglmeier*, in: KassKomm, SGB V, § 27b Rn. 4.

111 *Wenner* geht dieser Vermutung nach, wobei sich empirische Nachweise für diese Annahme letztlich nicht aufbringen lassen, dazu: *Wenner*, SozSich 2015, 333 (335).

112 Vgl. *Osterloh*, DÄ 2014, 2254.

113 Dieses Problem erfassen auch die Krankenkassen, was sich im persönlichen Kontakt zur AOK Plus herausstellte, Zeitraum der Information 05/2015.

III. Angebote der gesetzlichen Krankenkassen

Vor der Einführung des § 27b SGB V war besonders interessant, auf welcher Rechtsgrundlage Krankenkassen eine Zweitmeinung bisher angeboten haben. Da es im Jahr 2021 immerhin noch 103 gesetzliche Krankenkassen in der Bundesrepublik Deutschland gab, ist das allerdings eine Frage, die nicht abschließend beurteilt werden kann.[114] Vielmehr soll übersichtshalber dargestellt werden, ob sich gesetzliche Krankenkassen überhaupt mit dem Angebot von ärztlicher Zweitmeinung beschäftigt haben bzw. ob dafür von ihnen ein Verfahren zur Verfügung gestellt wurde. Zur Beantwortung dieser Frage wurde auf den früheren Webauftritt der TK, Barmer GEK, DAK-Gesundheit, AOK Plus und AOK Baden-Württemberg zurückgegriffen und es wurden Ansprechpartner bei den jeweiligen Krankenkassen zur Erstattung erbrachter Zweitmeinungen befragt.[115] Daneben sei aber auch bemerkt, dass sich die Internetauftritte der Krankenkassen aufgrund der Einführung des § 27b SGB V stark geändert haben und diese heute vor allem für die Rechtsgrundlage auch auf § 27b SGB V verweisen.

1. Umfang der Angebote[116]

Zahlreiche gesetzliche Krankenkassen boten bereits vor der Regelung des § 27b SGB V eine ärztliche Zweitmeinung an. So z. B. die TK, die zum Zeitpunkt der Untersuchung mit 10,8 Mio. Versicherten die größte gesetzliche Krankenkasse Deutschlands war.[117] Die TK bot das Zweitmeinungsverfahren für Operationen im Bereich der Wirbelsäule an.[118] Seit Einführung des Zweitmeinungsmodells in das Leistungsangebot der Krankenkasse im Jahr 2010 haben

---

114 Übersicht zur mengenmäßigen Entwicklung der GKV <https://de.statista.com/statistik/daten/studie/74834/umfrage/anzahl-gesetzliche-krankenkassen-seit-1970/>, letzter Zugriff 07.01.2022.

115 Einen eigenen Überblick liefern *Pieper/Heß/Mathes*, Das Gesundheitswesen 2018, 859 (859ff.). Dabei wurde allerdings ausschließlich die Webauftritte der Krankenkassen untersucht.

116 Die im Folgenden verwendeten Informationen von Krankenkassen wurden überwiegend auf persönliche Anfrage hin gewährt. Eine repräsentative Wirkung der Informationen ist deshalb nicht gegeben.

117 <https://de.statista.com/statistik/daten/studie/856392/umfrage/groesste-gesetzliche-krankenkassen-in-deutschland-nach-der-versichertenzahl/>, letzter Zugriff: 07.01.2022.

118 <http://www.tk.de/tk/behandlungen/zweitmeinung/zweitmeinung-wirbelsaeulen-op/213560>, Stand: 18.06.2015.

ca. 1700 Versicherte die Einholung der ärztlichen Zweitmeinung in Anspruch genommen. 85% davon haben sich nach Inanspruchnahme des Zweitmeinungsmodells gegen einen geplanten operativen Eingriff entschieden.[119] Ähnliches war auch bei der Barmer GEK zu beobachten. Die Barmer GEK[120] bot die Einholung der ärztlichen Zweitmeinung für Operationen an der Wirbelsäule, bei Hüft- oder Kniegelenkersatz und bei Operationen am Knie nach Sportverletzungen an.[121] Die Resonanz der Versicherten auf das Zweitmeinungsangebot wurde als sehr positiv eingeschätzt, da das Zweitmeinungsangebot seit 2013 ungefähr 1770 Mal in Anspruch genommen wurde.[122] Auch die DAK-Gesundheit, als drittgrößte aller gesetzlichen Krankenversicherer mit 5,5 Mio. Versicherten[123] bot die Einholung der Zweitmeinung an. Die DAK-Gesundheit bot auf ihrer Homepage die Einholung einer ärztlichen Zweitmeinung für jeden Versicherten an.[124] Auf Nachfrage wurde bestätigt, dass das Angebot nicht auf bestimmte Diagnosen oder geplante Eingriffe beschränkt sei.[125] Im süddeutschen Raum ist die AOK Baden-Württemberg mit 4,52 Mio. Versicherten eine der größten gesetzlichen Krankenversicherer.[126] Sie bot ihren Versicherten ein breites Leistungsspektrum

---

119 Veröffentlichung der Zahlen durch die Pressemitteilung der TK vom 19.03.2015, abrufbar unter: <http://www.tk.de/tk/pressemitteilungen/gesundheit-und-service/701712>, Stand: 22.06.2015.

120 8,75 Mio. Versicherte, Stand 2021, <https://de.statista.com/statistik/daten/studie/856392/umfrage/groesste-gesetzliche-krankenkassen-in-deutschland-nach-der-versichertenzahl/>, letzter Zugriff: 07.01.2022.

121 <https://www.barmer-gek.de/barmer/web/Portale/Versicherte/Rundum-gutversichert/Leistungen-Beitraege/Lexikon_20Leistungen/Alle_20Eintr_C3_A4ge/Zweitmeinung.html>, Stand: 18.06.2015.

122 Informationen auf Anfrage an die Barmer GEK vom 09.06.2015. Maßgeblich ist der Zeitraum ab Einführung des Angebots der Krankenkassen bis zum Zeitpunkt der Betrachtung (06/2015). Zu unterscheiden ist dabei Folgendes: Zweitmeinung für Operationen an der Wirbelsäule seit 01.03.2013 im Angebot der Krankenkasse, wurde 1600 Mal in Anspruch genommen; Operationen für Hüft- oder Kniegelenkersatz seit 01.07.2014 im Angebot der Krankenkasse, wurde 170 Mal in Anspruch genommen.

123 Stand 2021, <https://de.statista.com/statistik/daten/studie/856392/umfrage/groesste-gesetzliche-krankenkassen-in-deutschland-nach-der-versichertenzahl/>, letzter Zugriff: 07.01.2022.

124 <http://www.dak.de/dak/leistungen/Zweitmeinung-1079662.html>, Stand: 18.06.2015.

125 Anfrage an <presse@dak.de>, am 08.06.2015.

126 Stand 2021, <https://de.statista.com/statistik/daten/studie/856392/umfrage/groesste-gesetzliche-krankenkassen-in-deutschland-nach-der-versichertenzahl/>, letzter Zugriff: 07.01.2022.

zur Einholung der ärztlichen Zweitmeinung. In den Bereichen Onkologie, Orthopädie (Operationen an der Wirbelsäule sind davon auch umfasst), Urologie, Kardiologie, Herzchirurgie, Gynäkologie und Geburtshilfe konnten die Versicherten eine ärztliche Zweitmeinung einholen.[127] Im mitteldeutschen Raum ist die AOK Plus mit 3,42 Mio. Versicherten repräsentativ.[128] Die AOK Plus für Sachsen und Thüringen bot die Einholung der ärztlichen Zweitmeinung für Eingriffe im Bereich der Orthopädie (Operationen an Schulter, Knie, Hüfte und Wirbelsäule) und der Onkologie an.[129] Seit Einführung dieses Zweitmeinungsverfahrens im Jahr 2013 haben ca. 100 Versicherte ihr Angebot genutzt.[130]

2. *Verfahren*

Alle untersuchten Krankenkassen boten ein Verfahren zur Einholung der Zweitmeinung an, wobei diese z. T. auch mit Drittanbietern zur Realisierung zusammenarbeiteten.

Bei der TK vereinbarten die Versicherten zur Einholung der Zweitmeinung einen Termin in einem der Schmerzzentren, mit dem die Kasse kooperierte. Die Vorstellung beim zweituntersuchenden Arzt oder der Ärztin erfolgte persönlich. In dringenden Fällen konnten die Termine auch bereits nach zwei Werktagen vergeben werden.[131] Anders gestaltete sich dagegen das Verfahren der Barmer GEK. Die Barmer GEK arbeitet mit Hilfe des sogenannten Teledoktor-Service, wobei es sich um ein Team bestehend aus Allgemein- und Fachärzt:innen handelte.[132] Hier konnten sich Patient:innen zunächst telefonisch beraten lassen und erfahren, ob die persönliche Vorstellung bei einem weiteren Arzt oder einer Ärztin überhaupt notwendig war. Wenn nötig, wurde den Versicherten mindestens innerhalb von zwei Wochen ein Termin bei einem Arzt oder einer

127 <https://www.aok.de/baden-wuerttemberg/leistungen-service/80152.php>, Stand 08.07.2015.

128 Stand 2021, <https://de.statista.com/statistik/daten/studie/856392/umfrage/groesste-gesetzliche-krankenkassen-in-deutschland-nach-der-versichertenzahl/>, letzter Zugriff: 07.01.2022.

129 <https://www.aokplus-online.de/leistungen-services/optimal-versorgt-bei-krankheit/alles-rund-um-den-arztbesuch/aerztliche-zweitmeinung.html>, Stand: 22.06.2015.

130 Auskunft durch Anfrage an AOK Plus, vom 02.06.2015.

131 <http://www.tk.de/tk/behandlungen/zweitmeinung/zweitmeinung-wirbelsaeulen-op/213560>, Stand: 18.06.2015.

132 <https://www.barmer-gek.de/barmer/web/Portale/Versicherte/Rundum-gutversichert/Leistungen-Beitraege/Lexikon_20Leistungen/Alle_20Eintr_C3_A4ge/Zweitmeinung.html>, Stand: 18.06.2015.

Ärztin vermittelt. Im Falle einer Operation an der Wirbelsäule handelte es sich um Rückenspezialist:innen, mit denen die Barmer GEK zusammenarbeitete und die sich möglichst in Wohnortnähe der Versicherten befanden.[133] Im Falle einer Operation zum Knie- oder Hüftgelenkersatz wurde ausschließlich zu einem Facharzt oder Fachärztin aus dem Netzwerk der OrthoClinicum Management AG in der Region Düsseldorf verwiesen.[134] Bei Operationen nach einer Knieverletzung wurde, wenn nötig, ein Termin bei Kniespezialist:innen aus Hamburg vermittelt.[135] Die DAK-Gesundheit dagegen bot verschiedene Wege an, ihre Versicherten bei der Einholung der ärztlichen Zweitmeinung zu unterstützen. Mit Hilfe einer „Online-Arztsuche" wurde die Suche eines geeigneten Facharztes oder einer Fachärztin in der Nähe des oder der Versicherten unterstützt (sogenannter Arztlotse).[136] Ebenso wurde durch den Arzttermin-Service die Terminvergabe bei einem zweiten Facharzt oder Fachärztin reguliert.[137] Außerdem konnte die ärztliche Zweitmeinung auch durch die Beratung eines Experten oder einer Expertin am Telefon eingeholt werden.[138] Nach telefonischer Rücksprache wurden - wenn nötig - bereits vorliegende Behandlungsunterlagen an diese übermittelt.[139] Bei der AOK Baden-Württemberg musste sich der oder die

133 Neben der Information auf der Internetseite, ebenso nachlesbar in der dazugehörigen Broschüre: <http://www.barmer-gek.de/barmer/web/Portale/Versicherte/Rundum-gutversichert/Infothek/Broschueren__und__Downloads/PDFs__Bilder__Broschueren__und__Downloads/Downloads/broschueren/ALLE__broschueren__neue_20Kategorien/zweitmeinung-vor-rueckenoperationen,property=Data.pdf>, Stand: 18.06.2015.

134 Vgl. die dazugehörige Broschüre: <http://www.barmer-gek.de/barmer/web/Portale/Versicherte/Rundum-gutversichert/Infothek/Broschueren__und__Downloads/PDFs__Bilder__Broschueren__und__Downloads/Downloads/broschueren/ALLE__broschueren__neue_20Kategorien/zweitmeinung-vor-hueft-kniegelenksersatz,property=Data.pdf>, Stand: 18.06.2015.

135 Es handelt sich dabei um Prof. Dr. Karl-Heinz Frosch, Hamburg; <https://www.barmer-gek.de/barmer/web/Portale/Versicherte/Rundum-gutversichert/Leistungen-Beitraege/Lexikon_20Leistungen/Alle_20Eintr_C3_A4ge/Zweitmeinung.html>, Stand: 18.06.2015.

136 <http://www.dak.de/dak/leistungen/Arztkompass-1078084.html>, Stand: 18.06.2015.

137 <https://www.dak.de/dak/leistungen/Arzttermine_online-1445166.html>, Stand: 18.06.2015.

138 <http://www.dak.de/dak/leistungen/Zweitmeinung-1079662.html#cid1478910>, Stand: 18.06.2015.

139 <http://www.dak.de/dak/leistungen/Zweitmeinung-1079662.html#cid1478910>, Stand:18.06.2015.

Versicherte mit dem AOK-care-Telefon oder dem zuständigen Kundencenter vor Ort in Verbindung setzen. Versicherte übermittelten zudem bereits vorliegende Behandlungsunterlagen an ein Ärzteteam bei der AOK. Anhand der Unterlagen wurde dann entschieden, ob eine persönliche Vorstellung bei einem Zweitarzt oder einer Zweitärztin notwendig war. Anderenfalls wurde die ärztliche Zweitmeinung am Telefon erbracht. War die Vorstellung bei einem Zweitarzt oder einer Zweitärztin notwendig, erhielten Versicherte innerhalb von acht Tagen einen Termin bei ausgewählten Fachärzten in Baden-Württemberg.[140] Auch die AOK Plus übermittelte auf Anfrage bereits vorliegende Behandlungsunterlagen an medizinische Expert:innen, mit denen sie zusammenarbeitete. Anhand der Unterlagen entschied der Facharzt oder die Fachärztin, ob eine persönliche Vorstellung nötig war oder die Zweitmeinung auch per Aktenlage erbracht werden konnte. Ab Zeitpunkt der Anfrage bei der AOK Plus wurde die ärztliche Zweitmeinung spätestens innerhalb von vierzehn Tagen erbracht.[141]

3. *Rechtsgrundlage*

Fraglich ist im Ergebnis auch, auf welcher Rechtsgrundlage Krankenkassen die Einholung einer Zweitmeinung überhaupt erstatteten, da es bisher, wie zuvor dargestellt, gar keine tauglichen Rechtsgrundlagen im Leistungsspektrum der GKV für eine solche Leistung gab.

Man hätte überlegen können, ob es Krankenkassen möglich war, die Zweitmeinung als Satzungsleistung zu erbringen. Der Umfang der zulässigen Satzungsleistungen durch die Krankenkassen bestimmt sich aber grundsätzlich nach den Vorgaben von § 11 Abs. 6 SGB V, dessen Aufzählung abschließend ist.[142] Die Zweitmeinung i. S. e. zulässigen Wiederholung einer Behandlungs- und Untersuchungsleistung ist allerdings von der Aufzählung nicht erfasst; zumindest ist kein in § 11 Abs. 6 SGB V genannter Tatbestand dafür ersichtlich, unter den die Zweitmeinung subsumiert werden könnte. § 11 Abs. 6 SGB V bezieht sich ohnehin auf Satzungsleistungen, die ihrer Art nach bereits zum Leistungsspektrum der GKV gehören, was bei der Zweitmeinung ja nicht der Fall war. Die Norm hat gerade nicht vor Augen, neuen Versorgungsformen und Leistungen,

140 <https://www.aok.de/baden-wuerttemberg/leistungen-service/80152.php>, Stand: 22.06.2015.

141 <https://www.aokplus-online.de/leistungen-services/optimal-versorgt-bei-krankheit/alles-rund-um-den-arztbesuch/aerztliche-zweitmeinung.html>, Stand: 22.06.2015; Bestätigung der Angaben durch Anfrage an AOK-Plus.

142 *Becker/Kingreen*, in: Becker/Kingreen SGB V, § 11 Rn. 37.

die bisher gar nicht Teil der GKV waren, den Weg in das Leistungsspektrum der GKV zu ebnen.[143] So hat z. B. das BSG zur Kryokonservierung entschieden, das der § 27a SGB V die Kryokonservierung eindeutig nur für verheiratete Ehepartner vorsehe, weshalb die Krankenkasse im Rahmen ihrer Satzungsleistungen nach § 11 Abs. 6 SGB V die Kosten nicht auch für unverheiratete Paare übernehmen können.[144] Grundsätzlich lege das Gesetz als höherrangiges Recht die Leistungen der GKV fest, auch wenn sich der konkrete Leistungsanspruch des oder der Versicherten in seiner Reichweite und Gestalt im Einzelnen aus dem Zusammenspiel mit weiteren gesetzlichen und untergesetzlichen Rechtsnormen ergeben mag.[145] Vor diesem Hintergrund schieden Satzungsleistungen der Krankenkassen als taugliche Rechtsgrundlage einer Zweitmeinung aus.

Letztlich bleibt wohl offen, auf welcher Rechtsgrundlage Krankenkassen die Zweitmeinung vor Einführung des § 27b SGB V tatsächlich erbrachten. Vielfach dürfte das letztlich passiert sein, weil eben durch lange Abrechnungswege bzw. einer fehlenden Angabe auf der Gesundheitskarte gar nicht ersichtlich wurde, dass es sich um eine Zweitmeinung handelte oder aber ohnehin davon ausgegangen wurde, dass ein Leistungsanspruch aus dem Recht auf freie Arztwahl resultierte.

IV. Ergebnis

Bisher war es Patient:innen durchaus, vor allem auf verdecktem Wege, möglich, eine ärztliche Zweitmeinung auf Kosten der Krankenkassen einzuholen. Einer zulässigen Leistungsinanspruchnahme stand bisher aber insbesondere § 76 Abs. 3 SGB V und die damit verbundenen Erwägungen des Wirtschaftlichkeitsgebots entgegen. Allein bei schwerwiegender Störung des Vertrauensverhältnisses zwischen Arzt oder Ärztin und Patient:in war eine Mehrfachinanspruchnahme zulässig.

Davon unberührt blieb stets die private Kostenübernahme der Inanspruchnahme einer Zweitmeinung. Der generelle Verweis auf das Recht auf freie Arztwahl und auch auf die Satzungsleistungen der Krankenkassen als Rechtsgrundlage ist zumindest unzutreffend.

---

143 BSG v. 18.11.2014 – B 1 A 1/14 R, Rn. 12 (juris); *Plagemann*, in: jurisPK-SGB V, § 11 Rn. 41; Becker/Kingreen, in: Becker/Kingreen SGB V, § 11 Rn. 37.

144 BSG v. 18.11.2014 – B 1 A 1/14 R, Rn. 12f. (juris).

145 BSG v. 18.11.2014 – B 1 A 1/14 R, Rn. 13 (juris); BSG v. 02.09.2014 – B 1 KR 11/13 R, Rn. 8 (juris).

Zweites Kapitel: Der Inhalt des § 27b SGB V

Seit dem GKV-VSG besteht mit § 27b SGB V erstmalig sowohl im ambulanten als auch im stationären Bereich ein Anspruch auf Zweitmeinung. Herausgearbeitet wird, welche Voraussetzungen der Norm zu entnehmen sind. Da es sich bei § 27b SGB V um eine neue Regelung handelt und zur Auslegung noch keine Rechtsprechung vorliegt, wird aufgezeigt, welche leistungsrechtlichen Fragen zukünftig im Recht der GKV Anlass eines wissenschaftlichen Diskurses bieten.[146]

A. Normzweck

In teleologischer Hinsicht ist der Anspruch auf Zweitmeinung nach § 27b SGB V aus zwei verschiedenen Blickwinkeln zu lesen.

Zum einen liegt dem Anspruch ein wirtschaftliches Interesse zugrunde. Der § 27b SGB V wurde mit dem GKV-VSG mit Wirkung vom 23.07.2015 in den Katalog des SGB V eingeführt, um der Absicherung der Indikationsstellung zu dienen.[147] Der Anspruch soll nach Willen des Gesetzgebers bei planbaren Eingriffen gegeben sein, „bei denen unter Berücksichtigung der zahlenmäßigen Entwicklung ihrer Durchführung das Risiko einer zu weiten Indikationsstellung [...]“ gegeben ist,[148] da bei diesen Eingriffen gerade nicht auszuschließen sei, dass diese „[...] durchgängig medizinisch geboten [...]“ sind.[149]

Dabei geht es um die Annahme, dass häufig durchgeführten Eingriffe möglicherweise nicht immer medizinisch geboten seien, worauf ein Kostenanstieg bei bestimmten Operationen hinweist. Hintergrund dafür ist, dass Deutschland als „Europameister“ in der Durchführung bestimmter Eingriffe wie z. B. Endoskopie, Kniegelenks-Endoprothesen oder Angiographien bezeichnet wurde.[150] Ein besonderer Anstieg war zum Beispiel nachweislich bei der Durchführung

---

146 Eine prägnante Übersicht über alle Voraussetzungen und Anforderungen der Regelung findet sich bei *Marburger*, SuP 2015, 555 ff.; eine knappe Zusammenfassung bietet auch *Nebendahl*, in: Igl/Welti, Gesundheitsrecht, § 30 Rn. 235.

147 BT-Drs. 18/4095, S. 55.

148 BT-Drs. 18/4095, S. 74.

149 BT-Drs. 18/4095, S. 74.

150 Nach Auswertungen des OECD, dazu *Zieglmeier*, in: KassKomm, SGB V, § 27b Rn. 2.

von Operationen an der Wirbelsäule zu bemerken.[151] Dazu lagen dem Gesetzgeber Zahlen vor, die vor allem im Forschungsbericht zur Mengenentwicklung nach § 17b Abs. 9 KHG zusammengetragen wurden und diese Annahme bestätigten.[152]

Der hohe Anstieg bestimmter Operationen lässt vermuten, dass bei der Durchführung mengenanfälliger Operationen „Fehlanreize durch die Vergütung von wirtschaftlich attraktiven Fallpauschalen" bestehen.[153] Aus gesetzgeberischer Sicht stellt die Zweitmeinung somit ein probates Mittel dar, womit die Durchführung medizinisch nicht gebotener Operationen reduziert werden kann,[154] um damit verbundene Kosten zu senken[155].

Aus einem anderen Blickwinkel betrachtet, bezweckt die Normierung des § 27b SGB V aber auch die Gewährleistung von Gesundheitsschutz der Patient:innen. Die Verhinderung unnötiger Operationen dient auch immer den Patient:innen aus gesundheitlichen Gründen, indem ihnen körperliche Belastungen oder überflüssige Operationsrisiken erspart werden. Damit verfolgt die Zweitmeinung auch einen Nutzen für das Leben und die körperliche Integrität von Patient:innen. Darüber hinaus erwähnt die Gesetzesbegründung den durch die Zweitmeinung eintretenden positiven Aspekt der Stärkung von Patient:innenautonomie.[156] Durch die Zweitmeinung könnte der oder die Patient:in unsichere Diagnosen überprüfen lassen, wodurch ihm oder ihr dabei geholfen werden kann, eine Entscheidung über einen Heileingriff zu finden und ihn oder sie während dieses Prozesses zu stärken.[157] Insgesamt könnte dadurch das

---

151 Hamburg Center for Health Economics, Forschungsauftrag zur Mengenentwicklung nach § 17b Abs. 9 KHG, S. 26.

152 Siehe dazu die Ergebnisse von: Hamburg Center for Health Economics, Forschungsauftrag zur Mengenentwicklung nach § 17b Abs. 9 KHG, S. 109 f.

153 *Knispel,* in: BeckOK-SozR, SGB V, § 27b Rn. 2; *Knispel,* NZS 2016, 174; *Lang,* in: Becker/Kingreen, SGB V, § 27b Rn. 2.

154 BT-Drs. 18/4095, S. 74.

155 *Zieglmeier,* in: KassKomm, SGB V, § 27b Rn. 2; dabei geht es um die Sicherung der finanziellen Ressourcen der GKV, vgl. *Knispel,* in: BeckOK-SozR, SGB V, § 27b Rn. 2; *Lang,* in: Becker/Kingreen, SGB V, § 27b Rn. 2.

156 Die Rede ist von Patient:innensouveränität, BT-Drs. 18/4095, S. 55.

157 Insgesamt zum Patient:innenschutz *Knispel,* in: BeckOK-SozR, SGB V, § 27b Rn. 2; *Lang,* in: Becker/Kingreen, SGB V, § 27b Rn. 2; zur Stärkung von Patient:innenautonomie *Heberlein/Heberlein,* GuP 2015, 201 (207), Hinweis darauf auch in BT-Drs. 18/4095, S. 55.

gesamte Behandlungsverhältnis gestärkt werden, indem der Arzt oder die Ärztin in einen engeren Dialog mit den Patient:innen treten.[158]

B. Der planbare Eingriff gemäß § 27b Abs. 1 SGB V

Der zentrale Begriff des ersten Absatzes ist der planbare mengenanfällige Eingriff, womit die Voraussetzung des Anspruchs auf Zweitmeinung gemäß § 27b Abs. 1 SGB V festgelegt sind. Der Anspruch besteht dem Wortlaut nach unabhängig davon, ob der Eingriff im ambulanten oder im stationären Versorgungsbereich durchgeführt wird.

I. Planbarkeit

Zunächst muss der indizierte Eingriff planbar sein. Die Definition geschieht über die zeitliche Möglichkeit, eine Zweitmeinung sinnvollerweise einholen zu können. Sinnvoll ist diese nur dann, wenn für Patient:innen aus der zeitlichen Möglichkeit eine echte Wahlmöglichkeit erwächst, nämlich über das „Ob“ und das „Wie“ des Eingriffs entscheiden zu können.[159] Planbar ist demnach jeder Eingriff, bei dem nach der ersten Indikationsstellung ausreichend Zeit besteht, um eine Zweitmeinung einzuholen, womit akute Behandlungen ausgeschlossen sind.[160] Dazu zählen auch alle medikamentösen Behandlungen, wie z. B. eine Chemotherapie.[161] Dass „planbar“ in Hinblick auf die zeitliche Möglichkeit der Einholung einer Zweitmeinung zu verstehen ist, ergibt sich auch in Hinblick auf die Ausgestaltung der Aufklärungspflicht aus § 27b Abs. 5 SGB V. Gemäß § 27b Abs. 5 S. 4 SGB V hat die Aufklärung in jedem Fall so rechtzeitig zu erfolgen, dass der oder die Versicherte seine oder ihre Entscheidung über die Einholung einer Zweitmeinung wohlüberlegt treffen kann.[162]

---

158 *Bergmann/Wever*, MedR 2019, 876 (877).

159 *Zieglmeier*, in: KassKomm, SGB V, § 27b Rn. 8; *Fahlbusch*, in: Schlegel/Voelzke, jurisPK-SGB V, § 27b Rn. 8.

160 *Zieglmeier*, in: KassKomm, SGB V, § 27b Rn. 8; *Lang*, in: Becker/Kingreen, SGB V, § 27b Rn. 7.

161 *Knispel*, in: BeckOK-SozR, SGB V, § 27b Rn. 5; *Zieglmeier*, in: KassKomm, SGB V, § 27b Rn. 8; *Lang*, in: Becker/Kingreen, SGB V, § 27b Rn. 6 f.; *Wenner*, SozSich 2015, 333.

162 *Fahlbusch*, in: Schlegel/Voelzke, jurisPK-SGB V, § 27b Rn. 8.

II. Mengenanfälligkeit

Problematischer ist das Kriterium der Mengenanfälligkeit, das als solches nicht im § 27b SGB V (oder an anderer Stelle des Gesetzes) definiert ist.[163] Das ist schon deshalb ein Problem, da es dem gesamten Anspruch auf Zweitmeinung seine Struktur und Ausrichtung verleiht und neben der Planbarkeit von Eingriffen der eigentliche Hauptbestandteil der Anspruchsvoraussetzung ist.

Vom Anspruch erfasst sind gemäß § 27b Abs. 1 S. 1 SGB V planbare Eingriffe, bei denen insbesondere in Hinblick auf die zahlenmäßige Entwicklung ihrer Durchführung die Gefahr einer Indikationsausweitung nicht auszuschließen ist. Anders, als der Wortlaut auf den ersten Blick hier vermuten lässt, ist er keinesfalls als weit zu verstehen, wovon z. T. aber in der Literatur ausgegangen wird.[164] An dieser Stelle wird konkret (und nur) die Mengenanfälligkeit des Eingriffs beschrieben, was aus der Gesetzesbegründung hervorgeht.[165] Durch die Verwendung von „insbesondere" wird aber deutlich, dass der Gefahr der Indikationsausweitung zumindest auch eine andere Ursache zu Grunde liegen kann als die Mengenentwicklung von Eingriffen. Im Wortlaut des § 27b Abs. 1 S. 1 SGB V bezieht sich „insbesondere" allerdings nur auf die zahlenmäßige Entwicklung der Durchführung von Eingriffen.[166] Ob diese sprachliche Ausgestaltung im Einzelnen relevant ist, ist sehr fraglich, da es schwer sein dürfte, die Gefahr einer Indikationsausweitung aus anderem Grund nachzuweisen.[167]

Der Begriff Mengenanfälligkeit selbst ist in diesem Zusammenhang auf den Forschungsauftrag zur Mengenentwicklung nach § 17b Abs. 9 KHG (07/2014) zurückzuführen, welcher der Norm zu Grunde liegt und bei dem es gerade um die Beurteilung von Mengenentwicklungen und Mengenverhalten bei medizinischen Behandlungen geht.[168]

Demnach bezieht sich die Mengenanfälligkeit eines Eingriffs auf die Häufigkeit seiner Durchführung in der Vergangenheit[169] und meint damit eine zuletzt

---

163 *Zieglmeier,* in: KassKomm, SGB V, § 27b Rn. 9.

164 *Fahlbusch,* in: Schlegel/Voelzke, jurisPK-SGB V, § 27b Rn. 8.

165 BT-Drs. 18/4095, S. 74.

166 *Knispel,* in: BeckOK-SozR, SGB V, § 27b Rn. 6; An gleicher Stelle weist *Knispel* allerdings auch darauf hin, dass sich die Gefahr einer Indikationsausweitung aus anderem Grund aller Wahrscheinlichkeit nach nur schwer nachweisbar machen ließe.

167 *Knispel,* in: BeckOK-SozR, SGB V, § 27b Rn. 6.

168 Siehe dazu im Überblick: Hamburg Center for Health Economics, Forschungsauftrag zur Mengenentwicklung nach § 17b Abs. 9 KHG.

169 Vgl. *Knispel,* NZS 2016, 174 (175).

erhöhte Anzahl an Durchführungen eines Eingriffs. Erkennbar ist eine solche Mengenanfälligkeit z. B. an der Durchführung eines Eingriffs in der Relation zu der Einwohnerzahl eines Landes oder im Vergleich zur Häufigkeit des Eingriffs in anderen Ländern.[170] Denkbar sind aber auch Kriterien, wie z. B. die demografische Entwicklung, als Ausgangspunkt für die Häufigkeit von bestimmten Eingriffen.[171] Letztlich geht es um konkrete Mengenentwicklungen, die gegen eine medizinischen Notwendigkeit und Sachgerechtigkeit des vorgesehenen Eingriffs sprechen.[172] Da weder dem § 27b SGB V noch der Gesetzesbegründung eine Definition oder die Nennung von Regelbeispielen in Bezug auf die Mengenanfälligkeit zu entnehmen ist, wurde die Festlegung, wann ein Eingriff tatsächlich mengenanfällig ist, damit auf den G-BA delegiert.[173]

§ 27b Abs. 2 S. 1 SGB V ermächtigt den G-BA zur Konkretisierung der Begrifflichkeiten. Gemäß § 27b Abs. 2 S. 1 SGB V legt der G-BA in seinen Richtlinien nach § 92 Abs. 1 S. 2 Nr. 13 SGB V fest, für welche planbaren Eingriffe nach Abs. 1 S. 1 der Anspruch auf Einholung der Zweitmeinung im Einzelnen besteht. Anhand der gesetzlichen Beschreibung des Begriffs ist deshalb zumindest zu erwarten, dass der G-BA in Hinblick auf den Gesetzeswortlaut nachvollziehbar darlegt, unter welchen Voraussetzungen von einer Mengenanfälligkeit von Eingriffen auszugehen ist und wieso einzelne Eingriffe deshalb als mengenanfällig in seiner Richtlinie gelistet werden. Z. T. wird es für ausreichend erachtet, wenn auf der Grundlage von Tatsachen plausibel begründbar ist, dass eine Indikationsausweitungen anzunehmen sei.[174]

Für die Definition des Begriffs der planbaren mengenanfälligen Eingriffe kann im Ergebnis Folgendes festgehalten werden: Es muss eine zeitliche Möglichkeit zur Einholung einer Zweitmeinung bestehen (planbar), für den indizierten Eingriff muss in der Vergangenheit eine erhöhte Anzahl an Durchführungen erkennbar sein (Mengenanfälligkeit), der G-BA muss ihn durch seine Richtlinie als Eingriff i. S. d. Abs. 1 S. 1 festgelegt haben und die Gründe der Mengenanfälligkeit dazu nachvollziehbar darlegen.[175] Liegen diese Voraussetzungen vor, so spricht man von einem Eingriff i. S. d. § 27b Abs. 1 S. 1 SGB V.

---

170 *Wenner*, SozSich 2015, 333; *Zieglmeier*, in: KassKomm, SGB V, § 27b Rn. 9.
171 *Nebendahl*, in: Spickhoff, Medizinrecht, SGB V, § 27b Rn. 3.
172 Vgl. BT-Drs. 18/4095, S. 74.
173 *Zieglmeier*, in: KassKomm, SGB V, § 27b Rn. 9.
174 *Fahlbusch*, in: Schlegel/Voelzke, jurisPK-SGB V, § 27b Rn. 8
175 Zuzustimmen ist auch *Ricken*, GesR 2016, 265 (267).

III. Planbare Eingriffe im zahnärztlichen Bereich

Die Voraussetzungen für planbare Eingriffe sind in § 27b SGB V nicht auf bestimmte ärztliche Bereiche beschränkt. Ein planbarer Eingriff kann gleicherweise auch im zahnärztlichen Bereich vorliegen. Zahnärztliche Eingriffe sollen aber vom Anwendungsbereich des § 27b SGB V generell nicht erfasst sein.[176]

Das ist dem § 27b SGB V so nicht zu entnehmen. § 27b Abs. 1 S. 1 SGB V bezieht sich dem Wortlaut nach auf planbare Eingriffe, die von Ärzt:innen vorgenommen werden. Allgemein gilt § 72 Abs. 1 S. 2 SGB V, der klarstellt, dass Vorschriften, die sich zur Sicherstellung der vertragsärztlichen Versorgung auf Ärzt:innen beziehen, auch auf Zahnärzt:innen anwendbar sind. Das kann aber unter Berücksichtigung des § 87 Abs. 2a S. 9 SGB V nicht auch für den Anwendungsbereich des § 27b SGB V gelten. Gemäß § 87 Abs. 2a S. 9 SGB V soll im einheitlichen Bewertungsmaßstab (EBM) für ärztliche Leistungen durch den Bewertungsausschuss eine Regelung getroffen werden, nach der Leistung und Kosten der Zweitmeinung gemäß § 27b SGB V abgerechnet werden können. Hier ist gerade nicht die Rede von zahnärztlichen Leistungen, weshalb der § 87 Abs. 2a S. 9 SGB V darauf hinweist, dass der Anspruch auf Zweitmeinung gemäß § 27b SGB V nur bei ärztlichen Eingriffen gilt.[177]

Insgesamt erscheint diese Einordnung durch den Gesetzgeber inkonsequent, da die dazugehörige Richtlinie des G-BA nach § 27b Abs. 2 S. 1 SGB V mit Verweis auf § 92 Abs. 1 S. 2 Nr. 13 SGB V eine Richtlinie der Qualitätssicherung sein soll. Richtlinien der Qualitätssicherung sind gemäß § 136 Abs. 2 S. 1 SGB V grundsätzlich sektorenübergreifend zu erlassen, was gleichzeitig dem Regelfall aller Qualitätssicherungsregelungen entspricht. Eine Ausnahme von diesem Grundsatz ist vielmehr begründungspflichtig.[178] Eine solche Begründung ist hier nicht erfolgt und liegt schließlich auch nicht darin, dass durch § 87 Abs. 2a S. 9 SGB V allein die Schaffung einer EBM Position vorgesehen ist. Eine Begründung dazu müsste dem Umstand Rechnung tragen, dass es erheblich sei, in welchem Versorgungsbereich die Zweitmeinung erbracht wird, sodass eine Unterscheidung möglicher Qualitätsanforderungen zwischen diesen

---

176 So *Wenner*, SozSich 2015, 333 (334); *Knispel*, in: BeckOK-SozR, SGB V, § 27b Rn. 5; *Lang*, in: Becker/Kingreen, SGB V, § 27b Rn. 6.

177 *Wenner*, SozSich 2015, 333 (334); dem zustimmend auch: *Zieglmeier*, in: KassKomm, SGB V, § 27b Rn. 12; *Knispel*, in: BeckOK-SozR, SGB V, § 27b Rn. 5; *Legde*, in: LPK-SGB V, § 27b Rn. 2.

178 *Heberlein*, in: BeckOK-SozR, SGB V, § 136 Rn. 13a.

Bereichen begründet werden könnte.[179] Wieso das aber in Bezug auf den zahnärztlichen Versorgungsbereich der Fall sein soll, ist nicht ersichtlich, da nicht auszuschließen ist, dass es auch in diesem Bereich planbare, möglicherweise mengenanfällige Eingriffe geben kann.

IV. Änderungsvorschläge im Gesetzgebungsverfahren

Die Beschränkung des Anspruchs auf planbare mengenanfällige Eingriffe war im Gesetzgebungsverfahren durchaus umstritten. Verschiedene Verbände haben in ihren Stellungnahmen zum GKV-VSG darauf hingewiesen, dass das im § 27b Abs. 1 S. 1 SGB V verwendete Differenzierungskriterium des mengenanfälligen Eingriffs kritisch zu bewerten sei. Hauptsächlich ging es dabei um das vermutete Verfehlen finanzieller Anreize durch den Zweck der Norm.

So hielt z. B. die DKG in ihrer Stellungnahme zum Gesetzesentwurf[180] das Differenzierungskriterium der Mengenentwicklung eines Eingriffs für ungeeignet, was den finanzwirtschaftlichen Zweck der Norm betrifft. Sie ging nicht davon aus, dass gesetzgeberische Ziele durch die Reduzierung von sogenannten mengenanfälligen Eingriffen erreicht werden können, da die tatsächlichen Ursachen für die Mengenanfälligkeit weitgehend unberücksichtigt blieben. Als Ursache für einen Anstieg von Fallzahlen können demnach andere Faktoren wie z. B. die Nutzung neuer innovativer Gesundheitsverfahren ausschlaggebend sein. Diese Parameter wertete der ursprüngliche Forschungsauftrag zur Mengenentwicklung keinesfalls aus.[181] In ähnlicher Hinsicht gab auch die BÄK in ihrer Stellungnahme[182] zu bedenken, dass die Einführung einer Zweitmeinung nicht dazu geeignet sei, die „in verfehlten wettbewerblichen Ansätzen liegenden […] Probleme zu lösen“.[183]

---

179 *Heberlein*, in: BeckOK-SozR, SGB V, § 136 Rn. 13.

180 Abrufbar unter: <http://www.dkgev.de/dkg.php/cat/24/aid/13228/start/30/title/GKV-Versorgungsstaerkungsgesetz_-_Stellungnahme_der_DKG>, letzter Zugriff: 11.01.2017.

181 <http://www.dkgev.de/media/file/19632.Anlage-GKV-Versorgungsstaerkungsgesetz_-_Stellungnahme_der_DKG.pdf>, S. 5, letzter Zugriff: 11.01.2017.

182 Abrufbar unter: <http://www.bundesaerztekammer.de/fileadmin/user_upload/downloads/BAeK-Stn_GKV-Versorgungsstaerkungsgesetz_22.01.15.pdf>, letzter Zugriff: 11.01.2017.

183 <http://www.bundesaerztekammer.de/fileadmin/user_upload/downloads/BAeK-Stn_GKV-Versorgungsstaerkungsgesetz_22.01.15.pdf>, S. 3, letzter Zugriff: 11.01.2017.

Es wurde auch darauf hingewiesen, dass von der ärztlichen Zweitmeinung eine große Bedeutung für die Stärkung von Patient:innenautonomie ausgehe. Die DKG hat deshalb vorgeschlagen, den Leistungsumfang des Anspruchs auch auf Eingriffe auszuweiten, die selten, komplex oder risikobehaftet (es ist die Rede von „weitreichenden Folgen für den Patienten") seien.[184] Auch der G-BA wies in seiner Stellungnahme zur öffentlichen Anhörung des Gesetzesentwurfs der Bundesregierung zum GKV-VSG[185] besonders auf den Nutzen der Zweitmeinung für die Stärkung von Patient:innenautonomie hin. Demnach sei der Anspruch auf Zweitmeinung auf alle planbaren Eingriffe auszuweiten. Die Begrenzung auf mengenanfällige Eingriffe sollte gleichzeitig entfallen.[186] Er betonte, wie bedeutsam das Einholen einer Zweitmeinung für die Stärkung von Patient:innenautonomie sei, und dass gerade nicht nur in Fällen von mengenanfälligen Operationen.[187] Gleichzeitig spricht er auch die Bedeutung von Zweitmeinung für seltene, komplexe und risikobehaftete Fälle an, in denen die Zweitmeinung für Patient:innen maßgeblich dazu beitragen könne, Patient:innenautonomie wahrzunehmen.[188]

In ähnlicher Hinsicht hat auch der Bundesrat in seinem Änderungsvorschlag zum GKV-VSG vorgeschlagen, den Anspruch auf sämtliche schwerwiegende und risikobehaftete Behandlungen auszuweiten,[189] was im Rahmen des Gesetzgebungsverfahrens vom Bundestag abgelehnt wurde.[190] Als Gegenargument wurde die unkalkulierbare Kostenmehrbelastung der GKV aufgeführt und dass der Anwendungsbereich der Zweitmeinung damit „unübersehbar weit" wäre.[191]

184 <http://www.dkgev.de/media/file/19632.Anlage-GKV-Versorgungsstaerkungsgesetz_-_Stellungnahme_der_DKG.pdf>, S. 6 f., letzter Zugriff: 11.01.2017.

185 Abrufbar unter: <https://www.g-ba.de/institution/service/stellungnahmen/>, letzter Zugriff: 11.01.2017.

186 <https://www.g-ba.de/downloads/17-98-3895/2015-03-25-PA-AfG-Stellungnahme-G-BA-Anh%C3%B6rung-GKV-VSG.pdf>, S. 3 f., letzter Zugriff: 11.01.2017.

187 <https://www.g-ba.de/downloads/17-98-3895/2015-03-25-PA-AfG-Stellungnahme-G-BA-Anh%C3%B6rung-GKV-VSG.pdf>, S. 4 f., letzter Zugriff: 11.01.2017.

188 <https://www.g-ba.de/downloads/17-98-3895/2015-03-25-PA-AfG-Stellungnahme-G-BA-Anh%C3%B6rung-GKV-VSG.pdf>, S. 4., letzter Zugriff: 11.01.2017.

189 BR-Drs. 641/14 (B), S. 8; BT-Drs. 18/4095, S. 156.

190 BT-Drs. 18/4095, S. 206.

191 BT-Drs. 18/4095, S. 206.

V. Auslegung des § 27b SGB V

Es schließt sich die Frage an, ob der Anspruch aus § 27b SGB V nicht – wie auch im Gesetzgebungsverfahren gefordert – über mengenanfällige und planbare Eingriffe hinaus reichen kann, bzw. was mit den Eingriffen ist, die diese Kriterien nicht erfüllen. Das ist durch Auslegung des § 27b Abs. 1 S. 1 SGB V zu ermitteln, wobei die Auslegung nach Wortlaut und Telos nicht voneinander abstrakt betrachtet werden[192] und davon auszugehen ist, dass sie sich gegenseitig ergänzen und auch in sachlicher Hinsicht von Grund auf miteinander verbunden sind.[193] Da es sich bei § 27b SGB V um eine verhältnismäßig neue Norm im Recht der GKV handelt, ist bisher keine Rechtsprechung vorhanden, die zur Auslegung herangezogen werden kann.[194]

1. Wortlautauslegung

Für das Verständnis des Wortlauts kommt es auf die Bedeutung des Normtextes an und darauf, wie dieser in Bezug auf die Fragestellung zu verstehen ist.[195]

Die am Anfang der „Leistungen bei Krankheit" (Drittes Kapitel, fünfter Abschnitt des SGB V) eingeordnete Norm setzt, wie alle Normen dieses Abschnitts, das Bestehen eines Versicherungsverhältnisses und das Vorliegen einer Krankheit voraus. Die Formulierung in Abs. 1 S. 1 benennt ausschließlich „Versicherte, bei denen die Indikation zu einem planbaren Eingriff gestellt [wurde], bei dem insbesondere im Hinblick auf die zahlenmäßige Entwicklung seiner Durchführung die Gefahr einer Indikationsausweitung nicht auszuschließen ist […]". Liegen bei den Versicherten diese Voraussetzungen vor, sind sie anspruchsberechtigt i. S. d. § 27b Abs. 1 S. 1 SGB V, die Einzelfälle werden vom G-BA durch Richtlinie bestimmt (s.o.).

Dem Wortlaut zufolge gibt es damit eine bestimmte, abgrenzbare Gruppe von Patient:innen, auf die sich der Anwendungsbereich der Norm erstreckt. Der Wortlaut muss deshalb zeitgleich als ein Leistungsausschluss aller verstanden werden, die nicht vom Abs. 1 S. 1 umfasst sind. Daran ändert auch die Verwendung von „insbesondere" nichts, womit sich nur auf die möglichen Gründe

---

192 *Larenz/Canaris,* Methodenlehre der Rechtswissenschaft, S. 163.

193 *Müller,* Juristische Methodik, S. 211 f.

194 Ansonsten wäre auch diese von Bedeutung, siehe dazu: *Müller,* Juristische Methodik, S. 34 ff.

195 *Larenz/Canaris,* Methodenlehre der Rechtswissenschaft, S. 141.

für das Entstehen der Mengenanfälligkeit bezogen wird (s. o. zum Begriff der Mengenanfälligkeit).

2. *Teleologische Auslegung*

In teleologischer Hinsicht ist es auch nur schwer möglich, den durch den Wortlaut eingeschränkten Anwendungsbereich des Zweitmeinungsanspruchs im Sinne des verfassungsmäßigen Rechts auf Zweitmeinung zu lesen, da das über den Wortlaut des § 27b Abs. 1 S. 1 SGB V in unzulässiger Weise hinausgehen würde. Insbesondere der mit § 27b SGB V durchaus auch bezweckte Gesundheitsschutz stellt sich im Ergebnis eher als zweitrangig, vielleicht auch nur von reflexartiger Natur, dar. Gesundheitsschutz und Autonomiestärkung durch ein Zweitmeinungsverfahren sind hierbei vielmehr Folgen der primären Zielsetzung des Gesetzgebers, mit der Regelung Kosten zu senken, weshalb sie im Rahmen der Auslegung der Norm auch nicht im Vordergrund stehen können.[196] In teleologischer Hinsicht verfolgt der Gesetzgeber mit der Normierung des § 27b SGB V vor allem wirtschaftliche Ziele innerhalb des Gesundheitssystems.

Auch die Gesetzesbegründung gibt in teleologischer Hinsicht nicht her, dass auch andere Patient:innen grundsätzlich berechtigt sein sollten, als diese, die ausdrücklich vom § 27b Abs. 1 S. 1 SGB V genannt sind. Zu diesen Ergebnissen führt gleichermaßen die Berücksichtigung des Gesetzgebungsverfahrens, indem der Bundestag dem Vorschlag des Bundesrates, den Anwendungsbereich der Norm auch auf sämtliche schwerwiegende oder risikobehaftete Behandlungen auszuweiten, mit Ablehnung begegnete (s. o.).[197]

Daneben spricht auch die Zuordnung der Zweitmeinungs-Richtlinie (Zm-RL) zur Qualitätssicherung dafür, dass es bei der Normierung des Leistungsanspruchs vor allem um die Verfolgung eines Systeminteresses geht.[198] Gemäß § 73 Abs. 2 S. 1 Nr. 13 SGB V erfolgt die Zweitmeinung im Rahmen der vertragsärztlichen Versorgung. Insofern müsste die dazugehörige Richtlinie unter § 92 Abs. 1 S 2 Nr.1, 2 SGB V fallen, was jedoch nicht zutrifft. Nach § 27b Abs. 2 S. 1 SGB V ist die Zm-RL ausdrücklich als eine Richtlinie der Qualitätssicherung ausgewiesen, § 92 Abs. 1 S 2 Nr. 13 SGB V. Daraus ergeben sich vor allem Unterschiede, was den Verfahrensgang des G-BA betrifft, da die internen Zuständigkeiten für die Qualitätssicherung von den Zuständigkeiten für die Konkretisierung

196 Das sieht im Prinzip auch so *Wenner*, in: Eichenhofer/v. Koppenfels-Spies/Wenner, SGB V, § 27b Rn. 4.

197 BT-Drs. 18/4095, S. 206.

198 *Heberlein*, GuP 2018, 1 (3f.)

vertragsärztlich zu erfüllender Leistungsansprüche der Versicherten getrennt sind. Somit ist der Unterausschuss Qualitätssicherung zuständig.[199] Das macht deutlich, dass bei § 27b SGB V nicht unbedingt individuelle Patient:inneninteressen im Vordergrund stehen.

3. *Zwischenergebnis*

Ausschlaggebend für die Normierung des § 27b SGB V war die erhoffte Kostenregulierung bei der Durchführung bestimmter Eingriffe und somit die Verfolgung eines wirtschaftlichen Systeminteresses.[200] Unter Beachtung des Wortlauts und des Telos ist der neu eingefügte § 27b SGB V deshalb als ein Anspruch zu verstehen, der nur für einen bestimmten abgrenzbaren Personenkreis besteht, um ansteigende Ausgaben der Krankenkassen gezielt zu reduzieren. Versicherte, die nicht vor einem in § 27b Abs. 1 S. 1 SGB V genannten Eingriff stehen, sind vom Anspruch ausgeschlossen.

VI. Ergebnis

Voraussetzung für die Inanspruchnahme einer Zweitmeinung ist das Vorliegen eines planbaren Eingriffs, der in der Vergangenheit mengenanfällig war und der vom G-BA durch Richtlinie als Eingriff i. S. d. § 27b Abs. 1 S. 1 festgelegt wird.[201] Was genau Mengenanfälligkeit meint oder unter welchen Voraussetzungen ein Eingriff als mengenanfällig zu bezeichnen ist, bleibt im Gesetz offen.

Die Erbringung einer Zweitmeinung erstreckt sich dabei nur auf den ärztlichen Bereich, nicht auf den zahnärztlichen Bereich. Darüber hinaus ist auch durch Auslegung des § 27b SGB V der Anspruchsumfang nicht zu erweitern. Entsprechende Vorschläge gab es zwar im Rahmen des Gesetzgebungsverfahren, z. B. durch den Bundesrat, diese fanden aber im Bundestag keine Mehrheit. Das bedeutet vor allem, dass der Anspruch in allen anderen Fällen als in den von § 27b Abs. 1 S. 1 SGB V genannten, nicht entsteht. Damit genießt der § 27b SGB V, als spezielle Regelung des Anspruchs auf Zweitmeinung im SGB V, im Gegensatz zu früheren Möglichkeiten die Zweitmeinung in Anspruch zu nehmen, Vorrang.

---

199 *Heberlein*, GuP 2018, 1 (3).
200 Vgl. *Kuhlmann*, PKR 2015, 57.
201 Vgl. *Ricken*, GesR 2016, 265 (267).

C. Leistungserbringer:innen

Die Zweitmeinung wurde als Teil der vertragsärztlichen Versorgung in das SGB V eingeführt, § 73 Abs. 2 Nr. 13 SGB V.[202] Das bedeutet, dass die Durchführung der Zweitmeinung durch die KV sicherzustellen ist, vgl. § 75 i. V. m. § 73 Abs. 2 SGB V.

Wurde den Patient:innen die Indikation zu einem vom Abs. 1 S. 1 umfassten Eingriff gestellt, muss zunächst ein oder eine Leistungserbringer:in für die Zweitmeinung ausfindig gemacht werden. Die Entscheidung, wer die Zweitmeinung erbringen darf, obliegt allerdings nicht den Patient:innen; es besteht vielmehr eine Abhängigkeit von verschiedenen Anforderungen, die an die Leistungserbringer:innen gestellt werden. Diese ergeben sich aus Abs. 2 und 3 der Norm. Entscheidend wird in der Praxis auch sein, wie Patient:innen erfahren sollen, wer für die Erbringung einer Zweitmeinung in Anspruch genommen werden darf. Das ergibt sich aus Abs. 4 der Norm.

I. Auswahl der Leistungserbringer:innen gemäß § 27b Abs. 3 SGB V

Ist die Voraussetzung des planbaren Eingriffs erfüllt, können Patien:innen eine unabhängige ärztliche Zweitmeinung gemäß § 27b Abs. 1 S. 1 SGB V bei einem Arzt oder einer Ärztin oder einer Einrichtung nach Abs. 3 einholen. Zur Leistungserbringung sind demnach berechtigt: zugelassene Ärzte und Ärztinnen (Abs. 3 Nr. 1), zugelassene medizinische Versorgungszentren (Abs. 3 Nr. 2), ermächtigte Ärzte, Ärztinnen und Einrichtungen (Abs. 3 Nr. 3), zugelassene Krankenhäuser (Abs. 3 Nr. 4) und nicht an der vertragsärztlichen Versorgung teilnehmende Ärzte und Ärztinnen, die nur zu diesem Zweck an der vertragsärztlichen Versorgung teilnehmen (Abs. 3 Nr. 5). Bei dieser Aufzählung handelt es sich um einen abschließenden Kreis an berechtigten Leistungserbringer:innen.[203]

Der Kreis der potenziell berechtigten Leistungserbringer:innen ist damit weit gefasst. Gerade die Nr. 5 ermöglicht, dass prinzipiell alle Ärzte oder Ärztinnen eine Zweitmeinung erbringen können. Insofern besteht mit Abs. 3 Nr. 5 auch eine Ausnahme zu § 95 Abs. 1 S. 1 SGB V, in dem geregelt ist, wer eigentlich an der vertragsärztlichen Versorgung teilnimmt. Im Fall der Zweitmeinung können dagegen auch Ärzte und Ärztinnen tätig werden, die sonst nur privat

202 BT-Drs. 18/4095, S. 74.

203 *Knispel*, in: BeckOK-SozR, SGB V, § 27b Rn. 10; *Lang*, in: Becker/Kingreen, SGB V, § 27b Rn. 9; *Wagner*, in: Krauskopf, SGB V, § 27b Rn. 9.

versicherte Patient:innen behandeln, die gar nicht zur Teilnahme an der Versorgung ermächtigt und im Krankenhaus tätig sind,[204] oder die im Dienst von Versicherungen oder Gutachterinstituten[205] stehen.[206] Somit ist nahezu jeder Arzt oder jede Ärztin potentiell dazu berechtigt, eine Zweitmeinung zu erbringen.

Dieser weite Kreis an berechtigten Leistungserbringer:innen dürfte sowohl Vor- als auch Nachteile mit sich bringen. Zum einen besteht damit für Patient:innen eine breite Auswahl an möglichen Leistungserbringer:innen. Das ist aus Patient:innensicht von Vorteil, wenn Patient:innen die Zweitmeinung eines ganz bestimmten Arztes oder einer Ärztin einholen wollen, zu dem oder der ein besonderes Vertrauensverhältnis besteht[207] oder die sich in der Nähe des individuellen Wohnorts befinden. Ebenso kann die Regelung auch zu einer Motivation von bisher nur privat tätig gewordenen Ärzten oder Ärztinnen führen, an der vertragsärztlichen Versorgung teilzunehmen,[208] wovon aber nur bedingt auszugehen ist. Ärzte oder Ärztinnen, die gemäß § 27b Abs. 3 Nr. 5 SGB V nur für die Erstellung einer Zweitmeinung an der vertragsärztlichen Versorgung teilnehmen sollen, haben vermutlich Vorbehalte gegen eine solche Einbindung in das Vertragsarztsystem wegen des hohen Abrechnungsaufwandes. In der Praxis dürfte kaum ein Arzt oder eine Ärztin, der oder die sich „bewusst gegen die Teilnahme an der vertragsärztlichen Versorgung entschieden hat", dazu bereit sein, für die Erbringung der Zweitmeinung zusätzlichen Aufwand zur Abrechnung über die KV auf sich zu nehmen.[209] Attraktiv könnte die Erbringung der Zweitmeinung für Privatärzte oder -ärztinnen dennoch durch eine entsprechende Vergütung werden.

204 Insofern der Träger des Krankenhauses zustimmt, dazu: *Wenner*, SozSich 2015, 333 (336) Fn. 15.

205 Wie z. B. *MedicProof*, ein Dienstleister der PKV.

206 *Wenner*, SozSich 2015, 333 (336); *Zieglmeier*, in: KassKomm, SGB V, § 27b Rn. 18; die Rede ist auch von „reine[n] Zweitmeinungs-Ärzte[n]", so *Bäune/Dahm/Flasbarth*, MedR 2016, 4 (14).

207 Vgl. *Wenner*, SozSich 2015, 333 (336); *Zieglmeier*, in: KassKomm, SGB V, § 27b Rn. 18.

208 So zumindest die Hoffnung des Gesetzgebers, der besonders Privatärzte zur Erbringung der Zweitmeinung motivieren möchte, BT-Drs. 18/5123, S. 117.

209 Der Aufwand wird meist als „bürokratisch" empfunden, *Wenner*, SozSich 2015, 333 (336); *Zieglmeier*, in: KassKomm, SGB V, § 27b Rn. 18; dieser Ansicht auch *Legde*, in: LPK-SGB V, § 27b Rn. 3.

II. Anforderungen an die Leistungserbringer:innen gemäß § 27b Abs. 2 S. 2-5

Sind Leistungserbringer:innen prinzipiell gemäß § 27b Abs. 3 berechtigt, kommt hinzu, dass auch die Anforderungen des Abs. 2 S. 2 erfüllt werden müssen, um die Zweitmeinung erbringen zu dürfen.

Abs. 2 S. 2 regelt, dass der G-BA in seiner Richtlinie nicht nur die planbaren Eingriffe, sondern auch indikationsspezifische Anforderungen an die Abgabe der Zweitmeinung zum empfohlenen Eingriff und an die Erbringer:innen der Zweitmeinung festlegt. Durch die Festlegung indikationsspezifischer Anforderungen durch den G-BA soll gemäß § 27b Abs. 2 S. 2 SGB V eine besondere Expertise bei der Zweitmeinungserbringung gesichert werden.

Mit Abs. 2 S. 3 nennt das Gesetz selbst zwei (Mindest-)Kriterien der geforderten Expertise, die zwingend erfüllt sein müssen:[210] Zum einen ist für die Angabe der Zweitmeinung eine langjährige fachärztliche Tätigkeit in einem Fachgebiet, das für die Indikation zum Eingriff maßgeblich ist (Abs. 2 S. 3 Nr. 1), Voraussetzung. Zum anderen werden Kenntnisse über den aktuellen Stand der wissenschaftlichen Forschung zur jeweiligen Diagnostik und Therapie einschließlich Kenntnisse über Therapiealternativen zum empfohlenen Eingriff (Abs. 2 S. 3 Nr. 2) gefordert.

Diese speziellen Anforderungen an Leistungserbringer:innen stehen im Gegensatz zu Abs. 3 der Norm. Wurde dort der Kreis der möglichen Leistungserbringer:innen weit gehalten, kommen in Abs. 2 erhebliche Anforderungen auf die Leistungserbringer:innen zu. Der Gesetzgeber möchte damit in erster Linie die hohe fachliche Qualität der Zweitmeinung gewährleisten. Auch wenn der Kreis möglicher Leistungserbringer:innen weit gehalten bleibt, soll nicht jeder Arzt oder jede Ärztin für die Erstellung einer Zweitmeinung in Frage kommen, sondern nur solche, die sich speziell für den geplanten Eingriff mit besonderem Sachverstand ausweisen können und deshalb angesehene Fachleute auf dem gefragten Gebiet sind.[211] Nur wenn das der Fall ist, kann die Zweitmeinung als „qualifizierte Überprüfung der Indikationsstellung" eingesetzt werden.[212]

Wenner verdeutlicht anschaulich, was der Gesetzgeber mit dieser Regelung gerade vermeiden wollte, nämlich, dass der „Freund eines Schwagers, der doch

---

210 Es ist die Rede von „Mindestkriterien": BT-Drs. 18/5123, S. 116; *Röhrig/Rompf/Schröder*, GesR 2015, 455 (459); *Lang*, in: Becker/Kingreen, SGB V, § 27b Rn. 15.

211 BT-Drs. 18/5123, S. 116.

212 BT-Drs. 18/5123, S. 116.

Arzt ist, beim Sonntagskaffee mal beiläufig [ge]fragt [wird], was er denn von einer Bandscheibenoperation hält".[213] Gewollt ist, dass der Arzt oder die Ärztin, der oder die die Zweitmeinung erbringt, mindestens dieselben Fachkenntnisse über den geplanten Eingriff aufweist, wie die erstbehandelnde Person.[214] Das Erfordernis der Kenntnisse über den aktuellen Stand der wissenschaftlichen Forschung zur jeweiligen Diagnostik und Therapie einschließlich Kenntnissen über Therapiealternativen zum empfohlenen Eingriff kann vor allem bei Klinikärzt:innen vorausgesetzt werden. Diese schulden gemäß § 630a Abs. 2 BGB einen Behandlungsstandard, der abhängig ist vom jeweiligen Stand der medizinischen Wissenschaft und Praxis.[215]

Durch das Erfordernis der langjährigen ärztlichen Tätigkeit wird vorausgesetzt, dass Leistungserbringer:innen schon lange als Facharzt oder -ärztin tätig sind und auch nach Abschluss der Ausbildung ihren Beruf bereits über einen längeren Zeitraum ausgeübt haben.[216] Darüber hinaus bleibt diese Voraussetzung konkretisierungsbedürftig.

Ferner obliegt es dem G-BA durch Richtlinie weitere Anforderungen mit zusätzlichen Kriterien an die Leistungserbringer:innen festzulegen, Abs. 2 S. 4. In Abs. 2 S. 5 nennt das Gesetz selbst, was mit zusätzlichen Kriterien gemeint sein kann. Es kann sich dabei um Erfahrungen mit der Durchführung des jeweiligen Eingriffs handeln (Abs. 2 S. 5 Nr. 1), um die regelmäßige gutachterliche Tätigkeit in einem für die Indikation maßgeblichen Fachgebiet (Abs. 2 S. 5 Nr. 2) oder um besondere Zusatzqualifikationen, die für die Beurteilung einer gegebenenfalls interdisziplinär abzustimmenden Indikationsstellung von Bedeutung ist (Abs. 2 S. 5 Nr. 3). Es handelt sich dabei um einen nicht abschließenden Katalog an Kriterien, was die sprachliche Verwendung von „insbesondere" anzeigt.[217] Dabei liegt es am G-BA durch Richtlinie die in Abs. 1 S. 1 gemeinten planbaren Eingriffe mit den Kriterien des Abs. 2 S. 5, falls notwendig, zu verbinden und zu erarbeiten, wann die Aufstellung weiterer Kriterien sinnvoll ist.[218] Auch in Bezug

---

213 *Wenner*, SozSich 2015, 333 (337).

214 *Wenner*, SozSich 2015, 333 (337); auch *Zieglmeier*, in: KassKomm, SGB V, § 27b Rn. 21.

215 *Knispel*, in: BeckOK-SozR, SGB V, § 27b Rn. 18; zum Begriff des Behandlungsstandards: *Katzenmeier*, in: Laufs/Katzenmeier/Lipp, Arztrecht, Band 29X. Rn. 7; *ders.*, in: BeckOK-BGB, § 630a Rn. 148.

216 Knispel, in: BeckOK-SozR, SGB V, § 27b Rn. 18.

217 *Lang*, in: Becker/Kingreen, SGB V, § 27b Rn. 15; *Knispel*, in: BeckOK-SozR, SGB V, § 27b Rn. 19; *Zieglmeier*, in: KassKomm, SGB V, § 27b Rn. 23.

218 *Zieglmeier*, in: KassKomm, SGB V, § 27b Rn. 23.

auf die berechtigten Leistungserbringer:innen aus Abs. 3 muss eine Verbindung der Anforderungen zu Abs. 2 S. 5 durch den G-BA geschaffen werden.[219]

Problematisch könnte hier in Zukunft sein, dass aus § 27b SGB V nicht hervorgeht, wer die Entscheidung darüber trifft, ob ein Arzt oder eine Ärztin oder eine Einrichtung die genannten Kriterien tatsächlich auch erfüllt.[220] Dieses Problem dürfte besonders in der Praxis relevant sein. Dem G-BA obliegt nämlich nur die Kompetenz zur Aufstellung der Kriterien, nicht aber im Einzelfall die Entscheidung darüber, ob die Kriterien auch erfüllt sind.[221] Deshalb wurde vorgeschlagen, dass zum einen die Einzelfallentscheidung der KV übertragen werden kann. Nach Erbringung der Zweitmeinung kann die KV bei Rechnungseingang prüfen, ob Leistungserbringer:innen die in § 27b Abs. 2 SGB V genannten Anforderungen erfüllen und deshalb zur Leistungserbringung auch berechtigt waren. Dabei bestände aber die Gefahr, dass sich so für den oder die Leistungserbringer:in hinterher herausstellt, dass er oder sie die Zweitmeinung eigentlich nicht erbringen durfte.[222]

Sinnvoll ist deshalb nur, dass von vornherein alle Beteiligten wissen, ob Leistungserbringer:innen die Kriterien für die Erstellung der Zweitmeinung erfüllen und somit von Patient:innen in Anspruch genommen werden können.[223] In der Praxis können Patient:innen, denen die Indikation zu einem Eingriff nach § 27b Abs. 1 S. 1 SGB V gestellt wurde, unter <www.116117.de/zweitmeinung> erfahren, welcher Leistungserbringer:innen in ihrer Nähe dazu berechtigt sind, die Zweitmeinung für den jeweiligen Eingriff zu erbringen. Der G-BA weist darauf in seinem Patient:innenmerkblatt „Zweitmeinungsverfahren bei geplanten Eingriffen" hin, welches auf der Homepage abrufbar ist.[224]

III. Telemedizinische Erbringung

Letztlich nimmt Abs. 2 S. 6 auch Bezug auf die Telemedizin.[225] Demnach soll der G-BA bei der Festlegung nach Abs. 2 S. 2 die Möglichkeit einer telemedizinischen

219 *Zieglmeier*, in: KassKomm, SGB V, § 27b Rn. 23.
220 *Wenner*, SozSich 2015, 333 (337).
221 *Wenner*, SozSich 2015, 333 (337).
222 *Wenner*, SozSich 2015, 333 (337).
223 *Wenner*, SozSich 2015, 333 (337)
224 <https://www.g-ba.de/downloads/17-98-4765/2019-10-28_G-BA_Patientenmerkblatt_Zweitmeinungsverfahren_bf.pdf>, letzter Zugriff: 08.07.2020.
225 Zum Begriff der Telemedizin ausführlich *Dierks*, Rechtliche und praktische Probleme der Integration von Telemedizin im Gesundheitswesen in Deutschland, S. 3 f.

Erbringung der Zweitmeinung berücksichtigen. Das bedeutet zunächst, dass der G-BA prinzipiell festlegt, wann eine körperliche Untersuchung nötig ist und in welchen Fällen die telemedizinische Erbringung der Zweitmeinung ausreicht.[226] Für den Anwendungsbereich der Zweitmeinung kann die telemedizinische Erbringung gerade bei der erneuten Auswertung von Befundunterlagen ausreichend sein. Dabei dürfte es sich zumeist um die erneute Interpretation von Bildgebungen handeln.[227]

Die Erwähnung der telemedizinischen Erbringung der Zweitmeinung im § 27b Abs. 2 S. 6 trifft mitunter auf wenig Zustimmung in der Literatur. So wird z. T. davon ausgegangen, dass damit nur die „Digitalisierung von Befundunterlagen und deren Zuleitung an den Zweitmeinungsarzt" gemeint sein kann.[228] Dass die Telemedizin im § 27b SGB V überhaupt Erwähnung findet, soll nur sicherstellen, dass Befundunterlagen nicht analog, sondern vor allem digital übermittelt werden können. Für Verwirrung sorgt dann allerdings die Regelung in Abs. 5 S. 5, wonach den Patient:innen die Abschriften von Behandlungsunterlagen zu überlassen sind. S. 6 regelt dafür die Kostenübernahme, wenn dem Arzt oder der Ärztin Kosten durch die Zusammenstellung und Überlassung von Befundunterlagen für die Zweitmeinung entstanden sind. An dieser Stelle der Norm befinden sich allerdings keine weiteren Hinweise auf die Einzelheiten der telemedizinischen Erbringung.

Es ist deshalb davon auszugehen, dass es bei der Erwähnung der telemedizinischen Erbringung im Rahmen der Zweitmeinung nur darum geht, diese Art der Leistungserbringung nicht von vornherein auszuschließen,[229] was prinzipiell zu begrüßen ist. Auch wenn der § 27b SGB V weder in Abs. 2 noch in Abs. 5 weitere Voraussetzungen (z. B. Art des Befundes) einer telemedizinischen Erbringung konkretisiert, ist anzunehmen, dass es sich bei der Zweitmeinung im Zusammenhang mit der Telemedizin besonders um die erneute Begutachtung von bildgebenden Befunden handelt. Geht es darum, so kann die Zweitmeinung auf dem Weg der Telemedizin unkompliziert und möglicherweise auch sehr schnell erbracht werden.

---

226 *Zieglmeier,* in: KassKomm, SGB V, § 27b Rn. 24; *Knispel,* in: BeckOK-SozR, SGB V, § 27b Rn. 19; *Lang,* in: Becker/Kingreen, SGB V, § 27b Rn. 13; *Wagner,* in: Krauskopf, SGB V, § 27b Rn. 8.

227 *Zieglmeier,* in: KassKomm, SGB V, § 27b Rn. 24.

228 *Heberlein/Heberlein*, GuP 2015, 201 (206).

229 *Heberlein/Heberlein*, GuP 2015, 201 (206).

IV. Information über Leistungserbringer:innen gemäß § 27b Abs. 4 SGB V

Damit Patient:innen wissen, wer überhaupt zur Erbringung der Zweitmeinung berechtigt ist, regelt Abs. 4 der Norm die Information über geeignete Leistungserbringer:innen. Demnach informieren die KV und die LandesKHG inhaltlich abgestimmt über Leistungserbringer:innen, die unter Berücksichtigung der Vorgaben des G-BA nach Abs. 2 S. 2 zur Erbringung einer Zweitmeinung geeignet und bereit sind.

Damit besteht in erster Linie die Verpflichtung der KV und der LandesKHG zur Information der Patient:innen.[230] Die Information soll nach Vorstellung des Gesetzgebers Patient:innen über das Internet und als Broschüre zur Verfügung gestellt werden.[231] Bei der inhaltlichen Abstimmung geht es darum, dass sich KV und LandesKHG nicht in ihren Angaben zu Leistungserbringer:innen widersprechen.[232] Diese Bereitstellung der Informationen soll eine „adäquate Hilfestellung“ für Patient:innen bei der Auswahl eines Zweitmeinungsarztes oder einer -ärztin sein.[233] Voraussetzung für die Information ist, dass der jeweilige Arzt, die Ärztin oder die jeweilige Einrichtung überhaupt dazu bereit sind, eine Zweitmeinung zu erbringen.[234]

Offen bleibt in § 27b Abs. 4 SGB V wie die Information durch KV und LandesKHG zu Stande kommt. Daran anknüpfend stellt sich die Frage, welchen Rechtscharakter die Entscheidung über die Aufnahme eines Arztes, einer Ärztin oder einer Einrichtung in die Information der KV und der LandesKHG hat.

Einer Ansicht nach stellt die Entscheidung über die Aufnahme in die Information keinen Verwaltungsakt dar, da es ihr an einem Regelungscharakter fehle.[235] Es handle sich dabei um eine bloße Information.[236] Der Regelungsgehalt könne sich nur darauf beziehen, welche Leistungserbringer:innen berechtigt sind, die Zweitmeinung zu erbringen.[237] Dem Gesetz sei in § 27b Abs. 4 SGB V

---

230 So auch *Zieglmeier,* in: KassKomm, SGB V, § 27b Rn. 25.

231 BT-Drs. 18/4095, S. 75.

232 BT-Drs. 18/4095, S. 75.

233 BT-Drs. 18/4095, S. 75.

234 *Lang,* in: Becker/Kingreen, SGB V, § 27b Rn. 16.

235 *Knispel,* in: BeckOK-SozR, SGB V, § 27b Rn. 12; *Lang,* auch in: Becker/Kingreen, SGB V, § 27b Rn. 16.

236 *Knispel,* in: BeckOK-SozR, SGB V, § 27b Rn. 12; *Lang,* in: Becker/Kingreen, SGB V, § 27b Rn. 16.

237 Vgl. *Knispel,* in: BeckOK-SozR, SGB V, § 27b Rn. 13.

aber kein formales Zulassungsverfahren über die Aufnahme eines Arztes, einer Ärztin oder einer Einrichtung in die Information zu entnehmen.[238] Es gehe nicht davon aus, dass der oder diejenige, die tatsächlich dazu bereit sind, eine Zweitmeinung zu erbringen, das auch gegenüber der KV oder der LandesKHG offenkundig machen müssen. Dem Wortlaut des Abs. 4 sei auch nicht zu entnehmen, dass KV und LandesKHG eine gemeinsame Entscheidung fällen. Auch die Gesetzesbegründung deute darauf hin, dass sich KV und LandesKHG nur inhaltlich in Bezug auf eine widerspruchsfreie Information „abstimmen" sollen.[239] Dass diese Abstimmung auch nur „wenn möglich" erfolgen solle,[240] zeige, dass eine inhaltlich nicht abgestimmte Information von KV und LandesKHG zwar nicht wünschenswert, aber dennoch vorstellbar ist. Da die Zweitmeinung als Teil der vertragsärztlichen Versorgung geregelt ist, treffe letztlich nur die KV im Rahmen der Vergütung eine rechtsverbindliche Entscheidung darüber, wer die Voraussetzungen gemäß § 27b Abs. 3, 2 S. 2-5 SGB V erfüllt und deshalb auch die Zweitmeinung erbringen darf.[241] Ohne rechtliche Wirkung bleibe hingegen der Fall, falls die LandesKHG eine andere Entscheidung über die Information bezüglich der Leistungserbringer:innen trifft.[242]

Eine andere Ansicht geht davon aus, dass es sich rechtlich bei der Entscheidung über die Aufnahme von einzelnen Leistungserbringer:innen in die Information der KV und LandesKHG um einen Verwaltungsakt handle.[243]

Dazu müssten KV und LandesKHG Behördeneigenschaft i. S. d. § 35 VwVfG haben. Gemäß § 1 Abs. 4 VwVfG ist Behörde im Sinne dieses Gesetzes jede Stelle, die Aufgaben der öffentlichen Verwaltung wahrnimmt, was bei den KV als Körperschaften des öffentlichen Rechts unproblematisch ist. Die LandesKHG dagegen sind als privatrechtliche Vereine organisiert. Da sie als Vertragsparteien zwei- bzw. dreiseitiger Verträge nach §§ 112, 115 SGB V über Art und Umfang der Krankenhausbehandlung Entscheidungen treffen, sind sie mit hoheitlicher Befugnis ausgestattet und werden somit als Beliehene angesehen.[244]

---

238 Dahingehend auch *Fahlbusch,* in: jurisPK-SGB V, § 27b Rn. 13.

239 BT-Drs. 18/4095, S. 75.

240 „möglichst widerspruchfrei" BT-Drs. 18/4095, S. 75.

241 *Knispel,* in: BeckOK-SozR, SGB V, § 27b Rn. 13.

242 *Knispel,* in: BeckOK-SozR, SGB V, § 27b Rn. 13.

243 Dieser Ansicht, leider ohne weitere Begründung, sind: *Zieglmeier,* in: KassKomm, SGB V, § 27b Rn. 26; *Wagner,* in: Krauskopf, SGB V, § 27b Rn. 12.

244 *Wiegand,* Die Beleihung mit Normsetzungskompetenzen, S. 57f.; *Holzner,* Konsens im Allgemeinen Verwaltungsrecht und in der Demokratietheorie, S. 497.

Ein Verwaltungsakt liege auch vor, da der Entscheidung über die Aufnahme in die Information ein Zulassungsverfahren der KV und der LandesKHG vorausgehe.[245] In diesem Zulassungsverfahren werde geprüft, ob Leistungserbringer:innen die Anforderungen gemäß § 27b Abs. 2 S. 2 ff. SGB V erfüllen.[246]

Diese Ansicht ist vorzugswürdig, da davon auszugehen ist, dass die Entscheidung über die Aufnahme in die Information der KV, wer die Zweitmeinung erbringt, Regelungscharakter hat. Eine Regelung i.S.v. § 31 SGB X liegt vor, wenn die Entscheidung der Behörde eine verbindliche Rechtsfolge beinhaltet.[247] Für diese Beurteilung ist maßgebend, was der oder die objektive Empfänger:in – also der oder die Patient:in – „bei verständiger Würdigung nach den Umständen des Einzelfalls" verstehen darf.[248] Bei einer Liste der KV, die über Leistungs :innen bezüglich der Zweitmeinung informiert, wird jeder oder jede verständige Patient:in davon ausgehen, dass die genannten Leistungserbringer:innen auch dazu berechtigt sind, die Zweitmeinung zu erbringen. Ferner setzt eine solche Liste schon rein faktisch voraus, dass die dort genannten Leistungserbringer:innen auch tatsächlich zur Erbringung der Zweitmeinung bereit sind. Als Patient:in muss man einer solchen Liste gerade den objektiven Sinngehalt beimessen dürfen, dass zu Recht aus den angebotenen Leistungserbringer:innen ausgewählt werden darf, ohne dabei befürchten zu müssen, dass sich später im Rahmen der Abrechnung herausstellt, dass der oder die aus der Liste gewählte Leistungserbringer:in tatsächlich gar nicht berechtigt war. Andernfalls wäre die Information der KV aus Patient:innensicht auch schlichtweg überflüssig. Als Konsequenz dessen müssen Leistungserbringer:innen mit Widerspruch und Klage gegen die ablehnende Entscheidung in Bezug auf die Aufnahme in die Information vorgehen können.

V. Ausgeschlossene Leistungserbringer:innen gemäß § 27b Abs. 1 S. 2 SGB V

Die Zweitmeinung kann prinzipiell nicht von Ärzt:innen oder von einer Einrichtung erbracht werden, durch den oder durch die der geplante Eingriff durchgeführt werden soll, § 27b Abs. 1 S. 2 SGB V.

---

245 *Röhrig/Rompf/Schröder*, GesR 2015, 455 (459 f.).

246 *Röhrig/Rompf/Schröder*, GesR 2015, 455 (459 f.).

247 *Luthe*, in: jurisPK-SGB X, § 31 Rn. 39.

248 BSG v. 29.10.1992 – 10 RKg 4/92 – SozR 3-1300 § 50 Nr. 13; BSG v. 12.12.2001 – B 6 KA 3/01 R – BSGE 89, 90 = SozR 3-2500 § 82 Nr. 3.

Damit besteht eine Gruppe von Leistungserbringer:innen, die prinzipiell von der Leistungserbringung ausgeschlossen sind. Der Gesetzgeber hat bei der Schaffung dieser Voraussetzung vor Augen gehabt, dass die unabhängige Erbringung der Zweitmeinung gewährleistet werden soll.[249] Gleichzeitig geht es dabei um die Vorbeugung von falschen finanziellen Anreizen, die für Leistungserbringer:innen entstehen könnten.[250] Keinesfalls soll die Zweitmeinung von jemandem erbracht werden, der nur irgendwie ein „mittelbares wirtschaftliches Interesse" an der Vornahme des indizierten Eingriffs haben könnte.[251]

Problematisch erscheint, dass auch dasselbe Krankenhaus und Kooperationsformen wie z. B. Berufsausübungsgemeinschaften und Praxisgemeinschaften von der Leistungserbringung ausgeschlossen sein sollen.[252] Es ist fragwürdig, ob der Begriff der „Einrichtung" in § 27b Abs. 1 S. 2 SGB V überhaupt sämtliche Kooperationsformen erfasst, die laut Gesetzesbegründung aber gemeint sein sollen. Bei Berufsausübungsgemeinschaften mag man noch zu einem solchen Ergebnis gelangen. Deren Merkmal ist gerade die gemeinsame Ausübung der vertragsärztlichen Tätigkeit durch Leistungserbringer:innen.[253]

Das kann man aber nicht von der Praxisgemeinschaft behaupten. Die Gemeinschaft besteht dabei nur in der Organisationsform und gerade nicht in der Berufsausübung. Die Praxisgemeinschaft bildet sich nur zum Zweck der gemeinsamen Nutzung von Räumen, Einrichtungen o. Ä., wobei jeder Arzt oder jede Ärztin seine oder ihre Praxis selbständig führt und für sich allein Leistungen über die KV abrechnet.[254] Die Praxen innerhalb einer Praxisgemeinschaft bleiben somit wirtschaftlich unabhängig voneinander[255] und gehen gerade keine berufliche Verbindung ein.[256] Nur aufgrund ihres organisatorischen Zusammenschlusses kann bei Praxisgemeinschaften deshalb nicht auch von einer „Einrichtung" gesprochen werden. Vielmehr ist unter einer Einrichtung nur eine

---

249 BT-Drs. 18/4095, S. 74.

250 BT-Drs. 18/4095, S. 74; geschildert wird aus praktischer Sicht, dass die Gutachter erst gar nicht in einen finanziell motivierten Interessenskonflikt geraten sollen, dazu *Hager*, Qualitätskriterien für die ärztliche Zweitmeinung - ein Anwendungsbeispiel, S. 81.

251 *Wenner*, SozSich 2015, 333 (336); *Zieglmeier*, in: KassKomm, SGB V, § 27b Rn. 19; *Legde*, in: LPK-SGB V, § 27b Rn. 4.

252 BT-Drs. 18/4095, S. 74.

253 *Scholz*, in: BeckOK-SozR, SGB VÄrzte-ZV, § 33 Rn. 13.

254 *Quaas*, in: Quaas/Zuck, Medizinrecht, § 15 Rn. 14.

255 *Röhrig/Rompf/Schröder*, GesR 2015, 455 (459).

256 *Maier*, in: Beck'sches Steuer- und Bilanzrechtslexikon, Büro- und Praxisgemeinschaften, Rn. 1.

Gesellschaft zu verstehen, die selbst an der Versorgung der GKV teilnimmt und bei der die Leistung durch angestellte Ärzte oder Ärztinnen erbracht wird.[257] Eine solche einheitliche Patient:innenversorgung nimmt zwar die Berufsausübungsgemeinschaft wahr, keinesfalls aber die Praxisgemeinschaft.

Auch eine teleologische Deutung des § 27b Abs. 1 S. 2 SGB V führt nicht zum Ausschluss von Praxisgemeinschaften.[258] So wird z. T. angenommen, dass auch innerhalb von Praxisgemeinschaften Interessenskonflikte bestehen können, was die wirtschaftliche Motivation bei der Durchführung von Eingriffen angeht.[259] Demnach soll allein aufgrund der beruflichen Nähe innerhalb einer Praxisgemeinschaft die Möglichkeit einer wirtschaftlichen Motivation für die Durchführung des geplanten Eingriffs bestehen.[260]

Das führt aber im Hinblick auf den Wortlaut des § 27b Abs. 1 S. 2 SGB V zu weit. Die Rechtsform einer Praxisgemeinschaft ist vielfältig gestaltbar, jeweils in Abhängigkeit davon, wie die Zusammenarbeit innerhalb der Gemeinschaft erfolgen soll.[261] Ihre Rechtsform kann von einer bloßen Bruchteilsgemeinschaft bis hin zu der Gemeinschaft des bürgerlichen Rechts gemäß §§ 705 ff. BGB reichen.[262] Außerdem kann eine wirtschaftliche Motivation zur Durchführung eines Eingriffs auch zwischen Leistungserbringer:innen bestehen, die durch gar keine organisatorische Form in Verbindung stehen.[263] Ginge man also davon aus, dass prinzipiell auch bei wirtschaftlicher Unabhängigkeit zwischen Leistungserbringer:innen stets die Möglichkeit falscher finanzieller Anreize untereinander bestehen kann[264], so wäre der Begriff der „Einrichtung“ gemäß § 27b Abs. 1 S. 2 SGB V unüberschaubar weit zu verstehen. Das gibt zumindest

---

257 *Röhrig/Rompf/Schröder*, GesR 2015, 455 (459).

258 Zuzustimmen ist deshalb *Lang*, in: Becker/Kingreen, SGB V, § 27b Rn. 11.

259 So wird der Ausschluss von Praxisgemeinschaften von der Leistungsberechtigung unter Berücksichtigung einer teleologischen Deutung vorgeschlagen, *Knispel*, in: BeckOK-SozR, SGB V, § 27b Rn. 9.

260 So wird der Ausschluss von Praxisgemeinschaften von der Leistungsberechtigung unter Berücksichtigung der teleologischen Deutung vorgeschlagen, *Knispel*, in: BeckOK-SozR, SGB V, § 27b Rn. 9.

261 *Maier*, in: Beck'sches Steuer- und Bilanzrechtslexikon, Büro- und Praxisgemeinschaften, Rn. 3 f.

262 *Maier*, in: Beck'sches Steuer- und Bilanzrechtslexikon, Büro- und Praxisgemeinschaften, Rn. 3 f.

263 So auch *Lang*, in: Becker/Kingreen, SGB V, § 27b Rn. 11.

264 Was durchaus der Fall sein kann, möglicherweise aufgrund von persönlichen Präferenzen o. Ä.

der Wortlaut der Norm nicht her. Im Ergebnis ist eine Klarstellung durch den Gesetzgeber in Bezug auf den möglichen Ausschluss von Praxisgemeinschaften wünschenswert.[265] Abgestellt werden muss allein auf die tatsächlichen wirtschaftliche Abhängigkeiten zwischen Leistungserbringer:innen.

VI. Ergebnis

Der Gesetzgeber hat mit § 27b Abs. 2 S. 2-5, Abs. 3, 4 SGB V sehr umfangreiche Regelungen für die Auswahl und die Information über in Frage kommende Leistungserbringer:innen getroffen, was die Regelung der Zweitmeinung vor allem aus Patient:innensicht kompliziert erscheinen lässt.[266] Dieser Eindruck rührt besonders daher, dass nicht alle Anforderungen an Leistungserbringer:innen immer als eindeutig oder als abschließend zu betrachten sind. Es bleibt besonders abzuwarten, wie umfangreich die Auswahl an möglichen Leistungserbringer:innen für Patient:innen ausfallen wird. Das wird maßgeblich darüber entscheiden, wie einfach oder schwierig es für Patient:innen in Zukunft sein wird, geeignete Leistungserbringer:innen zu finden. Offen bleibt auch die Frage, ob Ärzte oder Ärztinnen innerhalb einer Praxisgemeinschaft dazu berechtigt sein werden, eine Zweitmeinung zu erbringen.

D. Aufklärungspflicht der erstbehandelnden Person

§ 27b Abs. 5 SGB V normiert eine Aufklärungspflicht der erstbehandelnden Person gegenüber den Patient:innen.

I. Anforderungen gemäß § 27b Abs. 5 SGB V

Gemäß des § 27b Abs. 5 S. 1 SGB V müssen Ärzte und Ärztinnen, die die Indikation zu einem Eingriff gemäß des Abs. 1 S. 1 gestellt haben, Versicherte über das Recht aufklären, eine unabhängige ärztliche Zweitmeinung einholen zu können und sie auf die Informationsangebote über geeignete Leistungserbringer:innen nach Abs. 4 hinweisen. Die Aufklärungspflicht richtet sich somit an erstbehandelnde Ärzte und Ärztinnen.[267] Notwendig ist die Regelung der Aufklärung

265 Gefordert von *Zieglmeier*, in: KassKomm, SGB V, § 27b Rn. 20.

266 Dieser Ansicht auch *Wenner*, SozSich 2015, 333 (336).

267 *Wagner*, in: Krauskopf, SGB V, § 27b Rn. 13; *Heberlein/Heberlein*, GuP 2015, 201 (207), mit dem Hinweis, dass bei stationärer Behandlung das Krankenhaus der Leistungserbringer sein muss, an den sich die Aufklärungspflicht richtet, vgl. § 108 SGB V.

nach Ansicht des Gesetzgebers, damit das Angebot der Zweitmeinung durch Patient:innen auch tatsächlich wahrgenommen wird.[268]

In Abs. 5 S. 2-4 werden Anforderungen an die Aufklärung gestellt, die der Ausgestaltung der Aufklärungspflicht in § 630e Abs. 2 S. 1 BGB entsprechen.[269] Die Aufklärung muss mündlich erfolgen, ergänzend kann auch auf Unterlagen Bezug genommen werden, die Versicherte in Textform erhalten (Abs. 5 S. 2). Mit „ergänzende Unterlagen" sind z. B. Auskünfte über die Beschlüsse des G-BA gemäß Abs. 2 S. 2-4 gemeint.[270] Abs. 5 S. 3-4 beziehen sich auf den zeitlichen Rahmen der Aufklärungspflicht. Die Aufklärung muss mindestens zehn Tage vor dem geplanten Eingriff erfolgen (Abs. 5 S. 3). Die Zweitmeinungsaufklärung wird deshalb in der Literatur gegenüber dem § 630e BGB auch als „Ausnahmeregelung" bezeichnet.[271] Zumindest soll die Aufklärung aber so rechtzeitig erfolgen, dass Versicherte ihre Entscheidung über die Einholung einer Zweitmeinung wohlüberlegt treffen können (Abs. 5 S. 4). Dadurch soll sichergestellt werden, dass Patient:innen nach Stellung der Erstdiagnose ausreichend Zeit bleibt, um eine Zweitmeinung einzuholen.[272] Der geplante Eingriff sollte somit im Regelfall nicht vor Ablauf von zehn Tagen vorgenommen werden. Das bedeutet aber auch, dass in Einzelfällen von dieser Frist abgewichen werden kann, wenn eine dafür ausreichende Begründung vorliegt, wie z. B., dass Patient:innen bereits bei der Erstdiagnose zu dem planbaren Eingriff im Krankenhaus aufgenommen wurden.[273] Inwiefern die Regelfrist von zehn Tagen sogar für Patient:innen zu kurz sein könnte, bleibt abzuwarten.[274] Indem die Aufklärung zumindest rechtzeitig erfolgen soll, wird klargestellt, dass Patient:innen bei der Einholung einer Zweitmeinung keinem Zeitdruck ausgesetzt sein dürfen. Es soll ihnen genügend Zeit zur Verfügung stehen, damit sie nach ausreichender Überlegung entscheiden können, ob sie eine Zweitmeinung einholen möchten oder nicht.[275] Die Gesetzesbegründung geht davon aus, dass das auch notwendig für die Ausübung des Selbstbestimmungsrechts von Patient:innen sei.[276]

---

268 BT-Drs. 18/4095, S. 75.

269 BT-Drs. 18/4095, S. 75.

270 BT-Drs. 18/4095, S. 75.

271 *Keilbar/Ziegler*, in: BeckRA-HdB, § 28 Rn. 63.

272 BT-Drs. 18/4095, S. 75.

273 BT-Drs. 18/4095, S. 75.

274 Die Antwort darauf kann nur der Praxistest bringen, so *Zieglmeier*, in: KassKomm, SGB V, § 27b Rn. 30.

275 BT-Drs. 18/4095, S. 75.

276 BT-Drs. 18/4095, S. 75.

Abs. 5 S. 5-6 regeln die Überlassung von Befundunterlagen an Patient:innen. Der Arzt oder die Ärztin müssen Patient:innen auf ihr Recht auf Überlassung von Abschriften der Befundunterlagen aus der Patientenakte gemäß § 630g Abs. 2 BGB, die für die Einholung einer Zweitmeinung erforderlich sind, hinweisen (Abs. 5 S. 5).

Abschließend ist geregelt, dass die Krankenkasse die Kosten zu tragen hat, die den Ärzt:innen durch die Zusammenstellung und Überlassung von Befundunterlagen für die Zweitmeinung entstehen (Abs. 5 S. 6). Den Patient:innen sollen Abschriften der Behandlungsunterlagen überlassen werden, damit die Effektivität der Behandlung gesteigert wird.[277] Die Überlassung der Abschriften ist auch in elektronischer Weise möglich.[278] Insbesondere soll dadurch die Wiederholung von unnötigen Untersuchungen (wie z. B. erneutes Röntgen) obsolet werden,[279] was vor allem aus Patient:innensicht von Vorteil ist. Dagegen enthält der § 27b Abs. 5 SGB V bewusst keine Pflicht zur Überlassung der Unterlagen an die Patient:innen. Sollten sich die Patient:innen doch dagegen entscheiden, eine Zweitmeinung einzuholen, so fallen keine unnötigen Kosten für die Bereitstellung der Unterlagen an.[280] Abs. 5 S. 6 regelt dagegen nicht den Zeitpunkt, zu dem die Abschrift der Unterlagen oder die Überlassung der Röntgenbilder an die Patient:innen zu erfolgen haben. Prinzipiell denkbar ist deshalb sowohl die unmittelbare Überlassung bei Aufklärung als auch die spätere Überlassung der Unterlagen.[281]

II. Umfang der Aufklärungspflicht über die Zweitmeinung gemäß § 27b Abs. 5 SGB V und ihr Verhältnis zu den ärztlichen Aufklärungspflichten nach dem BGB

Mit der Regelung in § 27b Abs. 5 SGB V schafft der Gesetzgeber eine weitere Aufklärungspflicht im krankenversicherungsrechtlichen Bereich neben denen des BGB.[282] Für den Fall der Zweitmeinung stellt sich deshalb die Frage, nach welchen Vorschriften sich der Umfang der Aufklärungspflicht des Arztes oder

---

277 BT-Drs. 18/5123, S. 117; *Zieglmeier*, in: KassKomm, SGB V, § 27b Rn. 32.

278 BT-Drs. 18/5123, S. 117; *Zieglmeier*, in: KassKomm, SGB V, § 27b Rn. 32.

279 BT-Drs. 18/5123, S. 117; *Zieglmeier*, in: KassKomm, SGB V, § 27b Rn. 32.

280 BT-Drs. 18/5123, S. 117; *Zieglmeier*, in: KassKomm, SGB V, § 27b Rn. 32.

281 BT-Drs. 18/5123, S. 117; *Zieglmeier*, in: KassKomm, SGB V, § 27b Rn. 32.

282 Sprechen von einer Ausweitung der Aufklärungspflichten *Heberlein/Heberlein*, GuP 2015, 201 (207).

der Ärztin bestimmt und in welchem Verhältnis die Aufklärungspflicht aus § 27b Abs. 5 SGB V zu den Aufklärungspflichten des BGB steht.

1. Das Behandlungsverhältnis zwischen Ärzt:innen und Patient:innen

Aufklärungspflichten zwischen den Leistungserbringer:innen und den Patient:innen ergeben sich mit § 630c Abs. 2 BGB und § 630e BGB aus dem Behandlungsverhältnis zwischen beiden. Von welcher rechtlichen Natur das Behandlungsverhältnis zwischen den Leistungserbringer:innen und den Versicherten ist, darüber herrscht seit jeher Uneinigkeit.[283]

Die Rechtsprechung des BSG[284] und ein Teil des Schrifttums[285] gehen davon aus, dass das Verhältnis zwischen den Ärzt:innen und den Versicherten ein gesetzliches Rechtsverhältnis darstellt, das öffentlich-rechtlicher Natur ist. Grund dieser Annahme ist, dass die Leistungserbringung durch Arzt oder Ärztin ausschließlich im öffentlich-rechtlichen Bereich erfolgt. Der oder die Versicherte erhält die Leistung nach dem Sachleistungsprinzip, § 2 Abs. 2 SGB V. Gemäß §§ 69 ff. SGB V schließen die Krankenkassen über die zu gewährenden Sach- und Dienstleistungen Verträge mit den Leistungserbringer:innen. Sie bedienen sich der Leistungserbringer:innen zur Erfüllung der öffentlich-rechtlichen Leistungsansprüche von Versicherten.[286] Einen Vergütungsanspruch hat der Arzt oder die Ärztin deshalb gegenüber dem oder der Versicherten nicht. Sie selbst stehen in einem öffentlich-rechtlichen Mitgliedschaftsverhältnis gegenüber der KV, von der sie auch ihre Vergütung erhalten und mit der sie ihre Leistung abrechnen müssen, vgl. §§ 82, 85 Abs. 4 S. 1,2 SGB V.[287]

Der BGH[288] lehnt diese Auffassung zu Recht ab. Demnach ist das Behandlungsverhältnis zwischen den Ärzt:innen und den Patient:innen seiner Rechtsnatur nach zu urteilen dem Privatrecht zuzuordnen. Das folgt schon aus § 76 Abs. 4 SGB V, wonach die Übernahme der Behandlung von Kassenpatient:innen den Vertragsärzt:innen zur Sorgfalt nach den Vorschriften des bürgerlichen Vertragsrechts verpflichtet.[289] Spätestens mit der Einführung des Behandlungsvertrages in § 630a BGB sollte Einigkeit über die privatrechtliche Natur

---

283 Überblick über den Streitstand bei *Schmidt-De Caluwe*, VSSR 1998, 207 ff.
284 BSG NZS 1994, 507 (509).
285 *Schmidt-De Caluwe*, VSSR 1998, 207 (224ff.); *Isensee*, VSSR 1995, 321 (330f.).
286 *Waltermann*, Sozialrecht, § 8 IV Rn. 198.
287 *Waltermann*, Sozialrecht, § 8 IV Rn. 197.
288 BGHZ 76, 259 (261); 97, 273 (276); 100, 363 (367).
289 *Müller-Glöge*, in: MüKo BGB, § 611 Rn. 84.

des Behandlungsverhältnisses bestehen. Der Gesetzgeber geht bei § 630a BGB selbst davon aus, dass zwischen Ärzt:innen und Patient:innen ein beidseitiger Behandlungsvertrag zustande kommt, bei dem der Arzt oder die Ärztin „die Leistung der fachgerechten Behandlung" gegenüber den Patient:innen schuldet und diese dagegen die Vergütung, was insofern bedeutet, dass der Gesetzgeber mit der Normierung des § 630a BGB die Frage nach der Rechtsnatur des Behandlungsverhältnisses klarstellen wollte.[290] Dabei wird durch den letzten Halbsatz in Abs. 1 der Regelung speziell auf die besonderen Anforderungen des ärztlichen Vergütungsanspruchs innerhalb des GKV-Systems Rücksicht genommen:[291] § 630a Abs. 1 BGB regelt, dass die Patient:innen als Gegenleistung zur Vergütung der ärztlichen Behandlung verpflichtet sind, soweit nicht Dritte zur Zahlung verpflichtet sind. Damit zeigt sich, dass es bei der Regelung nicht nur um Selbstzahler:innen geht, sondern gerade auch um Versicherte der GKV.[292]

2. Das Verhältnis zu § 630c Abs. 2 und § 630e BGB

Die Literatur beschäftigt sich bisher im Zusammenhang mit den haftungsrechtlichen Folgen bei Unterbleiben der Aufklärungspflicht aus § 27b Abs. 5 SGB V mit der Frage, in welchem Zusammenhang § 27b Abs. 5 SGB V zu den Vorschriften des Behandlungsvertrages aus dem BGB steht.

Zum Teil wird abgelehnt, dass es sich bei § 27b Abs. 5 SGB V um eine Modifikation der Regelungen aus dem Behandlungsvertrag handelt. Vielmehr soll es in § 27b Abs. 5 SGB V nur darum gehen, den mit § 27b SGB V geschaffenen sozialrechtlichen Leistungsanspruch auf Zweitmeinung auch tatsächlich umzusetzen.[293] Daneben soll die ordnungsgemäße Aufklärung über den Heileingriff an sich unangetastet bleiben.[294] Die Aufklärung über die Zweitmeinung sei deshalb in den Anwendungsbereich der behandlungsbezogenen Sicherungsaufklärung gemäß § 630c Abs. 2 BGB einzuordnen.[295]

Die Sicherungsaufklärung dient gerade im Gegensatz zur Selbstbestimmungsaufklärung aus § 630e BGB nicht dem Willen von Patient:innen, sondern nur seinem „gesundheitlichen Wohl".[296] Inhaltlich geht es dabei um die Aufklärung

290 BT-Drs. 17/10488, S. 19.
291 *Mansel*, in: Jauernig, BGB, § 630a Rn. 12; *Wagner*, in: MüKo BGB, § 630a Rn. 16.
292 *Katzenmeier*, in: BeckOK-BGB, § 630a Rn. 17.
293 *Knispel*, in: BeckOK-SozR, SGB V, § 27b Rn. 23.
294 *Schroeder-Printzen*, ZMGR 2015, 377 (379).
295 *Lang*, in: Becker/Kingreen, SGB V, § 27b Rn. 18.
296 *Katzenmeier*, in: BeckOK-BGB, § 630c Rn. 7.

von Patient:innen zu Warn- und Schutzhinweisen, um Informationen, wie Patient:innen selbst bei der Heilung mitwirken können oder auch wie die Selbstgefährdung von Patient:innen ausgeschlossen werden kann. Im Rahmen der Sicherungsaufklärung sollten den Patient:innen alle Informationen vermittelt werden, die der Sicherstellung des Behandlungserfolges dienen.[297]

Zuzustimmen ist dem nicht, da die Ausgestaltung des § 27b Abs. 5 SGB V vielmehr eine Konkretisierung der Selbstbestimmungsaufklärung aus § 630e BGB darstellt.[298] Dabei richtet sich § 27b Abs. 5 SGB V nur an den und die Erstbehandler:in und regelt somit das Verhältnis zwischen Ärzt:innen und Patient:innen.

Die Aufklärungspflicht aus § 630e BGB umfasst die Fallgruppen der Risiko-, Diagnose- und der Verlaufsaufklärung und dient grundsätzlich der Stärkung des Patient:innenwillens und ihres Selbstbestimmungsrechts.[299] Deutlich wird das, indem an die Ausgestaltung der Aufklärungspflicht aus § 630e BGB hohe Anforderungen gestellt werden: Gemäß § 630e Abs. 1 S. 1, 2 BGB ist der oder die Behandelnde verpflichtet, die Patient:innen über sämtliche für die Einwilligung wesentlichen Umstände aufzuklären. Dazu gehören gemäß S. 2 der Regelung insbesondere Art, Umfang, Durchführung, zu erwartende Folgen und Risiken der Maßnahme sowie ihre Notwendigkeit, Dringlichkeit, Eignung und Erfolgsaussichten in Hinblick auf die Diagnose und die Therapie. Gemäß § 630e Abs. 1 S. 3 BGB ist bei der Aufklärung auch auf Alternativen zur Maßnahme hinzuweisen, wenn mehrere medizinisch gleichermaßen indizierte und übliche Methoden zu wesentlich unterschiedlichen Belastungen, Risiken und Heilungschancen führen können.[300] Hohe Anforderungen werden gemäß § 630e Abs. 2 BGB auch an die Formerfordernisse wie Mündlichkeit, Rechtzeitigkeit und Verständlichkeit der Aufklärung gestellt. Das verdeutlicht, dass prinzipiell ein verantwortungsbewusster Umgang zwischen Ärzt:innen und Patient:innen gefordert wird. Dabei sollen die Informationen den Patient:innen verständlich dargelegt werden und die Patient:innen sollen ausreichend Bedenkzeit

297 *Katzenmeier,* in: BeckOK-BGB, § 630c Rn. 9.

298 Ebenso *Zieglmeier,* in: KassKomm, SGB V, § 27b Rn. 38; dahingehend wohl auch *Heberlein/Heberlein,* GuP 2015, 201 (207).

299 Darin liege auch der Unterschied zu § 630c BGB, so *Katzenmeier,* in: BeckOK-BGB, § 630c Rn. 7; *Katzenmeier,* in: Laufs/Katzenmeier/Lipp, Arztrecht, Band 29V. Rn. 6; *Schreiber,* in: Schulze/Dörner, NK-BGB, § 630e Rn. 1; *Schreiber,* in: Schulze/Dörner, NK-BGB, § 630e Rn. 1; *Nebendahl,* in: Igl/Welti, Gesundheitsrecht, § 49 Rn. 38; BT-Drs. 17/10488, S. 24.

300 BT-Drs. 17/10488, S. 24.

für die Vornahme der medizinischen Behandlung erhalten.[301] Die Aufklärung aus § 630e BGB ist notwendig, damit die Patient:innen wirksam in die ärztliche Heilbehandlung gemäß § 630d BGB einwilligen können. Dem liegt der Gedanke zu Grunde, dass die Einwilligung nur wirksam sein kann, wenn den Patient:innen bekannt ist, in welche medizinische Behandlung mit damit verbundenen Risiken, Heilungschancen und Folgen sie einwilligen.[302] Die Aufklärung soll den Patient:innen alle Voraussetzungen vermitteln, die es zur Abwägung über die Vornahme eines Heileingriffes bedarf.[303] Bei der Aufklärungspflicht aus § 630e BGB geht es also um die Verwirklichung des Willens der Patient:innen.[304] Ihr Sinn liegt geradezu in der Bildung einer ausreichenden Entscheidungsgrundlage, nur auf Grund derer die Patient:innen eine wirksame Einwilligung vornehmen können.[305] Somit ist der wesentliche Zweck der in § 630e BGB normierten Aufklärungspflicht die Wahrung des Selbstbestimmungsrechts der Patient:innen,[306] das nur ausgeübt werden kann, solange die Patient:innen über alle Umstände, die den Heileingriff betreffen, ausreichend informiert sind.[307] Durch diese Ausübung ihres Selbstbestimmungsrechts können die Patient:innen der Therapiefreiheit der Ärzte und Ärztinnen Grenzen setzen, was durch § 630e Abs. 1 S. 3 BGB deutlich wird.[308] Sie müssen entscheiden, welche Behandlung sie vorziehen, was entscheidend davon abhängen dürfte, welchem mit der Behandlung verbundenen Risiko sie sich auszusetzen bereit sind.[309]

Die Aufklärungspflicht in § 27b Abs. 5 SGB V ist als Konkretisierung des § 630e BGB ausgestaltet,[310] obgleich das nicht mit dem Gesetzeszweck des § 27b SGB V[311] harmoniert. Dennoch verweist bereits ausdrücklich die

---

301 *Katzenmeier,* in: BeckOK-BGB, § 630e Rn. 32 ff., 41; *Mansel,* in: Jauernig, BGB, § 630e Rn. 5 ff; *Schreiber,* in: Schulze/Dörner, NK-BGB, § 630e Rn. 3 ff.

302 *Schreiber,* in: Schulze/Dörner, NK-BGB, § 630e Rn. 1; *Mansel,* in: Jauernig, BGB, § 630e Rn. 1.

303 BVerfG NJW 1979, 1925 (1931).

304 Im Unterschied zu § 630c BGB *Katzenmeier,* in: BeckOK-BGB, § 630c Rn. 7.

305 *Katzenmeier,* in: Laufs/Katzenmeier/Lipp, Arztrecht, Band 29V. Rn. 7.

306 *Katzenmeier,* in: Laufs/Katzenmeier/Lipp, Arztrecht, Band 29V. Rn. 6; *Schreiber,* in: Schulze/Dörner, NK-BGB, § 630e Rn. 1; *Schreiber,* in: Schulze/Dörner, NK-BGB, § 630e Rn. 1; BT-Drs. 17/10488, S. 24.

307 Vgl. *Schreiber,* in: Schulze/Dörner, NK-BGB, § 630e Rn. 1.

308 BT-Drs. 17/10488, S. 24; BGH NJW 2005, 1718.

309 vgl. BGH VersR 2011, 1146; *Mansel,* in: Jauernig, BGB, § 630e Rn 2.

310 Abzulehnen ist deshalb *Knispel,* in: BeckOK-SozR, SGB V, § 27b Rn. 23.

311 Dazu Zweites Kapitel, A. III.

Gesetzesbegründung auf die Vorgaben des § 630e Abs. 2 S. 1 BGB.[312] Auch der Wortlaut des § 27b Abs. 5 S. 2-4 SGB V deutet daraufhin, dass die Ausgestaltung weitgehend den Anforderungen der Aufklärungspflicht aus § 630e Abs. 2 S. 1 BGB entspricht.[313] Der § 630e BGB dürfte insoweit als Vorbild gewirkt haben.

Daneben geht die Aufklärungspflicht in § 27b Abs. 5 SGB V über die Anforderungen des BGB hinaus, indem sie erstmalig für die Wirksamkeit des Eingriffs den notwendigen Zeitpunkt der Aufklärung bestimmt.[314] Die Pflicht aus § 27b Abs. 5 SGB V regelt ähnlich dem § 630e BGB den gleichen Inhalt für den speziellen Fall der Zweitmeinung, wie ihn der Gesetzgeber mit § 27b Abs. 1 S. 1 SGB V vorsieht.

Darüber hinaus dient eine Zweitmeinung besonders aus Sicht der Patient:innen der Stärkung ihrer Patient:innenautonomie.[315] Es ist richtig, dass es den Patient:innen durch die Zweitmeinungsaufklärung überhaupt erst möglich werden soll, von dem Anspruch auf Zweitmeinung zu erfahren. Verkannt werden darf aber nicht, dass es dabei tatsächlich um die Sicherstellung der Ausübung des patientenrechtlichen Selbstbestimmungsrechts geht. Der eigentliche Zweck der Aufklärung liegt nicht in der bloßen Information, sondern vielmehr in der tatsächlichen Gewährleistung von Patient:innenautonomie, die die Patient:innen in Hinblick auf die Heilbehandlung in angemessener Weise ausüben können müssen.[316] Abzulehnen ist darum die systematische Annäherung an den § 630c Abs. 2 BGB, bei dem es teleologisch gerade nicht um den Schutz des Patient:innenwillens geht. Vor allem ist es vor diesem Hintergrund auch in keiner Weise missverständlich, wenn der Gesetzgeber in seiner Begründung in diesem Zusammenhang von der Wahrung des Selbstbestimmungsrechts spricht.[317] Er stellt damit klar, dass die Vorschrift in Zusammenhang mit der Selbstbestimmungsaufklärung des BGB zu lesen ist.

312 BT-Drs. 18/4095, S. 75.

313 BT-Drs. 18/4095, S. 75.

314 Vgl. *Heberlein*, GuP 2018, 1 (4).

315 In diesem Zusammenhang sieht das auch *Heberlein/Heberlein*, GuP 2015, 201 (207).

316 Vgl. BT-Drs. 18/ 4095, S. 75; BT-Drs. 17/10488.

317 BT-Drs. 18/4095, S. 75; das sieht anders *Lang*, in: Becker/Kingreen, SGB V, § 27b Rn. 18.

3. *Auswirkung auf den Umfang der ärztlichen Aufklärungspflicht im Falle der Zweitmeinung*

Da man den § 27b Abs. 5 SGB V als Konkretisierung der Aufklärungspflicht aus § 630e BGB lesen muss, geht damit einher, dass die Aufklärungspflichten des Arztes oder der Ärztin aus dem Behandlungsvertrag gegenüber den Patient:innen im Falle einer Zweitmeinung nicht außer Kraft gesetzt werden, sondern fortbestehen.[318]

Diese Klarstellung ist besonders aus Sicht des Arztes oder der Ärztin von praktischer Bedeutung, damit er oder sie in der Lage ist, alle ihm oder ihr obliegenden Aufklärungspflichten sowohl aus Behandlungsvertrag als auch aus den krankenversicherungsrechtlichen Vorschriften in ausreichendem Umfang wahrnehmen zu können. Beide Aufklärungspflichten orientieren sich an der Gewährleistung des Selbstbestimmungsrechts und damit an einem einheitlichen Rechtsgrund.[319] Durch dieses Verhältnis beider Normen zueinander ergibt sich, dass der Arzt oder die Ärztin auch im Falle der Zweitmeinung nach dem SGB V immer noch ein Mindestumfang an Selbstbestimmungsaufklärung nach § 630e BGB zu leisten hat, was aus dem zugrundeliegenden Behandlungsvertrag folgt.

4. *Zwischenergebnis*

Bei der Zweitmeinung bemisst sich der Umfang der Aufklärungspflicht des Arztes oder der Ärztin gegenüber den Patient:innen an den Regelungen des Behandlungsvertrages aus dem BGB, insbesondere an § 630e BGB. Die Konkretisierung dieser Aufklärungspflicht folgt aus § 27b Abs. 5 SGB V. Sobald es zwischen Arzt oder Ärztin und Patient:in um die Möglichkeit einer Zweitmeinung i. S. v. § 27b SGB V geht, hat der Arzt oder die Ärztin die Patient:innen über die Vorschriften des BGB hinaus auch über den Anspruch auf Zweitmeinung aus § 27b Abs. 1 S. 1 SGB V aufzuklären.

III. Haftungsfragen bei Unterbleiben der Aufklärung

Da das SGB V keine Regelung zur Haftung von Ärzt:innen bei Unterbleiben der Aufklärung aus § 27b Abs. 5 SGB V regelt, muss eine systematische Einordnung des § 27b Abs. 5 SGB V in das Arzthaftungsrecht erfolgen.[320] Das

---

318 Abzulehnen ist die Ansicht dazu von *Knispel,* in: BeckOK-SozR, SGB V, § 27b Rn. 23.

319 Vgl. zum Rechtsgrund und zum Maßstab der ärztlichen Aufklärungspflicht *Kern,* in: Laufs/Kern/Rehborn, Handbuch des Arztrechts, § 72 Rn. 1.

320 Vgl. *Schroeder-Printzen*, ZMGR 2015, 377 (379).

Unterlassen der Aufklärung aus § 27b Abs. 5 SGB V könnte zu einer Verletzung der Selbstbestimmungsaufklärung[321] aus § 630e BGB führen oder aber zu einer Verletzung der Aufklärungspflicht aus § 630c Abs. 2 BGB. Diese Einordnung des § 27b Abs. 5 SGB V hat unterschiedliche Folgen, was die Haftung des Arztes oder der Ärztin bei Unterbleiben der Aufklärung betrifft.

Das Unterbleiben der Selbstbestimmungsaufklärung aus § 630e BGB hat die Unwirksamkeit der Einwilligung der Patient:innen in den medizinischen Heileingriff zur Folge, vgl. § 630d Abs. 2 BGB. Die Heilbehandlung stellt sich dann als rechtswidrige Körperverletzung dar.[322] Damit läge eine Pflichtverletzung aus dem Behandlungsvertrag i. S. d. § 280 Abs. 1 BGB vor.[323] Allein eine Vertragsverletzung reicht für die Haftung des Arztes oder der Ärztin allerdings nicht aus.[324] Nach der h. M. gelangen Patient:innen nur zu einem Schadensausgleich, wenn die rechtswidrig durchgeführte Heilbehandlung auch zu einem tatsächlichen Schaden am Körper oder an der Gesundheit der Patient:innen geführt und der Arzt oder die Ärztin diesen auch zu verschulden hat.[325] Wäre die Unterlassung der Aufklärung aus § 27b Abs. 5 SGB V mit der Pflichtverletzung im Falle der §§ 630e, 630d Abs. 2 BGB gleichgesetzt, so würde der Arzt oder die Ärztin im Schadensfall für den gesamten Heileingriff haften.

Die haftungsrechtlichen Folgen bei Unterbleiben der Aufklärung aus § 630c Abs. 2 BGB unterscheiden sich davon. Die Aufklärungspflicht gemäß § 630c Abs. 2 BGB gehört nicht zur wirksamen Voraussetzung der Einwilligung der Patient:innen.[326] Vielmehr ist sie Bestandteil der „fachgerechten ärztlichen Behandlung", womit ihr Unterlassen als Behandlungsfehler zu qualifizieren ist.[327] Für diesen tragen die Patient:innen regelmäßig die Beweislast.[328]

---

321 So bezeichnet z. B. von *Wagner,* in: MüKo BGB, § 630e Rn. 4 ff.

322 Vgl. *Katzenmeier,* in: BeckOK-BGB, § 630d Rn. 27.

323 BT-Drs. 17/10488, S. 24; *Wagner,* in: MüKo BGB, § 630d Rn. 54; *Terbille,* in: AnwaltsHB MedizinR, § 1 Rn. 249.

324 *Katzenmeier,* in: BeckOK-BGB, § 630d Rn. 27; *Weidenkaff,* in: Grüneberg-BGB, § 630d Rn. 5.

325 BGHZ NJW 1984, 1395 (1396); BGHZ NJW 2008, 2344, (2345); *Pentz,* MedR 2016, 16 (20); *Waltermann,* in: Knickrehm/Kreikebohm/Waltermann, SGB V, § 27b Rn. 4.

326 *Katzenmeier,* in: BeckOK-BGB, § 630c Rn. 9.

327 *Katzenmeier,* in: BeckOK-BGB, § 630c Rn. 9.

328 *Katzenmeier,* in: BeckOK-BGB, § 630c Rn. 9.

In der Literatur wird eine umfangreiche Haftung für den gesamten Heileingriff bei Unterlassen der Zweitmeinungsaufklärung größtenteils abgelehnt.[329] Die Aufklärung über die Zweitmeinung aus § 27b Abs. 5 SGB V soll nicht als eine Variante der Aufklärungspflicht aus § 630e BGB einzuordnen sein. Die Einwilligung der Patient:innen in den Heileingriff bei unterbliebener Aufklärung über den Anspruch auf Zweitmeinung sei deshalb nicht als unwirksam zu betrachten, solange der Eingriff an sich „objektiv indiziert ist" und der Arzt oder die Ärztin die Aufklärung gemäß § 630e BGB ordnungsgemäß durchgeführt hat.[330] Diese Ansicht stützt sich auf das Argument, dass durch § 27b SGB V ein krankenversicherungsrechtlicher Leistungsanspruch geschaffen wird, bei dem die Aufklärungspflicht nur zur Umsetzung beitragen soll.[331] Wie bereits aufgezeigt wurde, ist das aber unzutreffend, da die Aufklärung aus § 27b Abs. 5 SGB V als eine Konkretisierung der Selbstbestimmungsaufklärung nach § 630e BGB ausgestaltet ist. Deshalb kann sich die systematische Einordnung des § 27b Abs. 5 SGB V nur an der Haftung bei Unterlassen der Aufklärungspflicht aus § 630e BGB orientieren.

Im Ergebnis muss sich das Unterlassen der Aufklärungspflicht aus § 27b Abs. 5 SGB V deshalb auf die Rechtmäßigkeit des im Anschluss durchgeführten Eingriffs auswirken. Unterbleibt die Aufklärung aus § 27b Abs. 5 SGB V, führt das zu einer Unwirksamkeit der Einwilligung der Patient:innen in den medizinischen Heileingriff. Der Heileingriff stellt dann eine rechtswidrige Körperverletzung dar, vgl. § 630d Abs. 2 BGB.

In diesem Fall liegt eine Pflichtverletzung des Behandlungsvertrages vor, weshalb die Patient:innen einen Schadensersatzanspruch aus § 280 Abs. 1 BGB geltend machen können.[332] Im Falle eines durch den Eingriff entstandenen Gesundheitsschadens kann ein Schadensausgleich stattfinden, sofern der Arzt oder die Ärztin den Gesundheitsschaden auch zu vertreten hat.[333]

---

329 *Knispel,* in: BeckOK-SozR, SGB V, § 27b Rn. 23; *Lang,* in: Becker/Kingreen, SGB V, § 27b Rn. 18; so wohl auch *Rieke,* in: BeckOK KHR, Dettling/Gerlach, SGB V, § 27b Rn. 18.

330 *Knispel,* in: BeckOK-SozR, SGB V, § 27b Rn. 23; *Lang,* in: Becker/Kingreen, SGB V, § 27b Rn. 18; *Schroeder-Printzen,* ZMGR 2015, 377 (379).

331 *Knispel,* in: BeckOK-SozR, SGB V, § 27b Rn. 23.

332 BT-Drs. 17/10488, S. 24; *Wagner,* in: MüKo BGB, § 630d Rn. 54; *Terbille,* in: AnwaltsHB MedizinR, § 1 Rn. 249.

333 *Pentz,* MedR 2016, 16 (20); *Katzenmeier,* in: BeckOK-BGB, § 630d Rn. 27; *Weidenkaff,* in: Grüneberg-BGB, § 630d Rn. 5; BGHZ NJW 1984, 1395 (1396); BGHZ NJW 2008, 2344.

Ferner müsste die Rechtsgutverletzung auch kausal für den Schaden sein, wobei hier aus Patient:innensicht zu beachten ist, dass keine Beweislastumkehr vergleichbar mit einem groben Behandlungsfehler erfolgt.[334] Allerdings reicht es aus, wenn die Patient:innen darlegen können, dass ein Kausalzusammenhang zwischen der unterbliebenen Aufklärung und dem eingetretenen Gesundheitsschaden überwiegend wahrscheinlich ist.[335] Das rührt daher, dass der primäre Schaden bei Aufklärungsfehlern bereits in der rechtswidrigen Körperverletzung liegt, da es an einer wirksamen Einwilligung zum Eingriff fehlt. Insofern findet das reduzierte Beweismaß von § 287 ZPO Anwendung.[336]

Zwar haftet der Arzt oder die Ärztin damit im Ergebnis bei Unterlassen der Aufklärungspflicht aus § 27b Abs. 5 SGB V vergleichsweise umfangreich. Das könnte aber immerhin dazu führen, dass die Zweitmeinungsaufklärung aus § 27 Abs. 5 SGB V von Seiten der Leistungserbringer:innen tatsächlich ernstgenommen wird, was zumindest im Interesse des Gesetzgebers wäre, der durch die zusätzliche Normierung der Aufklärungspflicht im SGB V in der Praxis die Inanspruchnahme der Zweitmeinung fördern wollte.[337]

IV. Ergebnis

Auch wenn der Gesetzgeber mit § 27b Abs. 5 SGB V eine spezielle Aufklärungspflicht für die Zweitmeinung im Krankenversicherungsrecht geregelt hat, obliegt den Ärzt:innen im Falle der Aufklärung über die Zweitmeinung nach SGB V grundsätzlich die volle Aufklärungspflicht aus dem privatrechtlichen Behandlungsvertrag nach dem BGB. Durch die systematische Einordnung des § 27b Abs. 5 SGB V in den Anwendungsbereich des § 630e BGB ergeben sich die haftungsrechtlichen Konsequenzen bei Unterlassen der Aufklärungspflicht gemäß § 27b Abs. 5 SGB V nach Maßgabe einer Pflichtverletzung i. S. d. §§ 630e, 630d Abs. 2 BGB.

E. Vergütung

Die Erbringung der Zweitmeinung ist gemäß § 73 Abs. 2 S. 1 Nr. 13 SGB V in die vertragsärztlichen Leistungen integriert. Die Abrechnung muss deshalb grundsätzlich gegenüber der KV erfolgen.[338] Maßgebliche Norm für die Vergütung ist

---

334 *Wagner,* in: MüKo BGB, § 630h Rn. 40.
335 BGH NJW 2011, 375 (376); *Wagner,* in: MüKo BGB, § 630h Rn. 41.
336 BGH NJW 2011, 375 (376); *Wagner,* in: MüKo BGB, § 630h Rn. 41.
337 BT-Drs. 18/4095, S. 75.
338 *Knispel,* in: Becker/Kingreen, SGB V, § 27b Rn. 24.

§ 87 Abs. 2a S. 9 SGB V. Im EBM sollte demnach eine entsprechende Gebührenposition durch den Bewertungsausschuss gemäß § 87 Abs. 5a SGB V geschaffen werden. Wäre drei Monate, nachdem der G-BA die Richtlinie nach § 27b Abs. 2 S. 2 SGB V erlassen hat, keine Regelung im EBM für ärztliche Leistungen getroffen worden, hätten Versicherte die Leistungen nach § 27b SGB V bei den dafür berechtigten Leistungserbringer:innen im Wege der Kostenerstattung nach § 13 Abs. 1 SGB V in Anspruch nehmen können, § 87 Abs. 2a S. 10 SGB V. Dazu kam es nicht.

Eine Regelung im EBM wurde mit Beschluss vom 29.11.2018 und mit Wirkung zum 01.01.2019 getroffen, wobei sich im Bewertungsausschuss darüber geeinigt wurde, welche Leistungen im Zweitmeinungsverfahren abgerechnet werden dürfen und dass diese vorerst extrabudgetär und befristet bis 2021 vergütet werden.[339] Dabei sind alle Ärzte und Ärztinnen dazu angehalten, alle Leistungen des Zweitmeinungsverfahrens bei der Abrechnung nach bundeseinheitlichen Vorgaben eingriffsspezifisch zu kennzeichnen. Dafür werden genauere Regelungen momentan noch abgestimmt.[340]

Zum einen dürfen Erstmeiner:innen, die zunächst die Indikation für einen der Zweitmeinungseingriffe nach der Richtlinie des G-BA stellen, für die Aufklärung und Beratung im Zusammenhang mit dem ärztlichen Zweitmeinungsverfahren die Gebührenordnungsposition 01645 einmal im Krankheitsfall (vier Quartale) abrechnen. Diese ist mit 75 Punkten (8,12 Euro) bewertet und umfasst auch die Zusammenstellung aller erforderlichen Unterlagen für die Patient:innen.[341]

Die Abrechnung durch die Ärzte und Ärztinnen, die anschließend die Zweitmeinung erbringen, ist im neuen Abschnitt 4.3.9 „Ärztliche Zweitmeinung" im Allgemeinen Teil des EBM geregelt. „Danach rechnet der Arzt oder die Ärztin, der oder die die Zweitmeinung abgibt, für die Patient:innen seine oder ihre jeweilige arztgruppenspezifische Versicherten-, Grund- oder Konsiliarpauschale ab. Sind für seine oder ihre Beurteilung ergänzende Untersuchungen notwendig, kann er oder sie diese ebenfalls durchführen, muss sie aber medizinisch begründen."[342]

---

339 Information dazu auf der Homepage der KBV <https://www.kbv.de/html/1150_38520.php> letzter Zugriff: 29.05.2019.

340 Information dazu auf der Homepage der KBV <https://www.kbv.de/html/1150_38520.php> letzter Zugriff: 29.05.2019.

341 Information dazu auf der Homepage der KBV <https://www.kbv.de/html/1150_38520.php> letzter Zugriff: 29.05.2019.

342 Information dazu auf der Homepage der KBV <https://www.kbv.de/html/1150_38520.php> letzter Zugriff: 29.05.2019.

F. Ergebnis

Mit § 27b SGB V wurde ein Zweitmeinungsverfahren in den Leistungskatalog des SGB V eingeführt, bei dem es vor allem um die Regulierung von Kosten im Gesundheitssystem geht. Damit verfolgt es eindeutig nicht die Interessen, die für Patient:innen im Vordergrund stehen, wenn sie eine Zweitmeinung einholen möchten.

Das Verfahren an sich scheint umfangreich und kompliziert. Allein nach dem Gesetzeswortlaut bleiben einige Punkte unklar, beispielsweise wie im Einzelfall die Auswahl berechtigter und geeigneter Leistungserbringer:innen getroffen wird. Offen bleibt auch, inwiefern Privatärzte und -ärztinnen tatsächlich an der Erbringung der Zweitmeinung mitwirken wollen und wie relevant deren Einbeziehung deshalb ist. Fraglich ist, wie mit Ärzt:innen einer Praxisgemeinschaft als mögliche Leistungserbringer:innen zu verfahren ist. Daneben könnte auch das Zustandekommen der Information über geeignete Leistungserbringer:innen weiteren Diskussionsbedarf bieten. Aus arzthaftungsrechtlicher Sicht dürfte besonders die Haftung bei Unterlassen der Aufklärungspflicht über die Zweitmeinung ein Thema sein.

Insgesamt bleibt damit abzuwarten, wie der § 27b SGB V künftig von Patient:innen und Leistungserbringer:innen wahrgenommen wird, insbesondere auch, da Patient:innen ohnehin bisher ohne großen Aufwand eine Zweitmeinung einholen konnten.[343] Dafür wird es maßgeblich auf die Akzeptanz des Zweitmeinungsverfahrens unter Patient:innen und Leistungserbringer:innen gleichermaßen ankommen, wofür wiederum die Richtlinie des G-BA eine entscheidende Rolle spielt.

343 Vgl. Erstes Kapitel, C. I.

Drittes Kapitel: Die Zweitmeinungs-Richtlinie des Gemeinsamen Bundesausschusses (Zm-RL)

A. Einführung

I. Historie

Die Erarbeitung der Richtlinie durch den G-BA hat lange gedauert. Der G-BA hat zunächst eine erste Frist zur Erstellung der Richtlinie zum 31.12.2015 verstreichen lassen. Das war allerdings auch zu erwarten,[344] da er bereits in seiner Stellungnahme zum Gesetzesentwurf des GKV-VSG darauf hingewiesen hat, dass die wissenschaftliche Auseinandersetzung mit der Zweitmeinung anspruchsvoll sein wird, insbesondere wenn es um die Einschätzung geht, in welchen medizinischen Einzelfällen die Einholung einer Zweitmeinung geeignet ist.[345] Vorgeschlagen wurde deshalb von vornherein, die Frist auf den 31.03.2016 zu verschieben.[346] Die gesetzlich zunächst in § 27b SGB V vorgesehene Frist wurde später durch das TSVG vom 06.05.2019 gestrichen.[347]

Der Unterausschuss Qualitätssicherung beim G-BA hat bereits mit Beschluss vom 05.08.2015 eine Arbeitsgemeinschaft Zweitmeinung eingerichtet, die eine Erstfassung der Richtlinie i. S. v. § 27b, § 92 Abs. 1 S 2 Nr. 13 SGB V erarbeiten sollte. Am 16.06.2016 wurden mit Beschluss die KBV und die DKG, aber nicht die KZBV, als für die Leistungserbringer:innen stimmberechtigte Organisationen nach § 14a Abs. 3 GO G-BA für die Richtlinie festgelegt. Darin zeigt sich, dass die Richtlinie den vertragsärztlichen- und Krankenhaussektor betreffen soll, dagegen nicht den vertragszahnärztlichen Sektor.[348]

Am 21.09.2017 hat der G-BA schließlich die Zm-RL[349]

---

344 Siehe auch *Lang*, in: Becker/Kingreen, SGB V, § 27b Rn. 4.

345 <https://www.g-ba.de/downloads/17-98-3895/2015-03-25-PA-AfG-Stellungnahme-G-BA-Anh%C3%B6rung-GKV-VSG.pdf>, S. 5.

346 <https://www.g-ba.de/downloads/17-98-3895/2015-03-25-PA-AfG-Stellungnahme-G-BA-Anh%C3%B6rung-GKV-VSG.pdf>, S. 5.

347 BGBl, I 2019, 646.

348 *Fahlbusch*, in: jurisPK-SGB V / G-BA, § 1 Zm-RL, Rn. 3.

349 Abrufbar unter <https://www.g-ba.de/beschluesse/3079/>, letzter Zugriff: 13.09.2019.

beschlossen.[350] Daraufhin fordertet das Bundesministerium für Gesundheit am 09.03.2018 eine ergänzende Stellungnahme im Rahmen der Prüfung nach § 94 Abs. 1 SGB V an, die die Beanstandungsfrist unterbrach. Der G-BA nahm am 05.07.2018 Stellung, worauf am 11.07.2018 die Teilbeanstandung der Richtlinie durch das Bundesministerium für Gesundheit für Gesundheit folgte.[351]

Gegenstand der Teilbeanstandung war § 3 Abs. 2 Zm-RL und § 8 Abs. 6 S 2 Zm-RL. Es ging dabei vor allem um die unzulässige Einschränkung des Leistungsumfangs der Zweimeinung. Am 18.10.2018 war die überarbeitete Fassung der Richtlinie erneut Bestandteil des Plenums, wobei unter Änderung des § 3 Abs. 2 Zm-RL und Aufhebung des § 8 Abs. 6 Zm-RL, die Zm-RL in der aktuellen Fassung beschlossen wurde. Grundlage der Richtlinie sind somit die Beschlüsse vom 21.09.2017 und vom 18.10.2018. Das Bundesministerium für Gesundheit sprach daraufhin keine weitere Beanstandung aus, weshalb die Richtlinie am 08.12.2018 in Kraft trat.

Seit dem 10.12.2018 ist auf der Homepage des G-BA das Patient:innenmerkblatt „Zweitmeinungsverfahren bei geplanten Eingriffen" verfügbar.[352]

Zusätzlich wurde mit Beschluss vom 16.04.2020 auch erstmalig das IQWiG mit der Erstellung einer Liste von ca. 15 für das Zweitmeinungsverfahren geeigneten Eingriffen und weiteren Entscheidungshilfen beauftragt.[353] Der entsprechende Rapid Report des IQWiG liegt dem G-BA seit dem 26.02.2021 vor.[354]

Die Zm-RL wurde inzwischen durch mehrmalige Beschlüsse des G-BA erweitert, sodass sie aktuell acht Eingriffe umfasst.[355] Inzwischen ist der G-BA durch die Änderung des GVWG seit 01.01.2022 dazu verpflichtet, jährlich mindestens zwei neue Eingriffe für die Zm-RL zu beschließen.

---

350 Mit der Darstellung der Inhalte der Richtlinie beschäftigt sich auch *Voit/Hommel*, KH 2019, 200 ff.

351 Die gesamte Historie ist abrufbar unter <https://www.g-ba.de/beschluesse/3079/>, letzter Zugriff: 13.09.2019.

352 <https://www.g-ba.de/downloads/17-98-4765/2019-04-11_G-BA_Patientenmerkblatt_Zweitmeinungsverfahren_bf.pdf>, letzter Zugriff: 13.09.2019.

353 <https://www.g-ba.de/downloads/39-261-4268/2020-04-16_IQWiG-Beauftragung_Zm-RL_Eingriffe.pdf>, letzter Zugriff: 29.03.2022.

354 Siehe <https://www.iqwig.de/presse/pressemitteilungen/pressemitteilungen-detailseite_31552.html> letzter Zugriff: 08.08.2022.

355 Die Beschlüsse sind abrufbar unter: <https://www.g-ba.de/richtlinien/107/beschluesse/?sort=beschluss.DATUM&direction=desc&seite=1>, letzter Zugriff 29.03.2022; eine kurze Übersicht bietet auch *Rieke,* in: BeckOK KHR, Dettling/Gerlach, SGB V, § 27b Rn. 14.

II. Einordnung der Richtlinie

Die Zm-RL ist eine Richtlinie der Qualitätssicherung nach § 92 Abs. 1 S. 2 Nr. 13 SGB V wegen ihrer gesetzlichen Zuordnung nach § 27b Abs. 2 S. 1 SGB V.

Sie wird demnach gemäß § 136 Abs. 2 SGB V sektorenübergreifend erlassen, weshalb das Außenvorlassen der KZBV bei der Vergabe der Stimmrechte i. S. v. § 14a GO G-BA fragwürdig ist und zumindest aus gesetzgeberischer Sicht zu begründen gewesen wäre (ausführlicher dazu s. o. im Zweiten Kapitel zu planbaren Eingriffen im zahnärztlichen Bereich). Der G-BA selbst hat dazu in den tragenden Gründen zum Beschluss[356] ausgeführt, dass sich die Beratungen zur Zm-RL bisher nur auf Eingriffe aus der vertragsärztlichen Versorgung, bzw. auf Eingriffe in der Krankenhausversorgung beziehen. Zahnärztliche Eingriffe sind bisher nicht in der Zm-RL gelistet, weshalb der vertragszahnärztliche Leistungssektor bis auf Weiteres auch nicht stimmberechtigt für Beschlüsse sein soll, die die Zm-RL betreffen.[357] Es stellt sich dabei schon die Frage, wie sich das ändern sollte, solange die KZBV nicht mitberatend tätig wird.

Da auf diese Weise bereits der Allgemeine Teil der Richtlinie ohne die Beteiligung der KZBV zustande gekommen ist, dürfte es zu Akzeptanzproblemen seitens der Vertragszahnärzte und -ärztinnen kommen, sofern ein vertragszahnärztlicher Eingriff in den Besonderen Teil der Richtlinie aufgenommen werden sollte.[358]

Daneben betrifft die Einordnung der Zm-RL als Richtlinie der Qualitätssicherung die Mitwirkungsrechte innerhalb des G-BA. Gemäß § 136 Abs. 3 SGB V sind deshalb der Verband der Privaten Krankenversicherung, die BÄK sowie die Berufsorganisationen der Pflegeberufe bei den Richtlinien nach § 92 Abs. 1 S. 2 Nr. 13 SGB V zu beteiligen. Fraglich ist dabei, inwiefern die Richtlinieninhalte Relevanz für privatversicherte Patient:innen entfalten, da die Zm-RL dem Inhalt nach zu urteilen weniger eine Richtlinie der allgemeinen Qualitätssicherung ist, sondern vielmehr als Leistungsanspruch ausgestaltet wurde.[359] Daneben beraten nach § 92 Abs. 7f. SGB V bei Richtlinien der Qualitätssicherung auch die Länder

356 Tragende Gründe zum Beschluss des G-BA über eine Änderung der GO: Änderung der Anlage I zur Bestimmung der Stimmrechte nach § 14 Abs. 3 S. 4 GO, abrufbar unter: <https://www.g-ba.de/downloads/40-268-3889/2016-06-16_GO_Stimmrechte_Aenderung-BE-2016-05-19_TrG.pdf>, letzter Zugriff: 13.09.2019.

357 <https://www.g-ba.de/downloads/40-268-3889/2016-06-16_GO_Stimmrechte_Aenderung-BE-2016-05-19_TrG.pdf>, S. 2, letzter Zugriff: 13.09.2019.

358 *Fahlbusch,* in: jurisPK-SGB V / G-BA, § 1 Zm-RL, Rn. 8.

359 *Heberlein,* GuP 2018, 1 (3).

mit, soweit die Richtlinieninhalte Bedeutung für die Krankenhausplanung entfalten. Das ist für die Zm-RL aber nicht ersichtlich.

Die Zm-RL selbst gliedert sich in einen Allgemeinen und einen Besonderen Teil. Dabei legt der Allgemeine Teil wesentliche Qualitäts- und Verfahrensanforderungen fest, während der Besondere Teil die konkreten planbaren Eingriffe nennt und die jeweiligen eingriffsspezifischen Bestimmungen dafür trifft. Durch die Richtlinie wird erstmalig der Begriff „Zweitmeiner:in" eingeführt.

B. Der Allgemeine Teil der Zm-RL

I. Zweck und Ziele der Richtlinie

In § 1 und § 2 der Zm-RL werden der Zweck und die Ziele der Richtlinie festgelegt.

1. § 1 Zm-RL

§ 1 Abs. 1 der Zm-RL trifft eine Zuordnung der Richtlinie zu ihrer Rechtsgrundlage aus § 27b SGB V und in ihren systematischen Zusammenhang als Richtlinie der Qualitätssicherung nach § 92 Abs. 1 S. 2 Nr. 13 SGB V.

§ 1 Abs. 2 weist dann den Zweck der Richtlinie aus, der mit § 1 Abs. 2 Nr. 1 in der Konkretisierung des Anspruchs auf Einholung einer Zweitmeinung zu den im Besonderen Teil der Richtlinie aufgeführten planbaren Eingriffen liegt.

Die folgenden in § 1 Abs. 2 Nr. 2-6 genannten Zwecke, stellen keine eigenen, neuen Zwecke dar. Sie orientieren sich vielmehr allgemein an dem Ablauf einer Zweitmeinung. So sind an dieser Stelle als Zwecke die Bestimmung genannt, für welche Eingriffe der Anspruch auf Zweimeinung besteht (Nr. 2), die Konkretisierung der Pflichten, die den oder die indikationsstellende:n Arzt oder Ärztin treffen (Nr. 3), die Festlegung allgemeiner und indikationsspezifischer Anforderungen an das Zweitmeinungsverfahren und an die Erbringer:innen der Zweitmeinung (Nr. 4), die Festlegung allgemeiner und indikationsspezifischer Anforderungen an die Abgabe der Zweitmeinung zu den nach Nr. 2 bestimmten Eingriffen (Nr. 5) und die Konkretisierung der Anforderungen in Bezug auf die Erbringung einer unabhängigen ärztlichen Zweitmeinung (Nr. 6). Insgesamt kann bei den Nr. 4-6 keine eindeutige Abgrenzung mehr vorgenommen werden. Ihnen ist auch keine andere spezielle Vorschrift der Zm-RL mehr zuzuordnen.[360] Die mit den Nr. 2-6 beschriebenen Zwecke der Richtlinie sind in

360 *Fahlbusch*, in: jurisPK-SGB V / G-BA, § 1 Zm-RL, Rn. 13.

ihrer Gesamtheit als Mittel zu verstehen, womit das einzig eigenständige Ziel des § 1 Abs. 2 Nr. 1 (die Konkretisierung des Leistungsanspruchs) erreicht werden soll.[361]

§ 1 Abs. 3 erwähnt ausdrücklich, dass die Zm-RL nicht für die Einholung einer Zweitmeinung bei zahnärztlichen Eingriffen gilt. Diese Regelung erklärt, wieso die KZBV bei der Vergabe der Stimmrechte i. S. v. § 14a GO G-BA außen vorgelassen wurde. Allerdings vermag dann die Erklärung des G-BA in den tragenden Gründen dafür nicht zu überzeugen, dass das daran läge, dass sich die Beratungen zur Zm-RL *bisher* nur auf Eingriffe aus der vertragsärztlichen Versorgung, bzw. auf Eingriffe in der Krankenhausversorgung beziehen. Das impliziert geradezu, dass die Erweiterung der Richtlinie auf den zahnärztlichen Versorgungsbereich nicht ausgeschlossen ist. Dagegen stellt § 1 Abs. 3 klar, dass die Erweiterung der Richtlinie auf den zahnärztlichen Versorgungsbereich tatsächlich nicht gewollt ist. Andernfalls müsste eine Änderung der Richtlinie in diesem Punkt erfolgen.

2. § 2 Zm-RL

§ 2 der Zm-RL beschreibt die vier Ziele der Richtlinie. Auch hier geht es an erster Stelle erneut um die Konkretisierung des Leistungsanspruchs (Nr. 1). Sodann werden die Information der Patient:innen über das Recht auf Einholung einer Zweitmeinung (Nr. 2), die Vermeidung medizinisch nicht notwendiger Indikationsstellungen oder planbarer Eingriffe (Nr. 3) und die qualitativ hochwertige Erbringung der Zweitmeinung (Nr. 4) genannt. Anhand dieser Ziele wird deutlich, dass es dabei vielmehr um die Erreichung eines durch die Richtlinie wünschenswerten Zustandes geht, der im besten Fall im Rahmen der Evaluation nach § 10 der Zm-RL messbar wird.[362] Eine solche genaue Messung könnte aber z. B. in Hinblick auf Nr. 3 oder Nr. 4 schwierig sein, da es wohl kaum möglich sein wird, in genau definierten Fallzahlen zu beurteilen, in wie vielen Fällen Indikationsstellungen oder Maßnahmen tatsächlich eindeutig medizinisch unnötig waren oder ob eine Zweitmeinung im Einzelfall tatsächlich qualitativ hochwertig war. Insofern ist hier mit der Zielbeschreibung vielmehr eine Richtungsweisung gemeint, in die die Richtlinie wirken soll.[363] Besonders die Ziele entsprechend der Nr. 2-4 können auch erst mit Umsetzung der Richtlinie in der Praxis erreicht werden, wobei sie der Steuerung jener Ziele innerhalb des Gesundheitssystems

361 *Fahlbusch*, in: jurisPK-SGB V / G-BA, § 1 Zm-RL, Rn. 14.
362 *Fahlbusch*, in: jurisPK-SGB V / G-BA, § 2 Zm-RL, Rn. 1.
363 *Fahlbusch*, in: jurisPK-SGB V / G-BA, § 2 Zm-RL, Rn. 6.

dienen, zu welchem Zwecke der § 27b SGB V normiert wurde (s. o.). Die Konkretisierung des Leistungsanspruchs nach Nr. 1 wird dagegen unmittelbar mit Inkrafttreten der Richtlinie umgesetzt.[364]

Insgesamt wurden mit § 1 und § 2 der Zm-RL Regelungen geschaffen, die im Einzelnen nicht trennscharf voneinander zu unterscheiden sind. Das wird allein dadurch deutlich, dass beide Regelungen teilweise den gleichen Inhalt haben, was z. B. bei § 1 Abs. 2 Nr. 1 und bei § 2 Nr. 1 der Fall ist, die beide die Konkretisierung des Anspruchs auf Zweitmeinung als den zentralen Zweck der Richtlinie regeln. Ebenso verhält es sich mit § 1 Abs. 2 Nr. 4-6, bei denen es wie in § 2 Nr. 4 um die indikationsspezifischen Anforderungen geht.[365] Insofern beinhalten einige Regelungen des § 2 gegenüber dem § 1 keine wirklich neuen Aspekte. Wünschenswert wäre vielmehr gewesen, im Rahmen einer Zielsetzung die Folgen und Veränderungen in Abhängigkeit von den jeweiligen Akteuren des Leistungssystems herauszuarbeiten, die mit der Verabschiedung der Zm-RL erreicht werden sollen.[366]

II. Begriff und Leistungsumfang der Zweitmeinung

In § 3 Abs. 1 wird der Begriff und der Leistungsumfang der Zweitmeinung festgelegt.

Als Zweitmeinung wird i. S. d. Richtlinie eine unabhängige, neutrale ärztliche zweite Meinung bei einem Leistungserbringer nach § 27b Abs. 3 SGB V zu den im Besonderen Teil benannten planbaren Eingriffen verstanden. Die Zm-RL geht somit über den Gesetzeswortlaut hinaus, der selbst den Begriff der Zweitmeinung nicht näher definiert. Allerdings wird hier keine allgemeine Definition des Begriffs Zweitmeinung aufgestellt. Vielmehr geht es um das Verständnis, was als Zweitmeinung i. S. d. Richtlinie in Anspruch genommen werden kann.[367] Zu kritisieren ist dennoch, dass sich die Merkmale „unabhängig“ und „neutral“ in Hinblick auf die Abgabe einer Zweitmeinung nicht unterscheiden,[368] was mindestens eine der genannten Eigenschaften überflüssig macht. Sofern eines dieser Merkmale nicht vorliegt, beeinträchtigt das noch lange nicht das Vorliegen einer Zweitmeinung i. S. v. § 27b SGB V. Die von der Zm-RL genannten Merkmale des Begriffs können deshalb nicht als Definition des Begriffs verstanden werden, bei

364 *Fahlbusch,* in: jurisPK-SGB V / G-BA, § 2 Zm-RL, Rn. 2.
365 *Heberlein*, GuP 2018, 1 (4f.).
366 Vgl. auch *Heberlein*, GuP 2018, 1 (4).
367 *Fahlbusch,* in: jurisPK-SGB V / G-BA, § 3 Zm-RL, Rn. 2.
368 *Heberlein*, GuP 2018, 1 (5).

der ausnahmslos alle Voraussetzungen für das Eingreifen der Regelungen erfüllt sein müssen.[369]

Der Leistungsumfang der Zeitweitmeinung bemisst sich nach § 3 Abs. 2. Dieser war nicht nur Bestandteil der fristunterbrechenden Nachfrage des Bundesministeriums für Gesundheit, sondern letztlich der Gegenstand der Teilbeanstandung der Zm-RL durch das Ministerium.

Nach dem Beschluss der Richtlinie vom 21.09.2017 ohne den Änderungsbeschluss vom 18.10.2018 sollte gemäß § 3 Abs. 2 vor allem die Durchsicht der vorliegenden Befunde Bestandteil der Zweitmeinung sein. Ein Anamnesegespräch sowie körperliche Untersuchungsleistungen sollten ebenfalls Bestandteil der Zweitmeinung sein, soweit sie für die Abgabe der Zweitmeinung erforderlich sind. Diese dürften dann ein zweites Mal zulässigerweise erbracht werden. Weitere Untersuchungs- und Behandlungsleistungen sollten dagegen nicht Teil der Zweitmeinung sein.[370]

Dieser Zusatz war bereits in den Beratungen des G-BA umstritten. In den tragenden Gründen zur Erstfassung der Zm-RL führte der G-BA zu § 3 Abs. 2 aus:

„Es wird klargestellt, dass weiterführende bildgebende oder invasive diagnostische Untersuchungen nicht Bestandteil der Zweitmeinung sind. Diese Abgrenzung stimmt mit dem begrifflichen Gehalt und Umfang der Zweitmeinung überein. Bereits der Begriff „Zweitmeinung" in § 27b SGB V macht deutlich, dass es sich hierbei um die Meinung der zweitmeinungsgebenden Ärztin oder des zweitmeinungsgebenden Arztes zu dem Befund der indikationsstellenden Ärztin oder des indikationsstellenden Arztes handelt. Dies entspricht schon der Wortbedeutung als Beurteilung durch einen zweiten Arzt, Spezialisten o. Ä. In aktuellen Publikationen wird dieser begriffliche Gehalt benannt oder vorausgesetzt und in bestehenden Verfahren können Zweitmeinungen daher u. a. telefonisch oder mit persönlichem Arzt-Patienten-Kontakt abgegeben werden. Bei der Zweitmeinung handelt es sich somit um die Überprüfung der vorangegangenen Indikationsstellung und somit nicht um eine Wiederholung der Indikationsstellung mit erneuter Erhebung aller Befunde."[371]

Nach der Vorstellung des G-BA sollte es also bei einer Zweitmeinung nur auf die Überprüfung bereits vorliegender Befunde und Unterlagen ankommen,

---

369 Dahingehend *Heberlein*, GuP 2018, 1 (5).

370 <https://www.g-ba.de/downloads/40-268-5369/2017-09-21_Zm-RL_Erstfassung-Richtlinie.pdf>, letzter Zugriff: 16.09.2019.

371 <https://www.g-ba.de/downloads/40-268-4747/2017-09-21_Zm-RL_Erstfassung-Richtlinie_TrG.pdf>, S. 4, letzter Zugriff 16.09.2019.

weniger auf die Stellung der richtigen Diagnose. Als Grund dafür wurde der Schutz von Patient:innen vor zusätzlichen Doppel- und Mehrfachuntersuchungen angeführt.[372]

Das führte jedoch zu der Konstellation, dass die Zweitmeinung als abgegeben gelten musste, sofern der oder die Zweitmeiner:in feststellte, dass die erste Diagnose nicht bestätigt werden konnte, bzw. aus seiner oder ihrer Sicht die erforderlichen Befunde für eine Indikationsstellung nicht oder nicht in ausreichender Qualität vorlagen. Gemäß § 8 Abs. 6 S. 2 der Richtlinie sollte der oder die Zweitmeiner:in Patient:innen über diese Situation informieren, durfte die fehlende Untersuchung aber gerade nicht selbst als Teil der Zweitmeinung durchführen. § 8 Abs. 6 S. 2 bestimmte, dass die Zweitmeinung mit der Erläuterung dieser Situation durch Zweitmeiner:innen als abgegeben galt.[373] Den Patient:innen wäre damit aber gerade nicht weitergeholfen, da es diesen immer besonders um die Stellung der richtigen Diagnose und die Wahl der bestmöglichen Therapie geht.

Am 11.07.2018 erfolgte deshalb die Beanstandung des § 3 Abs. 2 und des § 8 Abs. 6 S. 2 durch das Bundesministerium für Gesundheit. Zur Begründung wurde ausgeführt, dass die beanstandeten Regelungen den „gesetzlichen Bestimmungen zum Anspruch auf Einholung einer unabhängigen Zweitmeinung nach § 27b SGB V [widersprechen].“ Nach den gesetzlichen Vorgaben aus § 27b SGB V ginge es um eine „unabhängige ärztliche Zweitmeinung“, womit eine „eigenständige und gerade nicht auf das Vorgehen des erstindikationsstellenden Arztes beschränkte, ärztliche Beurteilung“ gemeint sei. Nicht nachvollziehbar sei deshalb „die vom G-BA in den tragenden Gründen herangezogene begriffliche Herleitung eines Begutachtungsverfahrens vor allem auf Basis vorhandener Befunde.“[374] Ergänzend wird auf die Gesetzesbegründung hingewiesen, in der es heißt: „Durch die Einholung einer Zweitmeinung werden künftig für den Versicherten ärztliche Beratungs- und Untersuchungsleistungen zulässigerweise ein zweites Mal erbracht und der notwendige Behandlungsbedarf wird zu Lasten der Krankenkassen ausgeweitet.“[375] Das Bundesministerium für Gesundheit verwies weiter auf das Interesse von Patient:innen an einer umfassenden

---

372 <https://www.g-ba.de/downloads/40-268-4747/2017-09-21_Zm-RL_Erstfassung-Richtlinie_TrG.pdf>, S. 5, letzter Zugriff: 16.09.2019.

373 Vgl. dazu *Heberlein*, GuP 2018, 1 (5).

374 <https://www.g-ba.de/downloads/40-268-5112/2017-09-21_Zm-RL_Erstfassung-Richtlinie_BMG3.pdf>, S. 1ff., letzter Zugriff: 16.09.2019.

375 Verweist auf BT-Drs. 18/4095, S. 74, <https://www.g-ba.de/downloads/40-268-5112/2017-09-21_Zm-RL_Erstfassung-Richtlinie_BMG3.pdf>, S. 2, letzter Zugriff: 16.09.2019.

Diagnosestellung und die mit der Regelung verbundene Folge, dass Patient:innen einen dritten Arzt oder eine Ärztin aufsuchen, damit diese:r erneut mit einer umfassenden Anamnese beginnt, sofern das nicht Teil der Zweitmeinung sei.[376]

Daraufhin hat der G-BA in seiner Sitzung vom 18.10.2018 beschlossen, den § 3 Abs. 2 wie folgt zu ändern:

- *„Die Erbringung einer Zweitmeinung umfasst neben der eigenständigen Bewertung und Beratung des Versicherten ärztliche Untersuchungsleistungen, sofern sie zur Befunderhebung und Überprüfung der Indikationsstellung zu dem vorgesehenen Eingriff medizinisch erforderlich sind. Im Rahmen der Indikationsstellung bereits erhobene Befunde sind zu berücksichtigen, soweit sie von der Patientin oder dem Patienten dem Zweitmeiner zur Verfügung gestellt wurden.“*

Der § 8 Abs. 6 S. 2 wurde gleichzeitig aufgehoben.

Damit wurde klargestellt, dass die Zweitmeinung doch keine Begutachtung einer Aktenlage darstellen soll, sondern vielmehr eine erneute Untersuchung durch einen Arzt oder eine Ärztin beinhaltet.[377] Diese Änderung ist vor dem Hintergrund der gesetzlichen Fassung des § 27b SGB V und der Gesetzesbegründung richtig. Ohne die erneute Möglichkeit einer umfänglichen Untersuchungsleistung drohte die Zweitmeinung sowohl für Patient:innen als auch für den oder die Erbringer:in der Zweitmeinung zu einer leeren Hülle zu verfallen. Aus Patient:innensicht kommt es bei der Zweitmeinung gerade auf die Wahrung von Selbstbestimmung, die Absicherung der Diagnose und vor allem auf die Wahl der richtigen Therapie an. Wenn Zweitmeiner:innen aufgrund fehlender oder qualitativ mangelhafter Befunde für eine Indikationsstellung gar keine Aussage über die richtige Therapiewahl treffen können, werden sie den Patient:innen in keiner Weise in ihrer Entscheidungsfindung weiterhelfen können, wenn sie nicht die dafür notwendigen Befunde selbst neu erheben dürfen. Das stände in gänzlichem Widerspruch zu der gesetzlichen Intention, wobei § 27b SGB V die erneute zulässige Erbringung ärztlicher Beratungs- und Untersuchungsleistungen garantieren sollte (s. o.). An anderer Stelle der Gesetzesbegründung wird das umso deutlicher, wenn es darum geht, wieso insbesondere Krankenhäuser zu den zulässigen Leistungserbringern gemäß § 27b Abs. 3 SGB V zählen sollen. Dort seien gerade besondere Untersuchungs- und Behandlungsmethoden oder

376 <https://www.g-ba.de/downloads/40-268-5112/2017-09-21_Zm-RL_Erstfassung-Richtlinie_BMG3.pdf>, S. 3, letzter Zugriff: 16.09.2019.

377 *Fahlbusch,* in: jurisPK-SGB V / G-BA, § 3 Zm-RL, Rn. 4.

spezielle Kenntnisse vorhanden, die für die Erbringung der Zweitmeinung vor allem bei komplexen Eingriffen benötigt werden können.[378]

§ 3 Abs. 3 der Zm-RL verweist auf § 73 Abs. 2 S. 1 Nr. 13 SGB V und somit auf die Zuordnung der Zweitmeinung zur vertragsärztlichen Versorgung. Die Folge davon ist, dass die Zweitmeinung nach dem EBM zu vergüten ist, wozu dort gemäß § 87 Abs. 2a SGB V eine Regelung zur Abrechnung der Zweitmeinung zu treffen war (s. o.).

III. Bestimmung der Eingriffe mit Anspruch auf eine Zweitmeinung

§ 4 Abs. 1 der Zm-RL verweist darauf, dass ein Anspruch auf Zweitmeinung nur für die Eingriffe besteht, die im Besonderen Teil der Richtlinie gelistet sind.

§ 4 Abs. 2 der Zm-RL stellt klar, dass für die im Besonderen Teil der Richtlinie festgelegten Eingriffe gesonderte, über die im Allgemeinen Teil der Richtlinie genannten Anforderungen hinausgehende Anforderungen an die Erbringung der Zweitmeinung festgelegt werden können. Es trifft zu, dass die Anforderungen des Allgemeinen Teils als Mindestanforderungen zu verstehen sind, die eingehalten werden müssen.[379]

§ 4 Abs. 3 der Zm-RL bezieht sich auf § 27b Abs. 6 SGB V. Die Krankenkassen können demnach in ihren Satzungen oder in Verträgen nach § 140a SGB V zusätzliche Leistungen zur Zweitmeinung vereinbaren, sind dabei aber an die Anforderungen der Zm-RL zur Erbringung der Zweitmeinung gebunden. Insofern endet die Befugnis der Krankenkassen abweichende Regelungen treffen zu dürfen an der Stelle, an der der G-BA ausdrücklich Regelungen in der Zm-RL bereits getroffen hat.[380]

IV. Entstehung des Sachleistungsanspruchs und Aufgabe von indikationsstellenden Ärzt:innen

1. § 5 Zm-RL

§ 5 regelt die Entstehung des Sachleistungsanspruchs. § 5 Abs. 1 besagt, dass der Anspruch auf Einholung einer Zweitmeinung nach der Zm-RL für Patient:innen

378 BT-Drs. 18/4095, S. 75; so auch das Bundesministerium für Gesundheit in seiner Teilbeanstandung, <https://www.g-ba.de/downloads/40-268-5112/2017-09-21_Zm-RL_Erstfassung-Richtlinie_BMG3.pdf>, S. 2, letzter Zugriff: 16.09.2019.

379 *Fahlbusch,* in: jurisPK-SGB V / G-BA, § 4 Zm-RL, Rn. 4.

380 *Fahlbusch,* in: jurisPK-SGB V / G-BA, § 4 Zm-RL, Rn. 5.

mit der Indikationsstellung von Ärzt:innen zu einem im Besonderen Teil der Richtlinie genannten planbaren Eingriff entsteht. In § 5 Abs. 2 wird unterschieden, wann die Indikation als gestellt gilt, nämlich, wenn ein Arzt oder eine Ärztin einen planbaren Eingriff aus dem Besonderen Teil der Richtlinie den Patient:innen gegenüber empfohlen hat. Z. T. wird vertreten, dass diese Unterscheidung in Abs. 1 und Abs. 2 keinen Sinn ergebe, da die Indikation ohnehin Grundlage der empfohlenen Therapie sei. Demnach könne der Abs. 1 nicht dahingehend verstanden werden, dass der Anspruch auf Zweitmeinung bereits dann entstehe, wenn festgestellt wird, dass eine Erkrankung vorliegt, die eine Therapie erfordere, die im Besonderen Teil der Richtlinie gelistet ist. Der Anspruch könne nur entstehen, wenn der oder die Erstbehandler:in diese Therapie auch tatsächlich empfehle. Das ist richtig, worauf auch die tragenden Gründe zur Richtlinie hinweisen. In denen unterscheidet der G-BA zwischen der reinen Indikationsstellung und der tatsächlichen Empfehlung zu einem Eingriff des Besonderen Teils der Richtlinie. Erst wenn die Empfehlung zu einem Eingriff abgegeben wird, der im Besonderen Teil gelistet ist, entsteht der Sachleistungsanspruch.[381]

2. § 6 Zm-RL

Bei den Aufgaben der Zweitmeiner:in nach § 6 handelt es sich vor allem um eine Wiedergabe des § 27b Abs. 5 SGB V.

In § 6 Abs. 1 ist die Aufklärung geregelt, wobei die Voraussetzungen des § 27b Abs. 5 SGB V genannt werden. § 6 Abs. 2 regelt, dass die erstbehandelnde Person den oder die Patient:in auf die Informationsangebote über geeignete Zweitmeiner:in i. S. v. § 9 der Zm-RL hinzuweisen hat, sowie darüber aufklären muss, dass der indizierte Eingriff nicht von einem anderen Arzt oder einer anderen Ärztin der Einrichtung durchgeführt werden darf.

In § 6 Abs. 3 kommt hinzu, dass der indikationsstellende Arzt oder die Ärztin auf das durch den G-BA veröffentlichte Patient:innenmerkblatt über das Zweitmeinungsverfahren gemäß der Zm-RL, auf die durch das IQWiG im Auftrag des G-BA entwickelte eingriffsspezifische Entscheidungshilfe sowie gegebenenfalls auf weitere evidenzbasierte Informationen zu den im Besonderen Teil benannten Eingriffen hinzuweisen hat. In diesem Zusammenhang steht auch die Regelung in § 8 Abs. 7, wonach der oder die Zweitmeiner:in dem indikationsstellenden Arzt oder der Ärztin das Ergebnis der Zweitmeinung mitteilen und

381 <https://www.g-ba.de/downloads/40-268-4747/2017-09-21_Zm-RL_Erstfassung-Richtlinie_TrG.pdf>, S. 6, letzter Zugriff: 16.09.2019.

Patient:innen einen Bericht darüber erstellen und aushändigen muss, sofern diese das wünschen.

In § 6 Abs. 4 der Zm-RL wird das Recht zur Überlassung der Befundunterlagen geregelt. Alle dadurch entstehenden Kosten für den oder die Erstbehandler:in sind von der Krankenkasse zu tragen. Der oder die Erstbehandler:in hat die Patient:innen über dieses Recht aufzuklären.

Was an dieser Stelle der Richtlinie fehlt, sind Dokumentationspflichten der erstbehandelnden Person über die stattgefundene Aufklärung.[382]

V. Qualifikationen und Aufgaben der Zweitmeiner:in

§ 7 stellt die Anforderungen an die Zweitmeiner:in dar, der sich damit auf § 27b Abs. 2 und 3 SGB V bezieht und somit eine zentrale Vorschrift der Richtlinie ist. In § 8 werden die Aufgaben der Zweitmeiner:innen beschrieben. An dieser Stelle der Richtlinie ist auch die zumindest mittelbare Definition des Begriffs *Zweitmeiner:in* zu verankern. Demnach ist ein:e Zweitmeiner:in, wer die Anforderungen des § 7 erfüllt und die Aufgaben des § 8 übernimmt.[383]

1. § 7 Zm-RL

a) § 7 Abs. 1 Zm-RL

§ 7 Abs. 1 des Allgemeinen Teils der Richtlinie gibt unmittelbar wieder, wer gemäß § 27b Abs. 3 SGB V berechtigt ist, die Zweitmeinung zu erbringen. Auffällig ist dabei aber, dass zugelassene Krankenhäuser an sich, wie sie ausdrücklich in § 27b Abs. 3 Nr. 4 SGB V als berechtigte Leistungserbringer genannt werden, an dieser Stelle der Zm-RL nicht aufgezählt sind.

Darüber hinaus regelt die Richtlinie an dieser Stelle aber ein Genehmigungsverfahren zur Durchführung der Abrechnung von Zweitmeinungsleistungen durch die KV, welche so nicht in § 27b SGB V Gesetz vorgesehen ist.[384] Demnach prüft die KV vor Erbringung der Zweimeinung, ob die weiteren Voraussetzungen des § 7 Abs. 2-5 der Zm-RL erfüllt sind. Krankenhäuser haben dabei selbst die Nachweise zu erbringen, dass die dort tätigen Ärzte und Ärztinnen die geforderten Qualifikationen erfüllen – insofern erfolgt die Genehmigung arztbezogen. Andere Ärzte und Ärztinnen übernehmen diesen Nachweis für sich selbst. Die KV prüft dann, ob der Tätigkeit als Zweitmeiner:in ein Hinderungsgrund

---

382 *Fahlbusch*, in: jurisPK-SGB V / G-BA, § 6 Zm-RL, Rn. 4.

383 Vgl. *Heberlein*, GuP 2018, 1 (5).

384 Dahingehend auch *Fahlbusch*, in: jurisPK-SGB V / G-BA, § 7 Zm-RL, Rn. 4.

entgegensteht. Ein solcher Hinderungsgrund ist z. B. nach § 7 Abs. 5 der Richtlinie, wenn die Tätigkeit des Arztes oder der Ärztin mit dem Gebot der Unabhängigkeit gemäß § 27b Abs. 1 S. 2 SGB V unvereinbar ist. Ist kein Hinderungsgrund ersichtlich und erfüllt der oder die Antragssteller:in die geforderten Qualifikationen, so erteilt die KV eine arztbezogene Genehmigung zur Durchführung der Abrechnung von Zweitmeinungsleistungen.[385] Im Rahmen der Genehmigungserteilung wird durch die KV eine Betriebsstättennummer und eine Arztnummer vergeben, welche zusammen die Zuordnung der ärztlichen Leistungen zu der Person des Arztes oder der Ärztin ermöglichen.[386] Der G-BA weist in den tragenden Gründen darauf hin, dass die Genehmigung bedarfsunabhängig erfolgt, damit ein möglichst breites Spektrum an Zweitmeiner:innen etabliert werden kann.[387]

Das Bundesministerium für Gesundheit hat im Rahmen der Prüfung nach § 94 Abs. 1 SGB V um die ergänzende Stellungnahme gebeten, auf welche Ermächtigungsgrundlage der G-BA die Regelung einer Abrechnungsgenehmigung stützt und warum der G-BA von einer weniger bürokratischen bzw. niedrigschwelligeren Lösung, z. B. mit Meldung und Selbstauskünften der Zweitmeiner:innen in Verbindung mit Stichprobenprüfungen, abgesehen hat.[388] Der G-BA führte dazu aus, dass die Zm-RL gemäß § 92 Abs. 8 SGB V Bestandteil der Bundesmantelverträge ist und somit die Bestimmung in § 7 Abs. 1 der Richtlinie keine konstitutive, sondern allein klarstellende Funktion habe. Qualitätsgebundene Leistungen, wie auch die Zweitmeinung, unterliegen nach den Bundesmantelverträgen einer Genehmigungspflicht durch die jeweiligen zuständigen KV. Somit ist der Zm-RL keine Abrechnungsgenehmigung im konstitutiven Sinne zu entnehmen. Vielmehr wiederholt § 7 Abs. 1 der Richtlinie nur, was sich ohnehin aus den bundesmantelvertraglichen Regelungen ergibt.[389] Darüber hinaus sei es auch im Rahmen der vertragsärztlichen Systematik erforderlich, die besondere Qualifikation der Zweitmeiner:innen vor der Leistungserbringung

385 <https://www.g-ba.de/downloads/40-268-4747/2017-09-21_Zm-RL_Erstfassung-Richtlinie_TrG.pdf>, S. 8, letzter Zugriff: 10.09.2019.

386 <https://www.g-ba.de/downloads/40-268-4747/2017-09-21_Zm-RL_Erstfassung-Richtlinie_TrG.pdf>, S. 7, letzter Zugriff: 11.09.2019.

387 <https://www.g-ba.de/downloads/40-268-4747/2017-09-21_Zm-RL_Erstfassung-Richtlinie_TrG.pdf>, S. 8, letzter Zugriff: 10.09.2019.

388 <https://www.g-ba.de/downloads/40-268-4864/2017-09-21_Zm-RL_Erstfassung-Richtlinie_BMG.pdf>, S. 2, letzter Zugriff: 10.09.2019.

389 <https://www.g-ba.de/downloads/40-268-5108/2017-09-21_Zm-RL_Erstfassung-Richtlinie_BMG2-geschw.pdf>, S. 6, letzter Zugriff: 11.09.2019.

nachzuweisen, womit der G-BA auf die Rechtsprechung des BSG verweist, das festgelegt hat, dass „zum Schutz aller zur Leistungserbringung Berechtigter und aus ihr Verpflichteter und insbesondere zum Schutz der Versicherten [...] zu Beginn einer vertragsärztlichen Behandlung feststehen [muss], ob die zu erbringenden Leistungen innerhalb des Systems der gesetzlichen Krankenversicherung durchgeführt werden oder als privatärztliche Leistungen anzusehen und zu vergüten sind.[390]

Ärzte und Ärztinnen, die nicht an der vertragsärztlichen Versorgung teilnehmen und die die Voraussetzungen des § 7 Abs. 1 S. 2 erfüllen, werden mit Erhalt der Genehmigung zur Durchführung der Abrechnung für Zweitmeinungsleistungen für die Dauer der Teilnahme am Zweitmeinungsverfahren nach § 31 Abs. 2 Ärztezulassungsverordnung i. V. m. § 5 Abs. 2 Bundesmantelvertrag-Ärzte ermächtigt, was sich aus § 7 Abs. 1 S. 3 der Zm-RL ergibt. Damit soll Rechtssicherheit für diesen Teil der Zweitmeiner:innen geschaffen werden.[391] Richtig ist allerdings, dass die rechtliche Beziehung zwischen nur zum Zwecke der Zweitmeinung an der vertragsärztlichen Versorgung teilnehmenden Ärzten oder Ärztinnen und der KV unmittelbar aus § 27b SGB V resultiert, weshalb diese „fingierte Ermächtigung" aus § 7 Abs. 1 S. 3 der Zm-RL nicht als zwingend verstanden werden kann.[392] Dennoch erscheint aber die Gleichstellung mit an der vertragsärztlichen Versorgung teilnehmenden Ärzt:innen zweckmäßig, da auf diese Weise die Schaffung von weiteren Kategorien, wie z. B. „direkt aus Gesetz zur vertragsärztlichen Versorgung zugelassene Personen", vermieden werden kann.[393]

b) § 7 Abs. 2 und 3 Zm-RL

§ 7 Abs. 2 der Richtlinie bezieht sich auf § 27b Abs. 2 S. 3 Nr. 1 SGB V und somit auf die Voraussetzung der langjährigen fachärztlichen Tätigkeit in einem Fachgebiet, das für die Indikation zum Eingriff maßgeblich ist. Die Frage nach der jeweiligen Facharztbezeichnung wurde in den Besonderen Teil der Richtlinie ausgelagert und ist dort eingriffsspezifisch geregelt. § 7 Abs. 2 definiert den Begriff der langjährigen fachärztlichen Tätigkeit. Gemäß § 7 Abs. 2 S. 2 Nr. 2

390 BSG SozR 3-1500 § 97 Nr 3 S. 6; auch BSGE 83, 128, 132 = SozR 3-2500 § 116 Nr 17 S. 86; BSGE 99, 218 = SozR 4-2500 § 103 Nr 3 Rn. 25.

391 <https://www.g-ba.de/downloads/40-268-5370/2017-09-21_2018-10-18_Zm-RL_Erstfassung-Richtlinie_konsolidiert_TrG.pdf>, S. 7, letzter Zugriff: 11.09.2019.

392 *Fahlbusch,* in: jurisPK-SGB V / G-BA, § 7 Zm-RL, Rn. 8.

393 *Fahlbusch,* in: jurisPK-SGB V / G-BA, § 7 Zm-RL, Rn. 8.

setzt diese eine mindestens fünf-jährige ganztägige Tätigkeit, vom Umfang her entsprechende Teilzeittätigkeit oder in Kombination aus ganztägiger Tätigkeit und Teilzeittätigkeit in einem Bereich der unmittelbar Patient:innenversorgung in dem für den jeweiligen Eingriff im Besonderen Teil der Richtlinie genannten Gebiet nach Anerkennung der maßgeblichen Facharztbezeichnung, voraus. Hierbei bleibt aber offen, wie eine solche Tätigkeit ihrem Umfang nach nachgewiesen oder überhaupt festgestellt werden soll, weshalb eine Abstimmung der einzelnen KV in Hinblick auf diese Frage wünschenswert wäre.[394]

§ 7 Abs. 3 der Richtlinie bezieht sich auf § 27b Abs. 2 S. 3 Nr. 2 SGB V, womit es um die speziellen Kenntnisse geht, die ein:e Zweitmeiner:in zu erfüllen hat. Kenntnisse über den aktuellen Stand der wissenschaftlichen Forschung zur jeweiligen Diagnostik und Therapie einschließlich Kenntnissen über Therapiealternativen zu den im Besonderen Teil aufgeführten Eingriff liegen vor, wenn die Fortbildungsverpflichtung erfüllt ist (a.) und entweder eine Befugnis zur Weiterbildung durch die Landesärztekammer erteil wurde (b.) oder eine akademische Lehrbefugnis verliehen wurde (c.). Dabei unterliegen Kassenärzte und -ärztinnen trotz dieser Regelung bereits der Fortbildungsverpflichtung, entweder nach § 95d SGB V oder nach § 136b SGB V. Somit kommt diese Regelung nur für Ärzte und Ärztinnen zum Tragen, die gemäß § 27b Abs. 3 Nr. 5 SGB V extra zum Zwecke der Zweitmeinung an der vertragsärztlichen Versorgung teilnehmen.[395] Was die Befugnis zur Weiterbildung betrifft, ist es fragwürdig, ob es sich dabei um ein eigenständiges Kriterium spezieller Fachkenntnisse handeln kann, da die Erteilung der Befugnis dazu nach der Weiterbildungsordnung der Ärztekammern gerade die Möglichkeit des Führens einer Facharztbezeichnung voraussetzt. Daneben muss der jeweilige Arzt oder die Ärztin regelmäßig drei Jahre als Facharzt oder -ärztin tätig gewesen sein. Somit handelt es sich um Kriterien, die im Prinzip bereits in § 7 Abs. 2 der Richtlinie festgelegt wurden.[396] Davon unabhängig scheint es aber zweckmäßig, die Weiterbildungsbefugnis als Anzeichen besonderer fachlicher Qualität zu verstehen, da diese Ärzte und Ärztinnen selbständig in der Vermittlung von Fachwissen tätig werden, was nicht nur durch die Ärztekammern kontrolliert wird, sondern wobei auch davon auszugehen ist, dass eine solche Tätigkeit nur von Ärzt:innen ausgeführt wird, die über einen besonderen Kenntnisstand auf ihrem Fachgebiet verfügen.[397]

---

394 *Fahlbusch,* in: jurisPK-SGB V / G-BA, § 7 Zm-RL, Rn. 12.

395 *Fahlbusch,* in: jurisPK-SGB V / G-BA, § 7 Zm-RL, Rn. 14.

396 *Fahlbusch,* in: jurisPK-SGB V / G-BA, § 7 Zm-RL, Rn. 15.

397 So auch *Fahlbusch,* in: jurisPK-SGB V / G-BA, § 7 Zm-RL, Rn. 15.

Das Kriterium der akademischen Lehrbefugnis könnte wenig praktische Relevanz entfalten, da es von dem überwiegenden Anteil der Vertragsärzte und -ärztinnen nicht erfüllt wird.[398]

Neben diesen Regelungen in § 7 der Richtlinie hat der Ausschuss des G-BA keinen Gebrauch von der Regelung in § 27b Abs. 2 S. 4 SGB V gemacht und zusätzliche Kriterien festgelegt. Ebenso wenig wird § 27b Abs. 2 S. 5 SGB V konkretisiert. Grund dafür war die Befürchtung, die Hürde für die Erbringung einer Zweitmeinung könnte damit zu hochgesteckt werden, sodass das Angebot der Zweitmeinung generell nicht relevant werden könnte.[399]

c) § 7 Abs. 5 und 6 Zm-RL

Wie schon im Rahmen des Nachweisverfahrens festgestellt, verweist § 7 Abs. 5 der Richtlinie auf § 27b Abs. 1 S. 2 SGB V. Demnach erhalten Antragsteller:innen nach § 7 Abs. 1 der Richtlinie keine Genehmigung zur Abrechnung, wenn deren Tätigkeit mit dem Gebot der Unabhängigkeit gemäß § 27b Abs. 1 S. 2 SGB V unvereinbar ist. § 27b Abs. 1 S. 2 SGB V regelt dafür selbst den Fall, dass die Zweitmeinung nicht bei einem Arzt oder einer Ärztin oder einer Einrichtung eingeholt werden kann, durch den oder durch die der Eingriff durchgeführt werden soll. Der G-BA hat in Hinblick auf dieses Gebot mit § 7 Abs. 5 der Richtlinie zumindest festgelegt, dass die Einhaltung des Gebots Bestandteil des Nachweisverfahrens nach § 7 Abs. 1 ist.

Demnach muss ein:e Antragsteller:in nach § 7 Abs. 1 erklären, ob Umstände des § 7 Abs. 6 vorliegen, die einer Gewährleistung der Unabhängigkeit der ärztlichen Zweitmeinung entgegenstehen.[400] Hierbei geht es allerdings nicht um eine Breite an möglichen Interessenskonflikten. Vielmehr bezieht sich § 7 Abs. 6 nur auf bestehende finanzielle Beziehungen.[401] § 7 Abs. 6 der Richtlinie richtet sich dem Wortlaut nach an die Antragsteller:innen i. S. v. § 7 Abs. 1. Mithin müssen antragstellende Ärzte und Ärztinnen oder Einrichtungen für die dort beschäftigten Ärzte und Ärztinnen erklären, ob finanzielle Beziehungen i. S. v. § 7 Abs. 6 der Richtlinie vorliegen.

Der G-BA führt zu § 7 Abs. 6 in den tragenden Gründen allerdings aus, dass „die genannten Sachverhalte […] nicht dazu [führen], dass eine Teilnahme am

398 Vgl. *Heberlein*, GuP 2018, 1 (6).

399 *Heberlein*, GuP 2018, 1 (6).

400 <https://www.g-ba.de/downloads/40-268-5370/2017-09-21_2018-10-18_Zm-RL_Erstfassung-Richtlinie_konsolidiert_TrG.pdf>, S. 8, letzter Zugriff: 11.09.2019.

401 Zuzustimmen ist *Fahlbusch*, in: jurisPK-SGB V / G-BA, § 7 Zm-RL, Rn. 24.

Zweitmeinungsverfahren dann grundsätzlich nicht möglich ist. Dies wäre nicht sachgerecht, da die Natur der genannten Beziehungen (z. B. Unterstützung bei Forschungsarbeiten) im Unterschied zu mengenbezogenen Verträgen oder Zielvereinbarungen, die Gegenstand von Abs. 5 sind, nicht notwendiger Weise auf die vermehrte Anwendung der in Frage stehenden Eingriffe bzw. bei diesen ggf. zum Einsatz kommenden Produkten abstellt."[402] Insofern seien die Interessenskonflikte des § 7 Abs. 6 der Richtlinie eher als Richtungsweisung zu verstehen, denen im Rahmen des Nachweisverfahrens nach § 7 Abs. 1 nachgegangen werden müsse.

Insgesamt gibt die Zm-RL an dieser Stelle aber keinen Aufschluss darüber, wie die KV die Unabhängigkeit während des Nachweisverfahrens zu prüfen haben, zumal den KV keine rechtliche Befugnis zur Ausgestaltung der Kriterien der Unabhängigkeit im Zweitmeinungsverfahren zusteht. Ferner besteht auch keine Regelung, die die Änderung der Unabhängigkeit nach Erteilung der Genehmigung betrifft.[403] In Hinblick auf damit verbundene Gefahren für die Beeinträchtigung des Gebots der Unabhängigkeit wäre ein wiederkehrendes Prüfverfahren wünschenswert.

2. § 8 Zm-RL

§ 8 der Zm-RL charakterisiert die Aufgaben der Zweitmeiner:innen, womit diesem maßgeblich zu entnehmen ist, wie eine Zweitmeinung abläuft.

Mit § 8 Abs. 4 wird grundlegend festgelegt, dass die Zweitmeinung im Rahmen eines persönlichen Gesprächs zwischen den Zweitmeiner:innen und den Patient:innen stattfindet. In Satz 2 war bisher geregelt, dass darüber hinaus, auch telemedizinische Möglichkeiten genutzt werden können, soweit im Besonderen Teil der Richtlinie Regelungen dazu getroffen werden, was bisher aber nicht der Fall war.

Mit Beschluss vom 16.04.2020 wurde dieser Teil der Richtlinie geändert. Der neue § 8 Abs. 4 regelt nunmehr, dass die Abgabe der Zweitmeinung zwischen den Zweitmeiner:innen und den Patient:innen mündlich zu erfolgen hat. S. 2, der die Möglichkeit der telemedizinischen Erbringung betraf, wurde gleichzeitig aufgehoben. Eingeführt wird damit das *Mündlichkeitsprinzip*, das ausnahmslos bei der Erbringung der Zweitmeinung gilt.[404]

---

402 <https://www.g-ba.de/downloads/40-268-5370/2017-09-21_2018-10-18_Zm-RL_Erstfassung-Richtlinie_konsolidiert_TrG.pdf>, S. 8, letzter Zugriff: 11.09.2019.

403 *Fahlbusch*, in: jurisPK-SGB V / G-BA, § 7 Zm-RL, Rn. 22.

404 <https://www.g-ba.de/downloads/39-261-4266/2020-04-16_Zm-RL_Aufnahme-Amputation-DFS.pdf>, S. 2, letzter Zugriff: 09.07.2020.

Das Mündlichkeitsprinzip soll klarstellen, dass die Zweitmeinung durch den oder die Zweitmeiner:in ausnahmslos mündlich abzugeben ist. Der G-BA verweist in den tragenden Gründen dazu auf § 630e BGB, in dessen Anlehnung die Abgabe der Zweitmeinung in formaler Hinsicht ein von Zweitmeiner:innen mündlich zu führendes persönliches Gespräch mit den Patient:innen voraussetzt. Die Aufhebung von S. 2 ist allerdings nicht allein auf das Mündlichkeitsprinzip zurückzuführen, da dieses allein nicht die Verwendung von telemedizinischen Mitteln ausschließt, sofern dabei auf einen sprachlichen Austausch zwischen Zweitmeiner:in und Patient:in geachtet wird. Vielmehr ging es darum, dass der Bewertungsausschuss gemäß § 87 Abs. 2a S. 17-20 SGB V Regelungen im einheitlichen Bewertungsmaßstab für ärztliche Leistungen treffen soll, wodurch Videosprechstunden in einem weiten Umfang ermöglicht werden.[405]

Die Zweitmeinung soll gemäß den Vorgaben des § 27b Abs. 5 S. 5 SGB V vor allem auch Vorbefunde miteinbeziehen, wie sich aus § 8 Abs. 5 der Richtlinie ergibt. Dabei ist der oder die Patient:in zu informieren, falls vorhandene Vorbefunde oder Untersuchungen als nicht ausreichend erachtet werden. Diese Informationen können auch an indikationsstellende Ärzte und Ärztinnen erfolgen, sofern die Patient:innen dem zustimmen.

Generell ist es nach § 8 Abs. 3 möglich, dass auch Ärzte und Ärztinnen aus anderen medizinischen Fachgebieten oder Angehörige von nichtärztlichen Gesundheitsfachberufen in den Prozess der Zweitmeinung miteinbezogen werden. Voraussetzung ist dafür, dass diese Möglichkeit eingriffsspezifisch im Besonderen Teil der Richtlinie geregelt ist. Mangels einer darüberhinausgehenden Regelung ist davon auszugehen, dass diese „Helfer:innen" im Zweitmeinungsverfahren keiner eigenen Genehmigung bedürfen.[406] Daneben sind Zweitmeiner:innen den Patient:innen auch auf Nachfrage zur Auskunft verpflichtet, ob Interessenskonflikte oder finanzielle Beziehungen i. S. v. § 7 Abs. 6 der Richtlinie vorliegen, § 8 Abs. 2.

Gemäß § 8 Abs. 6 gilt eine Zweitmeinung als abgegeben, wenn die Beurteilung und Beratung im Sinne von § 3 und § 8 erfolgt sind und in diesem Rahmen die Indikation zum empfohlenen Eingriff im Sinne vom § 5 Abs. 2 bestätigt oder nicht bestätigt wurde sowie die weiteren Handlungsoptionen den Patient:innen erläutert wurden. Insofern hat der G-BA den Richtlinientext nach

---

405 <https://www.g-ba.de/downloads/39-261-4266/2020-04-16_Zm-RL_Aufnahme-Amputation-DFS.pdf>, S. 2f., letzter Zugriff: 09.07.2020.

406 *Fahlbusch,* in: jurisPK-SGB V / G-BA, § 8 Zm-RL, Rn. 3.

der Teilbeanstandung des Bundesministeriums für Gesundheit an dieser Stelle angepasst (s. o.).

§ 8 Abs. 7 regelt, inwieweit indikationsstellende Ärzte und Ärztinnen von dem Ergebnis der Zweitmeinung erfahren. Das Ergebnis der Zweitmeinung kann diesen auf Wunsch von Patient:innen mitgeteilt werden. Daneben haben Patient:innen das Recht, sich das Ergebnis der Zweitmeinung in einem ärztlichen Bericht zusammenfassend darstellen und sich diesen aushändigen zu lassen. Ein solcher Bericht soll auch die eingriffsspezifische Entscheidungshilfe und gegebenenfalls weitere evidenzbasierte Informationen nach § 6 Abs. 3 in Bezug nehmen.

VI. Information über Zweitmeiner:innen

Der G-BA hat unter § 9 der Zm-RL geregelt, dass die KV und die LandesKHG über die Zweitmeiner:innen informieren. Demnach werden die Informationen frei zugänglich auf regional oder überregional betriebenen Informationsplattformen zur Verfügung gestellt.

Damit ist vor allem die Information im Internet gemeint, deren Inhalte leicht hergestellt und kostengünstig in regelmäßigen Abständen aktualisiert werden können. Die Information muss demnach sowohl auf den Homepages der einzelnen KV sowie der LandesKHG und gegebenenfalls auf weiteren Informationsangeboten veröffentlicht werden.[407]

Falls die Information über die Zweitmeiner:innen ausschließlich auf überregionalen Informationsplattformen angeboten werden, müssen auf den landesbezogenen Informationsportalen der Kassenärztlichen Vereinigungen und der LandesKHG eindeutige Hinweise mit einer Verlinkung auf die überregionalen Angebote vorgehalten werden, § 9 Abs. 1 der Richtlinie. Darüber hinaus müssen die Informationen über die Zweitmeinungserbringer:innen gemäß § 9 Abs. 2 der Richtlinie mindestens folgende Informationen enthalten: Name des Arztes oder der Ärztin mit Kontaktdaten, Fachgebietsbezeichnung und das den Arzt oder die Ärztin betreffende Zweitmeinungsthema. Die Informationen sind so aufzubereiten, dass Zweitmeiner:innen von Patient:innen mindestens nach Namen, Fachgebieten, Eingriffen, Orten sowie Bundesländern oder KV-Bereichen gesucht werden können. Auch eine Kombinationssuche dieser Informationen soll ermöglicht werden.

---

407 <https://www.g-ba.de/downloads/40-268-5370/2017-09-21_2018-10-18_Zm-RL_Erstfassung-Richtlinie_konsolidiert_TrG.pdf>, S. 11, letzter Zugriff: 11.09.2019.

Aktuell ist auf der Homepage des ärztlichen Bereitschaftsdienstes eine Suche nach Ärzt:innen mit einer Genehmigung für die Erbringung der Zweitmeinung möglich.[408]

VII. Berichterstattung und Evaluation

Abschließend ist im Allgemeinen Teil der Richtlinie mit § 10 die Berichterstattung und die Evaluation geregelt. Alle mit der Zm-RL in Zusammenhang stehenden Angaben, die durch die KV erhoben und an die KBV weitergeleitet werden, werden von der KBV zusammengeführt. Auf dieser Grundlage wird gemäß § 10 Abs. 1 ein Bericht erstellt, der mindestens je Eingriff des Besonderen Teils der Richtlinie folgende aggregierte Angaben enthält: die Anzahl der Anträge auf Zweitmeinungserbringung gemäß § 7 Abs. 1, davon erteilte Genehmigungen zur Durchführung einer Abrechnung und Ablehnungen, die Gründe für Ablehnungen differenziert gemäß § 7 Abs. 2 bis 5, die Anzahl der Beendigungen und die Anzahl vorliegender Genehmigungen zur Durchführung einer Abrechnung zum 31. Dezember des Berichtsjahres. Der Bericht liegt erstmalig seit Ende 2020 vor (betrachtet werden Zahlen und Angaben für die Jahre 2018-06/2020) und ist auf der Homepage des G-BA abrufbar. Die meisten Genehmigungen wurden in diesem Zeitraum für die Erbringung der Zweitmeinung bei Hysterektomien erteilt. Genehmigungen wurden versagt, sofern die Voraussetzungen nach § 7 Abs. 2-3c Allgemeiner Teil der Zm-RL nicht vorlagen.[409]

Die § 10 Abs. 2-4 Zm-RL beziehen sich auf die Evaluation der Richtlinie, wobei bislang nicht klar ist, nach welchem Verfahren oder Vorgaben die Evaluation erfolgt. Insofern handelt es sich um eine Selbstverpflichtung seitens des G-BA.[410]

C. Der Besondere Teil der Zm-RL

Die Zm-RL umfasst im Besonderen Teil aktuell acht Eingriffe.[411] Wie festgestellt, wurde die Festlegung, wann ein Eingriff tatsächlich mengenanfällig ist, durch die Ausgestaltung des § 27b Abs. 2 S. 1 SGB V auf den G-BA delegiert (dazu Zweites

408 <https://www.116117.de/de/zweitmeinung.php>, letzter Zugriff: 29.03.2022.

409 <https://www.g-ba.de/downloads/17-98-5084/2021-02-18_Zm-RL_KBV-Bericht-2019.pdf>, letzter Zugriff: 29.03.2022.

410 *Fahlbusch,* in: jurisPK-SGB V / G-BA, § 10 Zm-RL, Rn. 3.

411 Die Beschlüsse sind abrufbar unter: <https://www.g-ba.de/richtlinien/107/beschluesse/?sort=beschluss.DATUM&direction=desc&seite=1>, letzter Zugriff 29.03.2022.

Kapitel zum Begriff Mengenanfälligkeit). Der G-BA ist nach § 27b Abs. 2 S. 1 SGB V zur Konkretisierung der Begrifflichkeiten ermächtigt. Vor Erstellung der Zm-RL wurde deshalb davon ausgegangen, dass sich der G-BA bei der Aufstellung der Eingriffe maßgeblich an den Ergebnissen des genannten Forschungsberichts zur Mengenentwicklung orientiert, der vor allem als „empirische Orientierung" nützen sollte[412] - auch, weil in der Gesetzesbegründung gar kein Beispiel für einen geplanten Eingriff genannt ist[413]. Der Gesetzgeber hat somit prinzipiell im Vorfeld keine konkreten Anhaltspunkte für die Beurteilung der Mengenanfälligkeit vorgegeben,[414] wobei natürlich die Richtlinienentscheidung des G-BA immer in Einklang mit der Ermächtigungsgrundlage stehen muss. Das bedeutet vor allem, dass die Auslegung des Begriffs der Mengenanfälligkeit durch den G-BA im Einklang mit dem Telos der Norm zu betrachten ist.

I. Definition der Eingriffe und eingriffsspezifische Anforderungen an die Zweitmeiner:innen

Neben der jeweiligen Definition der Eingriffe, die auch den genauen Gegenstand des Zweitmeinungsverfahren benennt, umfasst der Besondere Teil der Zm-RL die eingriffsspezifischen Anforderungen an die Zweitmeiner:innen.

Bezüglich der Mandeloperationen, die eine vollständige Resektion („Tonsillektomie") oder eine Teilentfernung („Tonsillotomie") umfasst, regelt § 2, dass nur Fachärztinnen oder Fachärzte der Hals-Nasen-Ohrenheilkunde zur Abgabe einer Zweitmeinung berechtigt sein sollen. Daneben dürfen aber auch Fachärzte für Kinder- und Jugendmedizin in den Prozess der Zweitmeinungserbringung mit einbezogen werden. Dazu regelt der G-BA im Allgemeinen Teil der Richtlinie (§ 8 Abs. 3), dass auch Ärzte und Ärztinnen weiterer medizinischer Fachgebiete oder Angehörige von nichtärztlichen Gesundheitsfachberufen in den Prozess der Zweitmeinungserbringung einbezogen werden können, soweit dies in den eingriffsspezifischen Regelungen im Besonderen Teil der Richtlinie vorgesehen ist, wie z. B. im Fall der Mandeloperation.

Die Gebärmutterentfernung als zweiter Eingriff umfasst Uterusexstirpationen, die als totale oder subtotale Hysterektomie durchgeführt werden. Dazu sind

412 *Wenner*, SozSich 2015, 333 (334); *Knispel*, NZS 2016, 174 (177); „empirische Orientierung" am Forschungsauftrag: *Lang*, in: Becker/Kingreen, SGB V, § 27b Rn. 14.

413 Vgl. BT-Drs. 18/4095, S. 74.

414 Die Rede ist von „keinerlei Vorsteuerung" durch den Gesetzgeber für die Entscheidung des G-BA, so *Lang*, in: Becker/Kingreen, SGB V, § 27b Rn. 14; ähnlich auch *Knispel*, in: BeckOK-SozR, SGB V, § 27b Rn. 17.

gemäß § 2 Fachärztinnen oder Fachärzte aus den Fachrichtungen der Frauenheilkunde und der Geburtshilfe berechtigt.

Sowohl bei den Mandeloperationen als auch bei der Gebärmutterentfernung sind malignen Erkrankungen vom Anwendungsbereich der Zweitmeinung ausdrücklich ausgeschlossen.

An dritter Stelle stehen arthroskopischen Eingriffe an der Schulter. Bezüglich dieser dürfen gemäß § 2 des Eingriffs Fachärztinnen oder Fachärzte der Orthopädie und Unfallchirurgie oder Orthopädie, oder Chirurgie mit Schwerpunkt Unfallchirurgie oder solche der Physikalischen und Rehabilitativen Medizin die Zweitmeinung erbringen.

Der vierte Eingriff umfasst Amputationen beim diabetischen Fußsyndrom, womit Amputationen an den unteren Extremitäten in Form von Minor- und Major-Amputationen (Amputationen) gemeint sind. Dazu ist eine Vielzahl an verschiedenen Fachärzt:innen nach der Zm-RL berechtigt, die Zweitmeinung zu erbringen, wie z. B. Fachärzte und Fachärztinnen der inneren Medizin und anderer Zusatzbezeichnungen (wie z. B. Endokrinologie, Diabetologie), der Allgemeinmedizin und anderer Zusatzbezeichnungen, der Orthopädie und Chirurgie auch mit Zusatzbezeichnungen und noch einige mehr. Darüber hinaus ist es möglich, Angehörige nichtärztlicher Fachberufe nach Allgemeinem Teil § 8 Abs. 3 Zm-RL zur Beratung hinzuzuziehen, wie z. B. Podolog:innen oder Orthopädieschuhmacher:innen. Der G-BA legt hierbei zusätzliche Voraussetzungen für die genannten Leistungserbringer:innen fest, die diese zu erfüllen haben. Diese müssen für die Behandlung des diabetischen Fußsyndroms besonders qualifiziert sein und mit einem oder mehreren Fachärzt:innen anderer Fachrichtungen gemäß Eingriff 4, § 2 Abs.1 Zm-RL so zusammenarbeiten, dass deren Expertise bei Abgabe der Zweimeinung bei Bedarf genutzt werden kann. Als besonders qualifiziert im Sinne dieser Regelung gelten Fachärzte und Fachärztinnen, die in den letzten fünf Jahren vor Antragstellung pro Jahr durchschnittlich 30 Patient:innen mit diabetischem Fußsyndrom in einem multidisziplinären Setting behandelt haben. Dieses Kriterium ist bei Beantragung der Genehmigung nachzuweisen und das Vorliegen einer schriftlichen Vereinbarung zur Kooperation ist zu erklären (dazu Besonderer Teil, Eingriff 4, § 2 Abs. 3 Zm-RL).

Der fünfte Eingriff umfasst die Implantation einer totalen oder partiellen Knieendoprothese. Zur Erbringung der Zweitmeinung sind bei Implantationen einer Knieendoprothese Fachärzte und -ärztinnen der Orthopädie und Unfallchirurgie, der Orthopädie, der Chirurgie mit Schwerpunkt Unfallchirurgie oder der Physikalischen und Rehabilitativen Medizin berechtigt.

Der sechste Eingriff bezieht sich auf eine Vielzahl verschiedener Eingriffe an der Wirbelsäule, die unter § 1 der Vorschrift umfangreich definiert sind.

Beispiele sind hierfür die Osteosynthese (dynamische Stabilisierung) an der Wirbelsäule, die Spondylodese oder z. B. die knöcherne Dekompression. Eingriffe, die aufgrund von akuten traumatischen Ereignissen oder aufgrund von akut auftretenden neurologischen Komplikationen notwendig sind, sind ausdrücklich nicht von der Zm-RL erfasst. Zur Erbringung der Zweitmeinung sind verschiedene Ärzte und Ärztinnen berechtigt, wie z. B. aus dem Fachbereich der Orthopädie und Unfallchirurgie, der Orthopädie, der Chirurgie mit der Schwerpunktbezeichnung Unfallchirurgie oder Neurochirurgie. Ähnlich wie bei den Amputationen beim diabetischen Fußsyndrom können Angehörige verschiedener nichtärztlicher Fachberufe gemäß Allgemeiner Teil § 8 Abs. 3 der Zm-RL zur Beratung hinzugezogen werden. § 3 des Eingriffs regelt zusätzlich, sogar als Anforderung an die Abgabe der Zweitmeinung betitelt, dass beim Gespräch zur Abgabe der Zweitmeinung nach Allgemeiner Teil § 8 Abs. 4 Zm-RL und in einem etwaigen ärztlichen Bericht nach Allgemeiner Teil § 8 Abs. 7 Satz 2 Zm-RL darauf einzugehen ist, ob aus Sicht des Zweitmeiners oder der Zweitmeinerin die Möglichkeiten der konservativen Therapie als Behandlungsalternative zu den Eingriffen nach § 1 Absatz 1 im Wesentlichen als ausgeschöpft angesehen werden. Dieser Inhalt erscheint im Kern redundant, da doch das Zweitmeinungsverfahren den Patient:innen und auch dem oder der Erstbehandler:in immer Aufschluss darüber geben sollte, ob der indizierte Eingriff tatsächlich medizinisch notwendig ist (eine konservativen Therapie als Behandlungsalternative also nicht mehr in Frage käme).

Der siebte Eingriff umfasst kathetergestützte elektrophysiologische Herzuntersuchungen und Ablationen am Herzen unabhängig von der jeweiligen Grunderkrankung. Nicht umfasst sind ausdrücklich Notfalleingriffe und dringliche Eingriffe. Zur Erbringung der Zweitmeinung für diesen Eingriff sind Fachärzte und -ärztinnen oder verschiedene Fachrichtungen berechtigt, wie z. B. solche der inneren Medizin und Kardiologie, der inneren Medizin mit Schwerpunkt Kardiologie oder der Kinder- und Jugendmedizin mit Schwerpunkt Kinderkardiologie oder mit Schwerpunkt Kinder- und Jugend-Kardiologie.

Der achte Eingriff umfasst die Implantation eines Herzschrittmachers, eines Defibrillators oder eines CRT Aggregats unabhängig von der jeweiligen Grunderkrankung. Nicht erfasst sind wie zuvor Notfalleingriffe, dringliche Eingriffe sowie Eingriffe zum Wechsel von Geräten allein aufgrund von Batterieermüdung ohne Systemwechsel. Zur Erbringung der Zweitmeinung sind für den Eingriff Fachärzte und -ärztinnen oder verschiedene Fachrichtungen berechtigt, wie z. B. solche der inneren Medizin und Kardiologie, der inneren Medizin mit Schwerpunkt Kardiologie, der Herzchirurgie und der Kinder- und

Jugendmedizin mit Schwerpunkt Kinder-Kardiologie oder mit Schwerpunkt Kinder- und Jugend-Kardiologie.

II. Mengenanfälligkeit der Eingriffe

1. Definition

Da dem § 27b SGB V selbst keine vollständige Definition der Mengenanfälligkeit zu entnehmen ist, obwohl es sich dabei um die zentrale Anspruchsvoraussetzung handelt, wurde die notwendige Begriffsbestimmung damit automatisch auf den G-BA delegiert (s. o.). Die Zm-RL enthält eine solche Definition allerdings auch nicht.

Das ist in vielerlei Hinsicht problematisch. Schon aus Sicht der Träger des G-BA stellt sich die Frage, welche Eingriffe man grundsätzlich im Rahmen der Zm-RL berät. Daneben dürfte besonders aus Sicht von Patient:innen, die sicher von einer möglichst langen Liste an Eingriffen in der Zm-RL profitieren würden, die Auswahl der Eingriffe der Zm-RL nur schwer nachvollziehbar sein, da gar keine einheitlichen Maßstäbe festgesetzt wurden, anhand derer die Mengenanfälligkeit beurteilt wird. Sobald es an der Festsetzung einheitlicher Maßstäbe fehlt, mag eine Auswahl an Eingriffen schnell wahllos erscheinen. Dieser Vorwurf ließe sich nur mit einer stichhaltigen, nachvollziehbaren und einheitlichen Begründung der Mengenanfälligkeit im jeweiligen Einzelfall durch den G-BA entkräften, wozu die tragenden Gründe zu dem Beschluss heranzuziehen sind. Letztlich wird eine Beurteilung dieser Problematik darüber entscheiden, ob die Zm-RL noch rechtmäßig in Hinblick auf die Voraussetzungen der Ermächtigungsgrundlage ist.

2. Ausschluss der Zweitmeinung bei malignen Erkrankungen oder Notfalleingriffen

In Hinblick auf den gesetzlich vorgegeben Rahmen der Mengenanfälligkeit von Eingriffen ist zunächst überraschend, dass der G-BA bei den Eingriffen eins, zwei und sechs die Zweitmeinung bei malignen Erkrankungen ausdrücklich ausschließt. Bei den Eingriffen sieben und acht sind Notfalleingriffe von der Erbringung der Zweitmeinung ausgeschlossen. Entsprechende Regelungen werden bei den jeweiligen Eingriffen im Besonderen Teil der Zm-RL getroffen.

Wann Patient:innen einen Anspruch auf die Erbringung der Zweitmeinung haben, richtet sich nach den gesetzlichen Voraussetzungen des § 27b SGB V. Demnach kann die Zweitmeinung grundsätzlich nur bei planbaren mengenanfälligen Eingriffen erbracht werden, die durch den G-BA in der Zm-RL zu konkretisieren sind (s. o). Dem abschließenden Wortlaut des § 27b Abs. 1 S. 1 SGB V nach zu urteilen, sind schon alle nicht planbaren oder nicht mengenanfälligen Eingriffe von der Inanspruchnahme ausgeschlossen. Das bedeutet vor allem auch, dass sich der Ausschluss von der Leistung an den gesetzlich normierten Voraussetzungen des Anspruchs orientieren muss, nämlich an der Planbarkeit und an der Mengenanfälligkeit.

Soweit es bei den Eingriffen sieben und acht um den Ausschluss der Erbringung von Zweitmeinungen bei Notfalleingriffen geht, gelingt dem G-BA in Hinblick auf die gesetzlichen Voraussetzungen die Begründung. In den tragenden Gründen stützt er die Regelung auf die fehlende Planbarkeit und führt aus, dass ein Notfall vorliege, „wenn aus medizinischen Gründen ein Eingriff zwingend geboten ist, z. B. unmittelbar nach einem überlebten Herzstillstand („Herztod"), oder anhaltenden Kammertachykardien [...]."[415]. Auch bei den Eingriffen an der Wirbelsäule begründet der G-BA richtigerweise den Ausschluss von Eingriffen, die aufgrund von akuten traumatischen Ereignissen oder aufgrund von akut auftretenden neurologischen Komplikationen bei vorbekannter Problematik notwendig sind, damit, dass eine Planbarkeit bei diesen Eingriffen in der Regel nicht gegeben sei.[416]

Bestehen bleibt allerdings die mangelnde Regelungsbefugnis dazu. Gemäß § 27b Abs. 2 S. 1 SGB V hat der G-BA in seiner Richtlinie zu bestimmen, für welche planbaren Eingriffe nach § 27b Abs. 1 S. 1 SGB V der Anspruch auf Einholung der Zweitmeinung im Einzelnen besteht. Der Regelungsauftrag ist mithin positiv formuliert, die Befugnis erstreckt sich nicht auch auf den ausdrücklichen Ausschluss der Leistung im Einzelnen. Ein solcher stände ohnehin in Widerspruch zu § 27b Abs. 1 S. 1 SGB V, dem ein Leistungsausschluss aller dort nicht erfassten Fälle immanent ist und dessen Regelung vorrangig ist. Nach dem Wortlaut des § 27b Abs. 1 S. 1 SGB V orientiert sich der Leistungsausschluss auch allein an den Kriterien der Planbarkeit und der Mengenanfälligkeit. Gleichzeitig erscheint es auch höchst inkonsequent, einzelne Fälle eines ausdrücklichen Leistungsausschlusses im Rahmen einzelner Eingriffe im der Zm-RL zu regeln und im Rahmen anderer Eingriffe der Zm-RL darauf zu verzichten. Der Umkehrschluss dessen könnte dann nur sein, dass die Zweitmeinung z. B. vor Notfalleingriffen bei Mandelentfernungen, bei denen die Notfalleingriffe nicht

415 <https://www.g-ba.de/downloads/40-268-8367/2022-03-18_Zm-RL_Aufnahme-Herzuntersuchung-Ablation_TrG.pdf>, letzter Zugriff 02.08.2022.

416 <https://www.g-ba.de/downloads/40-268-7899/2021-09-16_Zm-RL_Aufnahme-Wirbelsaeule_TrG.pdf>, S. 5, letzter Zugriff 01.04.2022.

explizit ausgeschlossen sind, zulässigerweise erbracht werden dürfe. Das ergäbe schon in Hinblick auf die Planbarkeit keinen Sinn und verdeutlicht, dass eine Regelung dazu, wie sie beim siebten und achten Eingriff getroffen wurde, auch redundant ist.

In Hinblick auf den ausdrücklichen Ausschluss der Zweitmeinung bei malignen, bzw. Tumorerkrankungen, wie der G-BA ihn bei den Eingriffen eins, zwei und sechs normiert, besteht aber nicht nur der gerade beschriebene Widerspruch zum Wortlaut des § 27b Abs. 1 S. 1 SGB V. Vielmehr mangelt es hierbei an einer tragfähigen Begründung. Der G-BA begründet seinen Beschluss damit, dass es „durch die im § 27b Abs. 5 S. 3 SGB V vorgegebene Mindestwartezeit von zehn Tagen im Einzelfall zu einer unzumutbaren Verzögerung des diagnostischen und/oder therapeutischen Vorgehens kommen könnte“.[417] Ferner geht er auch davon aus, dass Patient:innen mit „malignen Erkrankungen [...] bereits regelhaft von etablierten hochspezialisierten Beratungsformen wie Tumorkonferenzen oder Tumorboards profitieren“, weshalb redundante Versorgungsstrukturen vermieden werden sollen.[418] Ähnliche Erläuterungen bestehen bei den Eingriffen an der Wirbelsäule, bei denen es sich um sehr spezifische Eingriffsindikationen handle, bei denen von einer interdisziplinären Entscheidungsfindung im Rahmen der Krebsbehandlung ausgegangen werden kann.[419]

Diese Begründung vermag die Regelungen nicht zu tragen. Die Wartezeit von zehn Tagen nach § 27b Abs. 5 S. 3 SGB V verfolgt den Zweck, dass Patient:innen nach Stellung der Erstdiagnose ausreichend Zeit verbleibt, um eine Zweitmeinung einzuholen und dass diese bei der Entscheidung darüber keinem Zeitdruck ausgesetzt sind. Nach dem Wortlaut des § 27b Abs. 5 S. 3 SGB V handelt es sich auch keinesfalls um eine unabdingbare Frist, sondern der § 27b Abs. 5 S. 3 SGB V ist so formuliert („in der Regel“), dass in Einzelfällen auch von der Frist abgewichen werden kann (s. o.). Ferner obliegt es gerade den Patient:innen in diesen Fällen über die Sinnhaftigkeit der Einholung einer Zweitmeinung zu entscheiden. Wieso diese dann nicht gleichzeitig auch in der Lage sein sollten, die Unzumutbarkeit der Verzögerung des diagnostischen und/oder therapeutischen Vorgehens in ihre Entscheidung miteinzubeziehen, erschließt sich nicht.

---

417 <https://www.g-ba.de/downloads/40-268-4747/2017-09-21_Zm-RL_Erstfassung-Richtlinie_TrG.pdf>, S. 15, letzter Zugriff: 16.09.2019.

418 <https://www.g-ba.de/downloads/40-268-4747/2017-09-21_Zm-RL_Erstfassung-Richtlinie_TrG.pdf>, S. 15, 18, letzter Zugriff: 16.09.2019.

419 <https://www.g-ba.de/downloads/40-268-7899/2021-09-16_Zm-RL_Aufnahme-Wirbelsaeule_TrG.pdf>, S. 5, letzter Zugriff 01.04.2022.

Daneben ist auch schon die Begründung des G-BA bezüglich der bereits bestehenden etablierten hochspezialisierten Beratungsformen wie Tumorkonferenzen oder Tumorboards nicht mit dem Regelungsauftrag des § 27b Abs. 1 SGB V vereinbar. Inwiefern diese im Einzelfall vergleichbar mit dem Zweitmeinungsverfahren i. S. d. Zm-RL sind, bleibt unbegründet und ist auch ohnehin äußerst zweifelhaft, da sie sich in einer wichtigen Voraussetzung vom Zweitmeinungsverfahren aus § 27b SGB V unterscheiden. Die Patient:innen selbst sind in der Regel nämlich gar keine Teilnehmer:innen einer solchen Tumorkonferenz, bzw. eines Tumorboards. Vielmehr kommen im Rahmen einer solchen Veranstaltung verschiedene Ärzte, Ärztinnen und Spezialist:innen zusammen, um die Handlungsmöglichkeiten von Patient:innen fachlich zu erörtern. Das Zweitmeinungsverfahren i. S. d. § 27b SGB V dagegen stellt gerade ein Verfahren dar, indem die Patient:innen aufgrund eines indizierten Eingriffs einen erneuten Kontakt zu einem zweiten Arzt oder einer Ärztin herstellen. Insofern kann eine Tumorkonferenz oder ein Tumorboard das Zweitmeinungsverfahren aus Sicht der Patient:innen nicht ersetzen.[420]

Darüber hinaus obliegt dem G-BA nach dem Wortlaut des § 27b Abs. 1 S. 1 SGB V nicht auch noch die Regelungsbefugnis über die Verfügbarkeit anderer „vergleichbarer" Verfahren, zumal dann auch äußerst fragwürdig ist, ob diese Verfahren durch einen entsprechenden Beschluss des G-BA zeitgleich als Zweitmeinungsverfahren i. S. d. § 27b SGB V qualifiziert werden sollen.

Unter diesen Voraussetzungen müssten die „vergleichbaren" Verfahren zumindest nachweislich den Voraussetzungen des Zweitmeinungsverfahrens i. S. d. § 27b SGB V entsprechen, was schon gar nicht durch den G-BA dargelegt wurde. Es ist aber auch gar nicht zu erwarten, dass Tumorkonferenzen ö. Ä. die Voraussetzungen des Zweitmeinungsverfahrens erfüllen, da § 27b SGB V an alle Beteiligten des Verfahrens hohe Anforderungen stellt und vor allem die Patient:innen normalerweise nicht an Tumorkonferenzen ö. Ä. teilnehmen. Der Ausschluss maligner Erkrankungen hätte zumindest auf die genannten Voraussetzungen des § 27b Abs. 1 S. 1 SGB V gestützt werden müssen.

3. *IQWiG Beauftragung*

Dem G-BA hätte durchaus gemäß § 139a Abs. 3 SGB V i. V. m. der VerfO G-BA im Wege der IQWiG Beauftragung seit Beginn der Beratungen ein geeignetes Mittel zur Verfügung gestanden, sich einheitlichen Maßstäben für den Begriff

420 Anderer Ansicht *Fahlbusch,* in: jurisPK-SGB V / G-BA, § 4 Zm-RL, Rn. 2.

der Mengenanfälligkeit und der damit verbundenen Auswahl von Eingriffen für die Zm-RL aus wissenschaftlicher Sicht zu nähern. Davon hat der G-BA aber keinen Gebrauch gemacht.

Vielmehr kam es erst – wahrscheinlich in Hinblick auf die Änderungen durch das GVWG – am 16.04.2020 zu einer ersten IQWiG Beauftragung, wobei das IQWiG mit der Erstellung einer Liste mit ca. 15 für das Zweitmeinungsverfahren geeigneten Eingriffen und zusätzlich auch, mit der Begründung der bestehenden Gefahr einer Indikationsausweitung dieser Eingriffe in Hinblick auf den Begriff der Mengenanfälligkeit beauftragt wurde. Dabei sollte auch erstmalig durch das IQWiG dargestellt werden, ob und in welchem Maße und auf welcher Grundlage die Gefahr einer Indikationsausweitung bestehen kann (z. B. Mengensteigerungen im Zeitverlauf, Praxisvariationen, unsichere Evidenzbasis des Eingriffs).[421] In Folge dieser Beauftragung existiert seit dem 25.02.2021 ein Rapid Report des IQWiG, der Eingriffe in Bezug auf ihre Mengenanfälligkeit charakterisiert.[422] Interessant ist dabei, dass sich die Untersuchung des IQWiG auf Eingriffe im stationären Versorgungsbereichs zu beschränken scheint.[423] Diese Einschränkung ist dem Beschluss des G-BA zur IQWiG Beauftragung so zumindest nicht zu entnehmen und steht auch im Gegensatz zum sektorenübergreifenden Anspruch aus § 27b SGB V. Zukünftig wird also auch kritisch zu beobachten sein, inwieweit der G-BA auf Grundlage des IQWiG Berichts allein Eingriffe aus dem stationären Versorgungsbereich in die Zm-RL aufnimmt.

Da es für die Frage nach der Definition der Mengenanfälligkeit von Anfang an auf die genannten Parameter wie Mengensteigerungen im Zeitverlauf, Praxisvariationen, etc. ankam, stellt sich durchaus die Frage, wieso der G-BA das IQWiG nicht zu Beginn der Beratungen mit der Recherche beauftragt hat und, ob er nicht sogar gemäß § 16 Abs. 1, 1. Kapitel VerfO G-BA dazu verpflichtet gewesen wäre.

Gemäß § 16 Abs. 1, 1. Kapitel VerfO G-BA sollen Aufträge an das IQWiG bei Fragen von grundsätzlicher Bedeutung für die Qualität und Wirtschaftlichkeit der im Rahmen der GKV erbrachten Leistungen auf den in § 139a Abs. 3 SGB V

---

421 <https://www.g-ba.de/downloads/39-261-4268/2020-04-16_IQWiG-Beauftragung_Zm-RL_Eingriffe.pdf>, letzter Zugriff: 29.03.2022.

422 Rapid Report des IQWiG, Bericht Nr. 1068, V20-01, abrufbar unter <https://www.iqwig.de/download/v20-01_zweitmeinung_rapid-report_v1-0.pdf>, letzter Zugriff 29.03.2022.

423 Im Rapid Report des IQWiG, Bericht Nr. 1068, V20-01 z.B. die Auswahl der Eingriffe (S. 62ff.) oder die Grundlage der Daten zur regionalen Vergleichbarkeit von Eingriffshäufigkeiten (S. 12).

genannten Gebieten ergehen. Eine solche grundsätzliche Bedeutung liegt in der Regel in Fragen mit sektorenübergreifender Versorgungsrelevanz.

Da der Anspruch aus § 27b SGB V sektorenübergreifend gilt, betrifft die Erstellung der Zm-RL grundsätzlich Fragen der sektorenübergreifenden Versorgungsrelevanz. Damit sind Fragen von grundsätzlicher Bedeutung für die Qualität und Wirtschaftlichkeit der im Rahmen der GKV erbrachten Leistungen betroffen. Die dann zu erfolgende IQWiG Beauftragung ist nach § 16 Abs. 1, 1. Kapitel VerfO G-BA als Sollvorschrift formuliert. Im Verwaltungsrecht hat eine Sollvorschrift regelmäßig eine Entscheidungspflicht zur Folge.[424] Eine Abweichung davon kann dann nur in Ausnahmefällen aus wichtigem Grund bzw. wegen atypischer Fälle erfolgen.[425] Dem G-BA fehlt es bei dieser Regelung also am Entschließungsermessen. Eine Begründung, wieso eine IQWiG Beauftragung zu Beginn der Beratungen nicht stattgefunden hat, hätte deshalb vor dem Hintergrund des § 16 Abs. 1, 1. Kapitel VerfO G-BA erfolgen müssen, ganz unabhängig davon, dass für den Fall der Zm-RL ohnehin kein Ausnahmegrund ersichtlich ist, wieso keine grundsätzlichen Fragen von sektorenübergreifender Versorgungsrelevanz betroffen sein sollten.

4. Tragende Gründe zu den Beschlüssen des G-BA

Daraus ergibt sich ein Folgeproblem. Dass es von Anfang an einem einheitlichen Maßstab für die Definition der Mengenanfälligkeit von Eingriffen fehlte, zeigt sich nämlich auch anhand der tragenden Gründe zu den ersten in der Zm-RL gelisteten Eingriffen. So betrachtet wäre eine frühzeitige IQWiG Beauftragung also nicht nur verfahrensrechtlich nötig, sondern auch inhaltlich sinnvoll gewesen. In Bezug auf die Listung der Mandel- und Gebärmutterentfernungen ist fragwürdig, ob die Begründungen seitens des G-BA für den Nachweis einer Mengenanfälligkeit i. S. d. § 27b Abs. 1 SGB V überhaupt ausreichen.

Der G-BA verweist bezüglich der Tonsillektomien in den tragenden Gründen gerade auf keine eindeutige Mengenanfälligkeit. Er gibt an, dass die Anzahl der Tonsillektomien zwischen 2007 und bei Beschränkung auf den Bereich der Krankenhausversorgung bis 2012 sogar leicht rückläufig ist. Unter Bezug auf die DRG-Statistik[426] gab es einen Rückgang von rund 92.600 Eingriffen im

424 *Geis,* in: Schoch/Schneider, VwVfG § 40, Rn. 26.
425 BVerwG (Nr. 195), VerwRspr 1967, 798 (800); *Geis,* in: Schoch/Schneider, VwVfG § 40, Rn. 26.
426 GBE-Bund, 50 häufigste Prozeduren in Krankenhäusern, Stand 2016.

Jahr 2010 bis zu rund 84.300 Eingriffe im Jahr 2014.[427] Losgelöst von diesen Zahlen, zieht der G-BA dafür eine ganz andere – so eben nicht im § 27b SGB V vorgesehene – Begründungsstruktur heran.

Die Mandelentfernungen seien Bestandteil der Zm-RL, da eine Risiko-Nutzen-Abwägung ergeben habe, dass diese gerade aufgrund der Leitlinienempfehlungen als geeignet und relevant für ein Zweitmeinungsverfahren seien.[428] Es gehe dabei um die Verringerung des Schadensrisikos für die Patient:innen, der von diesem Eingriff besonders für Kinder- und Jugendliche ausgehe.[429] Auch wenn hier nicht die Rede von einer speziellen Mengenanfälligkeit ist, sei es bei diesem Eingriff nach Auffassung des G-BA doch sinnvoll, in Bezug auf das Risiko der Eingriffe vorher ein Zweitmeinungsverfahren durchzuführen.

Bezüglich der Gebärmutterentfernungen nennt der G-BA erst gar keine Anhaltspunkte für eine mögliche Mengenanfälligkeit.[430] Vielmehr beschäftigt er sich in diesem Zusammenhang mit der Unterscheidung in benigne und maligne Erkrankungen als Ursache der Gebärmutterentfernung. Zusätzlich scheint die Zweitmeinung hierbei als Qualitätssicherungsinstrument geeignet zu sein, da der G-BA angibt, dass eine systematische externe Qualitätssicherung in diesem Leistungsbereich seit 2013 nicht mehr umgesetzt werde, nachdem die Qualitätsmessung bei Hysterektomien auf Beschluss des G-BA ausgesetzt wurde.[431] Fallzahlen oder deren Entwicklung werden in den tragenden Gründen gar nicht erst angegeben oder berücksichtig. Woran der G-BA die Mengenanfälligkeit für diesen Eingriff festmacht, ist deshalb anhand der tragenden Gründe nicht nachvollziehbar. Als einzige Angabe in der Fußnote (die aber auch nicht in Bezug auf eine mögliche Mengenentwicklung herangezogen wird) dient eine Veröffentlichung zu einer DRG-basierten nationenweite Analyse der Hysterektomien in Deutschland der Jahre 2005–2006, die im Deutschen Ärzteblatt veröffentlicht wurde. Inwiefern diese Quelle ausschlaggebend für die Annahme einer Mengenanfälligkeit bei Gebärmutterentfernungen war, kann nur gemutmaßt werden.

---

427 <https://www.g-ba.de/downloads/40-268-5370/2017-09-21_2018-10-18_Zm-RL_Erstfassung-Richtlinie_konsolidiert_TrG.pdf>, S. 15, letzter Zugriff: 10.07.2020.

428 <https://www.g-ba.de/downloads/40-268-5370/2017-09-21_2018-10-18_Zm-RL_Erstfassung-Richtlinie_konsolidiert_TrG.pdf>, S. 15, letzter Zugriff: 10.07.2020.

429 <https://www.g-ba.de/downloads/40-268-5370/2017-09-21_2018-10-18_Zm-RL_Erstfassung-Richtlinie_konsolidiert_TrG.pdf>, S. 16, letzter Zugriff: 10.07.2020.

430 <https://www.g-ba.de/downloads/40-268-4747/2017-09-21_Zm-RL_Erstfassung-Richtlinie_TrG.pdf>, S. 18, letzter Zugriff: 04.08.2022.

431 <https://www.g-ba.de/downloads/40-268-4747/2017-09-21_Zm-RL_Erstfassung-Richtlinie_TrG.pdf>, S. 18, letzter Zugriff: 04.08.2022.

Obwohl sich diese Quelle vor allem mit den negativen Folgen von bestimmten Gebärmutterentfernungen bei speziellen Patientinnengruppen beschäftigt, scheint darin zumindest auch Bezug darauf genommen zu werden, dass die Durchführung von Gebärmutterentfernungen deutschlandweit regionalen Schwankungen unterliegt. Inwieweit sich daraus eine Mengenanfälligkeit ergibt, bleibt offen. Letztlich nimmt der G-BA aber zumindest in seinen tragenden Gründen darauf ohnehin keinen Bezug.

Spezieller wird die Listung der athroskopischen Eingriffe an der Schulter begründet. Hierfür verweist der G-BA auf den Anstieg der Leistungszahlen und auf die Unterschiede im regionalen und überregionalen Vergleich. Eine Steigerung der Eingriffszahlen stellt er auch im internationalen Vergleich fest. Die Zahl der „vollstationären Krankenhausfälle mit der Hauptdiagnose M75.- (Schulterläsionen) und mindestens einer kodierten Prozedur aus dem Bereich der OPS-Ziffern 5.81 (Arthroskopische Gelenkoperationen) [ist] insgesamt von 2010 bis 2014 von rund 88.000 auf rund 93.000 angestiegen".[432] Davor bestand bereits ein Anstieg bis zum Jahr 2010.[433] Zwischen 2010 und 2014 war für die Eingriffe mit der Hauptdiagnose M75.0 (Adhäsive Entzündung der Schultergelenkkapsel inkl. Frozen shoulder, Periarthropathia humeroscapularis) ein Anstieg von rund 3.400 auf rund 3.700 Fälle zu verzeichnen. Die Eingriffe mit der Hauptdiagnose M75.4 (Impingement-Syndrom der Schulter) stiegen im gleichen Zeitraum von 44.000 auf rund 50.000 Fälle an.[434] Für die Beratung zog der G-BA ein Gutachten aus Bayern aus dem Jahr 2016 heran, dass für arthroskopische Schulteroperationen belegt, das die durchschnittliche OP-Häufigkeit auffällig höher ist als der Durchschnitt dieser Leistung gegenüber anderen 306 untersuchten deutschen Regionen.[435] Regionale Unterschiede gab es in Bayern auch bei der Eingriffshäufigkeit für den Bereich der vertrags- und belegärztlichen Leistungserbringung.[436] Einen internationalen Vergleich zog der G-BA zu einer Analyse der Fallzahlen aus der Schweiz, die ähnliche Anstiege aufwiesen.

---

432 <https://www.g-ba.de/downloads/40-268-6153/2019-11-22_Zm-RL_Schulterarthroskopie_Anpassungen_TrG.pdf>, S. 9, letzter Zugriff: 10.07.2020.

433 <https://www.g-ba.de/downloads/40-268-6153/2019-11-22_Zm-RL_Schulterarthroskopie_Anpassungen_TrG.pdf>, S. 9, letzter Zugriff: 10.07.2020.

434 <https://www.g-ba.de/downloads/40-268-6153/2019-11-22_Zm-RL_Schulterarthroskopie_Anpassungen_TrG.pdf>, S. 9, letzter Zugriff: 10.07.2020.

435 <https://www.g-ba.de/downloads/40-268-6153/2019-11-22_Zm-RL_Schulterarthroskopie_Anpassungen_TrG.pdf>, S. 9, letzter Zugriff: 10.07.2020.

436 <https://www.g-ba.de/downloads/40-268-6153/2019-11-22_Zm-RL_Schulterarthroskopie_Anpassungen_TrG.pdf>, S. 9, letzter Zugriff: 10.07.2020.

Für die Aufnahme des vierten Eingriffs, der Amputation beim Diabetischen Fußsyndrom, gibt der G-BA als Grund an, dass dabei die Gefahr einer medizinisch nicht begründeten Mengenausweitung als gegeben angesehen wird und in besonderem Maß ein Nutzen für Patient:innen durch eine Unterstützung der informierten Entscheidungsfindung zu erwarten ist.[437] Dabei waren bestehende regionale Unterschiede bei Majoramputationen in Bezug auf die Häufigkeit der Durchführung ausschlaggebend. Der G-BA bezieht sich auf Zahlen aus Hamburg (im Jahr 2011: 9,6 von 100.000 Einwohner:in) und Sachsen (im Jahr 2011: 34,64 von 100.000 Einwohner:in). Unter den Amputierten litten konstant 70% an Diabetes, weshalb die regionalen Unterschiede in gleicher Weise auf Amputationen beim Diabetischen Fußsyndrom übertragbar seien. Dabei sinke die absolute Zahl der Patient:innen mit Minoramputationen, wogegen die Zahl der Minoramputationen pro Patient:in ansteige.[438] Insgesamt lasse sich also eine Mengenanfälligkeit auf Grund der erheblichen regionalen Unterschiede bei Majoramputationen und der gestiegenen Eingriffszahlen bei Minoramputationen von Amputationen beim Diabetischen Fußsyndrom herleiten.[439]

Zur Listung des fünften Eingriffs, der Implantationen einer Knieendoprothese, führt der G-BA in seinen tragenden Gründen ausführlich aus, wieso er von einer Mengenanfälligkeit bei der Durchführung der Eingriffe ausgehe. Obwohl die Häufigkeit der Eingriffe in den früheren Jahren sogar stabil oder leicht rückläufig war, war zwischen 2013 bis 2016 bundesweit ein Anstieg der Durchführung des Eingriffs von ca. 18 % festzustellen (altersstandardisiert um knapp 16 %).[440] Zwischen 2009 und 2016 sei besonders ein Anstieg der Eingriffszahlen bei jüngeren Patient:innen (unter 60 Jahren) beobachtete worden, das sogar um 31%. Insgesamt zeigen aktuellere Zahlen, dass die Anzahl der jährlichen Eingriffe in den Jahren 2016 bis 2018 (2016: ca. 187.000 Eingriffe; in den Jahren 2017 und 2018 jeweils ca. 190.000 Eingriffe) gestiegen ist. Zusätzlich beschäftigt er sich recht ausführlich mit regionalen Unterschieden in der Durchführung der Eingriffe („Nord-Süd-Gefälle“) und mit möglichen Erklärungsansätzen, wodurch

437 <https://www.g-ba.de/downloads/40-268-6556/2020-04-16_Zm-RL_Aufnahme-Amputation-DFS_TrG.pdf>, S. 3, letzter Zugriff: 04.08.2022.

438 <https://www.g-ba.de/downloads/40-268-6556/2020-04-16_Zm-RL_Aufnahme-Amputation-DFS_TrG.pdf>, S. 4, letzter Zugriff: 10.07.2020.

439 <https://www.g-ba.de/downloads/40-268-6556/2020-04-16_Zm-RL_Aufnahme-Amputation-DFS_TrG.pdf>, S. 4, letzter Zugriff: 10.07.2020.

440 <https://www.g-ba.de/downloads/40-268-7011/2020-10-15_Zm-RL_Aufnahme-Knieendoprothesen_TrG.pdf>, S. 3, letzter Zugriff: 04.08.2022.

diese zu begründen seien (z. B. Zusammenhang zur Dichte an orthopädischen Fachärzt:innen).[441]

Die Eingriffe an der Wirbelsäule seien nach den tragenden Gründen zu urteilen mengenanfällig, da das Kriterium der Mengenanfälligkeit im Kernbereich, wie er im Gesetzeswortlaut beschrieben ist (Gefahr der Indikationsausweitung), berührt sei.[442] Interessant und neu ist dabei erstmals, dass der G-BA an dieser Stelle vom „Kernbereich" einer (gesetzlichen) Definition spricht. Er gibt an, dass es zu den Eingriffen an der Wirbelsäule eine Vielzahl an Untersuchungen zu den Eingriffszahlen und Behandlungsoptionen gibt. Als Grundlage der Bestimmungen diente vor allem ein durch den Innovationsausschuss beim G-BA gemäß § 92b SGB V im Rahmen der Versorgungsforschung nach § 92a Abs. 2 SGB V gefördertes Projekt (siehe dazu DEWI-Ergebnisbericht), bei dem die Versorgung durch Wirbelsäuleneingriffe und Einflussfaktoren auf diese untersucht wurde.[443] Der Innovationsausschuss beim G-BA empfahl anschließend, die Projektergebnisse in die Beratungen zur Zm-RL mitaufzunehmen. Aus den Projektergebnissen geht hervor, dass bei einigen Eingriffen an der Wirbelsäule seit dem Jahr 2006 ein erheblicher Mengenzuwachs erkennbar ist.[444] Das würden allgemeingültige Daten zur Krankenhausbehandlung von AOK-Versicherten im Zeitraum von 2006 bis 2016 belegen.[445] Hinzu komme eine zu beobachtende große räumlichen Heterogenität der Eingriffe, die nicht vergleichbar sei mit der Heterogenität der räumlichen Verteilung der Erkrankungen.[446]

Bei der Aufnahme des siebten Eingriffs, der kathetergestützten elektrophysiologischen Herzuntersuchungen und Ablationen am Herzen, lag nun der IQWiG Bericht vor. Der Nachweis der Mengenanfälligkeit ergibt sich maßgeblich anhand des Berichts und steht damit in keinem Vergleich mehr zu der Begründung

---

441 <https://www.g-ba.de/downloads/40-268-7011/2020-10-15_Zm-RL_Aufnahme-Knieendoprothesen_TrG.pdf>, S. 3, letzter Zugriff: 04.08.2022.

442 <https://www.g-ba.de/downloads/40-268-7899/2021-09-16_Zm-RL_Aufnahme-Wirbelsaeule_TrG.pdf>, S. 4, letzter Zugriff: 08.08.2022.

443 <https://innovationsfonds.g-ba.de/projekte/versorgungsforschung/dewi-determinanten-bei-der-versorgung-von-patienten-mit-wirbelsaeulenoperation.44>, letzter Zugriff: 08.08.2022.

444 <https://www.g-ba.de/downloads/40-268-7899/2021-09-16_Zm-RL_Aufnahme-Wirbelsaeule_TrG.pdf>, S. 3, letzter Zugriff: 08.08.2022.

445 <https://www.g-ba.de/downloads/40-268-7899/2021-09-16_Zm-RL_Aufnahme-Wirbelsaeule_TrG.pdf>, S. 4, letzter Zugriff: 08.08.2022.

446 <https://www.g-ba.de/downloads/40-268-7899/2021-09-16_Zm-RL_Aufnahme-Wirbelsaeule_TrG.pdf>, S. 4, letzter Zugriff: 08.08.2022.

der Mengenanfälligkeit der ersten in der Zm-RL gelisteten Eingriffe (s. o.).[447] So gibt der G-BA an, dass für die genannten Eingriffe für den Zeitraum von 2008 bis 2018 eine um demographische Effekte bereinigte Mengenzunahme um 191 % bestehe. Hinzu kämen große durch detaillierte Zahlen belegte regionale Unterschiede in der Durchführung der Eingriffe. Von einem besonders hohen Anstieg der Fallzahlen waren vor allem die Ablationsbehandlungen betroffen. Die Zahlen wurden auch in einem Zeitvergleich (2010 gegenüber 2015) durch eine Befragung von Zentren belegt, die die Ablationsbehandlungen durchführen. Dabei hat sich auch bestätigt, dass der Anteil der Behandlungen bei Vorhofflimmern von 35 % auf 47 % in diesem Zeitraum angestiegen ist. Dazu nimmt der G-BA einen Ausblick vor, indem er feststellt, dass ein Anstieg der Ablationsbehandlungen aufgrund neuerer diagnostischer Möglichkeiten zu erwarten ist. Eine Verbesserung der Technik habe Einfluss auf Komplikationsrisiken und Behandlungsergebnisse.[448]

Die Auswahl des achten Eingriffs, der Implantation eines Herzschrittmachers, eines Defibrillators oder eines CRT Aggregats, beruht ebenso auf dem entsprechenden IQWiG Bericht dazu.[449] Anhand des IQWiG Berichts zeige sich, dass zunächst einmal für diese Eingriffe nach internationalem Vergleich hierzulande ein sehr hohen Ausgangsniveau besteht. Zusätzlich seien erhebliche Praxisvariationen auszumachen und eine erhebliche Steigerung der Fallzahlen in der Vergangenheit bis etwa zum Jahr 2015 zu beobachten.[450] Generell belegt der IQWiG Bericht für den Zeitraum von 2008 bis 2018 eine um demographische Effekte bereinigte Mengenzunahme der Eingriffe um 15 %. Dabei kam es zwischen den Jahren 2006 und 2012 zu einem starken Wachstum der Fallzahlen mit anschließender Stabilisierung ab dem Jahr 2015 und sogar Verringerung der Fallzahlen ab den Folgejahren.[451] Eine deutliche Reduzierung der Fallzahlen in dem Jahr

---

447 <https://www.g-ba.de/downloads/40-268-8367/2022-03-18_Zm-RL_Aufnahme-Herzuntersuchung-Ablation_TrG.pdf>, S. 2, letzter Zugriff: 08.08.2022.

448 <https://www.g-ba.de/downloads/40-268-8367/2022-03-18_Zm-RL_Aufnahme-Herzuntersuchung-Ablation_TrG.pdf>, S. 4, letzter Zugriff: 08.08.2022.

449 <https://www.g-ba.de/downloads/40-268-8522/2022-05-19_Zm-RL_Aufnahme-Implantation-Herzschrittmacher-Defibrillator_TrG.pdf>, S. 2, letzter Zugriff: 08.08.2022.

450 <https://www.g-ba.de/downloads/40-268-8522/2022-05-19_Zm-RL_Aufnahme-Implantation-Herzschrittmacher-Defibrillator_TrG.pdf>, S. 4, letzter Zugriff: 08.08.2022.

451 <https://www.g-ba.de/downloads/40-268-8522/2022-05-19_Zm-RL_Aufnahme-Implantation-Herzschrittmacher-Defibrillator_TrG.pdf>, S. 4, letzter Zugriff: 08.08.2022.

2020 versteht der G-BA als pandemiebedingt, sodass er die Eingriffe auch nach ausdrücklicher Berücksichtigung der letzten Rückgänge der Fallzahlen als mengenanfällig i. S. d. § 27b SGB V charakterisiert.

5. *Ergebnis*

Weder der Wortlaut des § 27b Abs. 1 S. 1 SGB V noch die Zm-RL bieten eine Definition des Begriffs „Mengenanfälligkeit", obwohl es sich dabei um die zentrale Anspruchsvoraussetzung des § 27b SGB V handelt.

Vielmehr gibt § 27b Abs. 1 S. 1 SGB V nur einen Kernbereich des Begriffsverständnisses vor. Die auf der fehlenden Definition des Begriffs beruhenden Begründungsschwierigkeiten des G-BA spiegeln sich in seinen Ausführungen zu den einzelnen in der Zm-RL gelisteten Eingriffen wider. Auch wenn bei der Listung der neueren Eingriffe sehr viel genauer die Voraussetzungen der Mengenanfälligkeit dargelegt werden, fehlt das besonders bei der Listung der ersten beiden Eingriffe. Dafür wäre die Beauftragung des IQWiG von Beginn der Beratungen an zur Zm-RL sachdienlich gewesen, das sich zumindest später in seinem Rapid Report eingehend mit den Voraussetzungen und Kriterien von Mengenanfälligkeit beschäftigt hat. Daneben wäre der G-BA zur Beauftragung des IQWiG im Rahmen eines ordnungsgemäßen Verfahrens nach den Vorgaben seiner eigenen VerfO auch verpflichtet gewesen. Auch der im Besonderen Teil der Richtlinie an verschiedener Stelle normierte Ausschluss von malignen Erkrankungen steht nicht im Einklang mit den gesetzlichen Vorgaben zur Mengenanfälligkeit.

III. Teilnichtigkeit der Zm-RL

Ausgehend von diesen Betrachtungen zur Problematik um den Begriff der Mengenanfälligkeit bleibt nicht nur die Frage, wie sich der Verstoß gegen die VerfO G-BA auf Grund der zu späten IQWiG Beauftragung auf die Rechtmäßigkeit der Zm-RL auswirkt.[452] Daneben erscheinen auch die Ausführungen des G-BA zu den ersten beiden in der Zm-RL gelisteten Eingriffen und zu den malignen Erkrankungen in Hinblick auf die Begründung der Mengenanfälligkeit widersprüchlich in Bezug auf die Vorgaben des § 27b SGB V.

In Frage käme grundsätzlich in beiden Punkten eine Teilrechtswidrigkeit der Richtlinie, da auch im öffentlichen Recht der Rechtsgedanke des § 139 BGB herangezogen werden kann. Demnach führt die Nichtigkeit einer oder mehrerer Vorschriften einer Rechtsverordnung nicht stets zur Nichtigkeit der gesamten

452 Siehe C. III. 2. in diesem Kapitel.

Verordnung.[453] Es kommt ohnehin nur zu einer Gesamtnichtigkeit der Norm, wenn der fehlerbehaftete Teil mit dem übrigen Normgefüge so verbunden ist, dass die übrigbleibenden Bestimmungen ohne den nichtigen Teil nicht sinnvoll bestehen bleiben können.[454] Denkbar wäre das, sollte der verbleibende Teil nicht mehr im Einklang mit der Rechtsordnung stehen, z. B. in Hinblick auf die Verletzung des Gleichheitsgrundsatzes oder er aber gar nicht mehr dem gesetzlichen Regelungsauftrag entspricht.[455] Anders dagegen bei der Teilnichtigkeit der Norm: Davon ist auszugehen, sofern der fehlerfreie Teil objektiv sinnvoll bleibt und subjektiv weiter vom Normsetzungswillen des Normgebers getragen wird.[456]

Prinzipiell findet die sozialgerichtliche Kontrolle der Richtlinien des G-BA auch nicht uneingeschränkt statt. Sie werden von den Gerichten wie untergesetzliche Rechtsnormen behandelt, woran sich dann auch der Rechtsschutz gegen diese orientiert und insbesondere die Kontrolldichte der Richtlinien seitens der Gerichte ausrichtet.[457] Anerkannt ist inzwischen, dass eine in Frage stehende Richtlinie auf einer gesetzlichen Ermächtigungsgrundlage beruhen muss und die Grenzen dieser eingehalten werden müssen. Ebenso ist die Einhaltung maßgeblicher Verfahrensvorschriften gerichtlich überprüfbar sowie die vollständige Berücksichtigung der auszuwertenden Studienlage und, ob die Richtlinienentscheidung vertretbare Schlussfolgerungen daraus zieht. Überprüfbar ist auch, ob ein Fall des sogenannten Systemversagens vorliegt, ob bei schwerwiegenden Erkrankungen die Erstattung eines Off-Label-Use in Frage kommt und, ob die Richtlinienentscheidung des G-BA mit höherrangigem Recht vereinbar ist.[458]

1. *Verfahrensfehler*

In Bezug auf den Verfahrensfehler kann man davon ausgehen, dass die Fragen, die das IQWiG nach §§ 139a f. SGB V i. V. m. der VerfO G-BA in Bezug auf die Mengenanfälligkeit aufzubereiten hatte, vor allem den Besonderen Teil der Zm-RL, sprich die genaue Auswahl und Begründung der Eingriffe, betrafen. Ein

453 Zur Teilnichtigkeit der Bedarfsplanungs-Richtlinie: BSG v. 17.03.2021 – B 6 KA 3/20 R, Rn. 37 (juris) m.w.N; zum Rechtsgedanken aus § 139 BGB siehe *Wendtland*, in: Beck OK-BGB, § 139 Rn. 1.

454 BSG v. 17.03.2021 – B 6 KA 3/20 R, Rn. 37 (juris).

455 BSG v. 17.03.2021 – B 6 KA 3/20 R, Rn. 37 (juris).

456 BSG v. 17.03.2021 – B 6 KA 3/20 R, Rn. 37 (juris) m.w.N.

457 *Hollo*, in: Becker/Kingreen, SGB V, § 92 Rn. 19f.

458 *Hollo*, in: Becker/Kingreen, SGB V, § 92 Rn. 20 m.w.N.

solcher Verfahrensfehler würde sich wahrscheinlich sogar nur auf die Eingriffe des Besonderen Teils erstrecken, die in Hinblick auf die Mengenanfälligkeit nicht nachvollziehbar und widerspruchsfrei begründet sind. Die übrigen Teile der Richtlinie, wie z. B. der allgemeine Teil, der vor allem die verfahrensrechtlichen Voraussetzungen des § 27b SGB V wiedergibt, blieben unter Wegfall der fehlerhaften Teile objektiv sinnvoll. Es spricht auch nichts dagegen, dass der Normsetzungswille des Normgebers für alle fehlerfreien Teile der Zm-RL entfällt.

Bei der gerichtlichen Überprüfung im Falle der Verletzung von maßgeblichen Verfahrensvorschriften geht es in den meisten Fällen um eine Ablaufkontrolle und um Beteiligungsrechte beim Zustandekommen der Richtlinien.[459] Die Vorgaben aus § 16 Abs. 1, 1. Kapitel VerfO G-BA stellen eine Konkretisierung der gesetzlichen Vorgaben aus §§ 139a, 139b SGB V dar. Dabei regeln die gesetzlichen Grundlagen die Errichtung des IQWiG, seine Aufgabenbeschreibung, die Aufgabendurchführung und die Finanzierung (siehe § 139c SGB V). Nach der gesetzlichen Konzeption übernimmt das IQWiG eine Vorbereitungsfunktion für die Beschlussfassung im G-BA, indem es den medizinischen Wissensstand zu speziellen Fragestellungen auswertet.[460] Dabei ist im Gesetz nicht ausdrücklich der genaue Zeitpunkt bestimmt, wann das IQWiG tätig wird, seine Tätigkeit bemisst sich prinzipiell nach dem Aufgabenbereich, auf diesen das Institut aber nach dem Wortlaut von § 139a Abs. 3 SGB V tätig wird. Dabei geht es immer um Fragen von grundsätzlicher Bedeutung für Qualität und Wirtschaftlichkeit der im Rahmen der gesetzlichen Krankenversicherung erbrachten Leistungen auf den in § 139a Abs. 3 SGB V genannten Gebieten. Da das IQWiG immerhin – wenn auch lange nach Beschlussfassung der Zm-RL - tätig wurde, mag man noch überlegen, ob zumindest kein offensichtlicher Verstoß gegen die gesetzlichen Vorgaben vorliegt. Argumentativ könnte man anfügen, dass der ganz genaue Zeitpunkt der Beauftragung auch nicht gesetzlich festgelegt ist.

Das vermag aber nicht zu überzeugen. Der Zeitpunkt ergibt sich schon in gesetzlicher Hinsicht aus den genauen Aufgabengebieten, auf denen das IQWiG tätig wird. Auch die gesetzlich angelegte Vorbereitungsfunktion, die das IQWiG für die Arbeit des G-BA übernimmt, würde leerlaufen, wenn es ausreichend wäre, dass es überhaupt irgendwann tätig wird (z. B. Jahre nach der ersten Beschlussfassung). Spätestens in Hinblick auf die Konkretisierung der gesetzlichen Vorgaben durch den § 16 Abs. 1, 1. Kapitel VerfO G-BA muss man aber von einem nicht ordnungsgemäßen Zustandekommen der Zm-RL ausgehen. Dort

---

459 *Hollo*, in: Becker/Kingreen, SGB V, § 92 Rn. 20.
460 *Wallrabenstein*, in: Becker/Kingreen, SGB V, § 139a Rn. 1.

sind die Fragen der grundsätzlichen Bedeutung für die Qualität und Wirtschaftlichkeit der GKV-Leistungen konkretisiert, woraufhin das IQWiG tätig werden soll (s. o. sektorenübergreifende Versorgungsrelevanz). Die Literatur geht von der Bindung des G-BA an seine VerfO aus, was bei einem Verstoß die Nichtigkeit der Rechtsnorm zur Folge hätte.[461] Alles andere würde dem Sinn einer Verfahrensordnung nach § 91 Abs. 4 SGB V auch entgegenstehen. Der Zweck der VerfO des G-BA liegt gerade in der Schaffung von Rechtssicherheit in Hinblick auf ein einheitliches Verfahren für alle Systembeteiligten.[462]

Im Ergebnis muss man deshalb feststellen, dass das Verfahren über das rechtmäßige Zustandekommen der Zm-RL zumindest nach den Vorgaben der VerfO G-BA nicht eingehalten wurde, was sich auf die Listung von mindestens zwei Eingriffen im Besonderen Teil der Richtlinie ausgewirkt hat. Die Zm-RL muss deshalb als teilnichtig betrachtet werden.

2. *Begründung der gelisteten Eingriffe*

Daran anknüpfend (oder auch isoliert) kommt auch eine Teilrechtswidrigkeit in Bezug auf die Listung der ersten beiden Eingriffe und in Bezug auf den Ausschluss maligner Erkrankungen im Besonderen Teil der Zm-RL in Betracht. Die übrigen Teile der Richtlinie blieben dabei objektiv sinnvoll bestehen. Auch der Normsetzungswille des Normgebers würde für alle fehlerfreien Teile der Zm-RL fortbestehen, ihm kommt es schließlich nicht auf eine bestimmte Anzahl der in der Zm-RL gelisteten Eingriffe an.

Vielmehr stellt sich hier die Frage, ob die Begründung, die der G-BA in seinen tragenden Gründen liefert, tatsächlich für die Feststellung einer solchen Teilnichtigkeit ausreichen kann. Das hängt nicht zuletzt davon ab, welche Rolle den tragenden Gründen im Rahmen der gerichtlichen Überprüfung der Rechtmäßigkeit der Richtlinien des G-BA zukommt.

Gemäß § 94 Abs. 2 S. 1 SGB V sind die Richtlinien im Bundesanzeiger und deren tragende Gründe im Internet bekanntzumachen. Nach S. 2 der Regelung muss die Bekanntmachung der Richtlinien auch einen Hinweis auf die Fundstelle der Veröffentlichung der tragenden Gründe im Internet enthalten. Der § 94 Abs. 2 SGB V enthält damit nur eine Begründungsveröffentlichungspflicht, gerade keine Begründungspflicht des G-BA als Normgeber.[463] Das unterscheidet

---

461 *Wolff*, MedR 2009, 441 (447) m.w.N.

462 *Wolff*, MedR 2009, 441 (447).

463 Vgl. BSG v. 17.09.2013 – B 1 KR 54/12 R – SozR 4-2500 § 35 Rn. 7; *Roters*, in: KassKomm SozR, SGB V, § 94 Rn. 7.

die Richtlinien des G-BA auch grundsätzlich von den Anforderungen eines Verwaltungsaktes.[464] Das bedeutet, der G-BA ist demnach gar nicht dazu verpflichtet, alle Erwägungen und Gründe einer Entscheidung umfassend darzulegen. Ausgehend von dem Begriff „tragend" schulde der G-BA weder die Angabe aller Unterlagen, Erwägungen und Gründe noch eine umfassende, vollumfängliche Begründung mit allen wissenschaftlichen Belegen in Bezug auf alle vorgetragenen Argumente[465] oder auch keine darüber hinausgehende Auseinandersetzung mit allen weiteren denkmöglichen Argumenten und Problemkonstellationen.[466] Nach der Rechtsprechung des BSG schuldet er aber wohl die Mitteilung der Gründe, die aus seiner Sicht tragend sind und ihn dazu veranlasst haben, den Beschluss mit einem bestimmten Inhalt so zu fassen.[467] Das bedeutet, er schuldet die Mitteilung der maßgeblichen Gesichtspunkte der Entscheidung.[468] Ob diese dann auch im Einklang mit den inhaltlichen Anforderungen an die Rechtmäßigkeit der Norm des Beschlusses stehen, steht der Erfüllung der Begründungsveröffentlichungspflicht nicht entgegen.[469]

Nichtsdestotrotz kommt dem Inhalt der tragenden Gründe eine maßgebliche Bedeutung zu, werden sie doch von den Gerichten selbstverständlich zur Auslegung der Richtlinien des G-BA herangezogen.[470] Wie zuvor bereits erwähnt, ist gerichtlich zumindest überprüfbar, ob eine in Frage stehende Richtlinie auf einer gesetzlichen Ermächtigungsgrundlage beruht und die Grenzen dieser eingehalten wurden.[471]

Ausgehend von der Annahme, dass der G-BA in den tragenden Gründen zum ersten und zweiten Eingriff des Besonderen Teils der Zm-RL zumindest wie gefordert die maßgeblichen Gründe mitgeteilt hat, die ihn dazu veranlasst haben, beide Eingriffe als planbar und mengenanfällig in die Zm-RL aufzunehmen, bestehen ernsthafte Zweifel daran, dass er die Grenzen des § 27b SGB V eingehalten hat. Gewiss ergibt sich hierbei die Schwierigkeit, dass weder im Gesetz noch in der Zm-RL abschließend definiert ist, was Mengenanfälligkeit exakt bedeutet, insoweit also auch davon auszugehen ist, dass dem G-BA in diesem Punkt ein Gestaltungsspielraum als Normgeber zukommt. Aber auch bei

464 *Wenner*, GuP 2013, 41 (48).
465 BSG v. 17.09.2013 – B 1 KR 54/12 R, Rn. 23 (juris); *Axer*, GesR 2013, 211 (212).
466 BSG v. 17.09.2013 – B 1 KR 54/12 R, Rn. 23 (juris).
467 BSG v. 17.09.2013 – B 1 KR 54/12 R, Rn. 23 (juris).
468 *Axer*, GesR 2013, 211 (213).
469 BSG v. 17.09.2013 – B 1 KR 54/12 R, Rn. 23 (juris).
470 Vgl. *Wenner*, GuP 2013, 41 (48).
471 Siehe in diesem Kapitel unter C. III. 2.

einem solchen ist zumindest gerichtlich überprüfbar, ob die Grenzen davon eingehalten wurden.[472] Das bedeutet, dass gesetzliche Vorgaben bei Ausfüllung des Gestaltungsspielraums auch nachvollziehbar und widerspruchsfrei Beachtung gefunden haben müssen.[473] Die Ermächtigungsgrundlage nennt für die Voraussetzung der Mengenanfälligkeit selbst, dass Eingriffe von der Regelung erfasst sind, bei denen, insbesondere in Hinblick auf die zahlenmäßige Entwicklung ihrer Durchführung, die Gefahr einer Indikationsausweitung nicht auszuschließen ist. Es handelt sich dabei um den vom G-BA später selbst so bezeichneten „Kernbereich" der Mengenanfälligkeit (s. o.). Diese Vorgaben der Ermächtigungsgrundlage hätten zumindest nachvollziehbar und widerspruchsfrei vom G-BA bei der Listung der Eingriffe in der Zm-RL umgesetzt werden müssen, was die Mengenanfälligkeit der Eingriffe betrifft.

Dagegen erscheint die Begründung durch den G-BA in Bezug auf die Mandelentfernungen doch recht widersprüchlich, wenn er in den tragenden Gründen zum Beschluss ausführt, dass dazu vorliegende Fallzahlen zwar rückläufig sind, die Aufnahme des Eingriffs in die Zm-RL dennoch besonders aufgrund einer Risiko-Nutzen Abwägung sinnvoll sei (s. o.). Die tragenden Gründe dazu erwecken stark den Eindruck, dass es sich dabei genau um den maßgeblichen Gesichtspunkt der Aufnahme des Eingriffs in die Zm-RL handelt. Ein anderer maßgeblicher Grund geht aus den tragenden Gründen zumindest nicht hervor, da der G-BA selbst zuvor den Rückgang der Fallzahlen thematisiert. Auch wenn man dem besonders aus Patient:innensicht und besonders auch vor dem Hintergrund verfassungsrechtlicher Vorgaben an den Schutz von Leben und Gesundheit und patient:innenrechtlicher Selbstbestimmung zustimmen mag, scheint das in keiner Weise dem Kern der Voraussetzungen zu entsprechen, die die Ermächtigungsgrundlage verpflichtend vorgibt. Vielmehr entspricht das auch kaum noch dem Willen des Gesetzgebers bei § 27b SGB V, bei dessen Normierung es maßgeblich um die Reduzierung von Kosten auffällig häufig durchgeführter Eingriffe ging (s. o.). Eine Teilnichtigkeit der Zm-RL in diesem Punkt ist deshalb anzunehmen.

Bezüglich der Gebärmutterentfernungen kann man das maßgebliche Entscheidungskriterium für die Aufnahme des Eingriffs in die Zm-RL nur mutmaßen. Möglicherweise war ein vom G-BA für notwendig erachtetes Qualitätssicherungsinstrument in diesem Bereich ausschlaggebend. Möglicherweise waren aber auch die schweren gesundheitlichen Belastungen durch bestimmte

---

472 *Hollo*, in: Becker/Kingreen, SGB V, § 92 Rn. 21.
473 *Axer*, GesR 2013, 211 (214).

Eingriffe an der Gebärmutter von Patientinnen entscheidungserheblich. Beides hat jedoch wenig mit Mengenanfälligkeit zu tun, wie sie im § 27b SGB V beschrieben wird und begründet in keiner Weise die dort genannten Voraussetzungen. Anhand der tragenden Gründe zum Beschluss kann man zumindest nicht feststellen, dass die Voraussetzungen des § 27b SGB V überhaupt Beachtung gefunden haben. Im Ergebnis ist deshalb auch hier von einer Teilnichtigkeit der Richtlinie auszugehen, da die gesetzlichen Voraussetzungen gar nicht erst dargelegt wurden und man vor allem auch anhand der tragenden Gründe nicht nachvollziehen kann, wieso der Eingriff mengenanfällig sein sollte.

Auch bei dem Ausschluss von malignen Erkrankungen hat der G-BA die gesetzlichen Vorgaben nicht widerspruchsfrei und nachvollziehbar umgesetzt. Wie oben beschrieben,[474] tragen die vom G-BA dazu gemachten Ausführungen die Regelungen in keiner Weise. Der Ausschluss maligner Erkrankungen hätte zumindest auf die genannten Voraussetzungen des § 27b Abs. 1 S. 1 SGB V gestützt werden müssen, ungeachtet dessen, dass der G-BA gar keine Regelungskompetenz für den Ausschluss bestimmter Eingriffe nach der gesetzlichen Konzeption des § 27b SGB V zusteht. Auch an diesen Stellen muss von einer Teilnichtigkeit der Zm-RL ausgegangen werden.

D. Ergebnis

Die Richtlinie umfasst einen breiten Allgemeinen Teil, bei dem sich manche Regelungen z. T. wiederholen. Insgesamt wird dabei viel auf die Vorgaben des § 27b SGB V Bezug genommen. Der zahnärztliche Versorgungsbereich ist allerdings ausdrücklich ganz von der Zweitmeinungserbringung ausgeschlossen, weshalb die Zm-RL nicht den Anspruch hat, die Zweitmeinung im Rahmen des gesundheitlichen Versorgungssystems abschließend zu integrieren.[475]

Die Liste der Eingriffe des Besonderen Teils war lange kurz, was sich aber besonders mit der Verpflichtung durch das GVWG ändern dürfte. Aus Sicht der Patient:innen wird sich die Auswahl der einzelnen Eingriffe nicht immer erschließen, da es dabei nicht um einen besonderen Zusammenhang zur Sicherung der Selbstbestimmung von Patient:innen oder einen besonderen Nutzen der Zweitmeinung für diese geht.[476] Insgesamt geht es damit auch bei der Zm-RL um ein Instrument der Kostenregulierung im Gesundheitswesen.[477] Eine

474 In diesem Kapitel, C. II. 2.
475 *Heberlein*, GuP 2018, 1 (6).
476 *Heberlein*, GuP 2018, 1 (6f.).
477 Siehe *Heberlein*, GuP 2018, 1 (7).

Ausnahme von dieser Annahme bildet immerhin die Listung der Mandelentfernungen, bei denen – ausweislich der Begründung des G-BA – der Gedanke vom Risiko des Eingriffs und dem Nutzen der Zweitmeinung für Patient:innen anscheinend ausschlaggebend war. Der G-BA geht in diesem Punkt über die gesetzliche Konzeption des Zweitmeinungsverfahrens hinaus und stellt den Nutzen der Zweitmeinung für Patient:innen bei schweren und risikobehafteten Eingriffen in den Mittelpunkt der Entscheidung.

Schwierigkeiten birgt vor allem der Begriff der Mengenanfälligkeit, da dieser weder im Gesetz noch in der Zm-RL hinreichend definiert ist. Daran anknüpfend ist die Begründung der Mengenanfälligkeit durch den G-BA besonders bei den ersten beiden Eingriffen des Besonderen Teils der Richtlinie nicht nachvollziehbar. Auch bei dem expliziten Ausschluss maligner Erkrankungen werden die gesetzlichen Vorgaben nicht widerspruchsfrei umgesetzt. Hinzu kommt auch, dass das IQWiG nach den Vorgaben der VerfO G-BA zu spät beauftragt wurde, was sich nicht nur in der Begründung einzelner Eingriffe des Besonderen Teils widerspiegelt, sondern womit ein maßgeblicher Verfahrensfehler vorliegt. Die Richtlinie ist somit an mehreren Stellen teilnichtig.

In Zukunft wird relevant, dass die Eingriffe, die durch die Richtlinie erfasst werden, einer stetigen Überprüfung unterliegen,[478] wodurch die Aktualität der Richtlinieninhalte gewährleistet wird. Weiterhin wird es auch darauf ankommen, welche Eingriffe nicht von der Richtlinie des G-BA erfasst sind. Das bedeutet, dass für diese Eingriffe gemäß § 27b Abs. 1 S. 1 SGB V kein Rechtsanspruch bestehen soll.[479]

---

478 *Zieglmeier,* in: KassKomm, SGB V, § 27b Rn. 10.

479 Ausgenommen ist die Inanspruchnahme der Zweitmeinung über die Satzungsleistungen auf Grundlage von § 27b Abs. 6 SGB V.

Viertes Kapitel: Der verfassungsrechtliche Anspruch auf Zweitmeinung

Der G-BA selbst stützt die Listung der Mandelentfernungen auf eine Begründung, die zwar nicht mehr den Anforderungen des § 27b SGB V entspricht, die aber immerhin vor dem Hintergrund einer möglicherweise grundrechtlichen Verankerung der Zweitmeinung gar nicht so fernliegend ist. Es stellt sich die Frage, ob sich in den vom G-BA gemeinten Fällen (z. B. schwere, risikobehafteten Eingriffe) nicht ohnehin ein Anspruch auf Zweitmeinung ergibt. Ein solches Recht könnte sich unabhängig von § 27b SGB V bereits aus der Verfassung ergeben. Im leistungsrechtlichen Sinne wäre es dem § 27 SGB V als allgemeinem Leistungsanspruch zuzuordnen. Sollte dies der Fall sein, wäre mit der Normierung des § 27b SGB V eine Begrenzung dieses Rechts auf Zweitmeinung eingetreten, die sich als Grundrechtsbeschränkung zu rechtfertigen hätte.[480]

A. Das Recht auf Zweitmeinung aus den Grundrechten

Voraussetzung für ein Recht auf Zweitmeinung ist, dass sich aus den Grundrechten eine staatliche Schutzpflicht ergibt, die sich auch auf das Einholen einer ärztlichen Zweitmeinung erstreckt.

I. Herleitung einer staatlichen Schutzpflicht aus den Grundrechten

Die Funktion der Grundrechte erstreckt sich einerseits auf eine subjektiv-rechtliche und andererseits auf eine objektiv-rechtliche Dimension.[481] Die subjektiv-rechtliche Wirkung bezieht sich auf die Abwehrfunktion[482] von Grundrechten und auf ihre Funktion als Leistungs- oder Teilhaberechte. Die objektiv-rechtliche Funktion der Grundrechte erfasst die Auswirkung der Grundrechte auf die Rechtsordnung.[483] Sie meint u. a. die Ausstrahlungswirkung der Grundrechte

---

480 Ohne weitere Begründung der Annahme, ein solches Recht gäbe es nicht *Fahlbusch*, in: jurisPK-SGB V / G-BA, § 4 Zm-RL, Rn. 3.

481 *Voßkuhle/Kaiser*, JuS 2011, 411 (411), zurückzuführen ist die generelle Systematik auf *Jellinek*, System der subjektiven öffentlichen Rechte, 1905.

482 *Sodan/Ziekow*, Grundkurs Öffentliches Recht, § 22 Rn. 3.

483 *Voßkuhle/Kaiser*, JuS 2011, 411 (411f.); *Herdegen*, in: Maunz/Dürig GG, Art. 1 Abs. 3 Rn. 16 ff.; zum historischen Hintergrund ausführlich *Stern*, Das Staatsrecht

und ihre Schutzpflichtdimension. Die Schutzpflicht als Ausfluss der objektivrechtlichen Wirkung besagt, dass der Staat die Wahrnehmung der Grundrechte vor Gefährdung Dritter zu schützen hat.[484]

Auf eine staatliche Schutzpflicht aus den Grundrechten ist das BVerfG bereits in seiner ersten Entscheidung zum Schwangerschaftsabbruch eingegangen. Dort heißt es: „Art. 2 Abs. 2 S. 1 GG enthalte nicht nur ein Abwehrrecht gegen unmittelbare staatliche Eingriffe, sondern bilde zugleich die Grundlage für einen positiven Schutzanspruch gegenüber dem Staat. Die Schutzpflicht könne der Grundwertentscheidung der Verfassung für das werdende Leben entnommen werden, deren spezifische Funktion es sei, die in Art. 2 Abs. 2 S. 1 GG zum Ausdruck kommende Wertung auch für das Verhältnis zu Dritten fruchtbar werden zu lassen. Diese Verpflichtung ergebe sich aber auch unmittelbar aus Art. 1 Abs. 1 S. 2 GG."[485] Ferner „[…] sei die Schutzpflicht des Staates umfassend. Sie verbietet nicht nur - selbstverständlich - unmittelbare staatliche Eingriffe in das sich entwickelnde Leben, sondern gebietet dem Staat auch, sich schützend und fördernd vor diese Leben zu stellen, das heißt vor allem, es auch vor rechtswidrigen Eingriffen von Seiten anderer zu bewahren. An diesem Gebot haben sich die einzelnen Bereiche der Rechtsordnung, je nach ihrer besonderen Aufgabenstellung, auszurichten. Die Schutzverpflichtung des Staates muss umso ernster genommen werden, je höher der Rang des in Frage stehenden Rechtsgutes innerhalb der Wertordnung des Grundgesetzes anzusetzen ist."[486]

Im Bereich des Krankenversicherungsrechts bildet der Nikolausbeschluss des BVerfG vom 06.12.2005[487] den aktuellen Ausgangspunkt für die Annahme und Ausgestaltung einer grundrechtlichen Schutzpflicht. Das BVerfG hat in diesem Beschluss insbesondere § 27 Abs. 1 SGB V vor dem Hintergrund des Art. 2 Abs. 1 und 2 GG grundrechtskonform ausgelegt.[488]

---

der Bundesrepublik Deutschland III/1, § 65, S. 477ff; zu den einzelnen objektivrechtlichen Grundrechtsgehalten: *Kluth,* Grundrechte, § 6 S. 98 f.

484 *Voßkuhle/Kaiser*, JuS 2011, 411 (412).

485 BVerfG v. 25.02.1975 - 1 BvF 1/74, Rn. 82 (juris).

486 BVerfG v. 25.02.1975 - 1 BvF 1/74, Rn. 153 (juris).

487 BVerfG v. 06.12.2005 - 1 BvR 347/98 (juris); erstmalig so benannt durch *Kingreen,* NJW 2006, 877 (880); eine umfangreiche Darstellung der darauf folgenden Rechtsprechung findet sich in der Datenbank der Ruhr-Universität Bochum, *Nikolaus Projekt,* siehe <https://www.nikolaus-beschluss.de/>.

488 BVerfG v. 06.12.2006 – 1 BvR 347/98, Orientierungssatz 1a, Rn. 55 (juris); dazu *Padé,* NZS 2007, 352 (353).

Eine staatliche Schutzverpflichtung ergibt sich aus Art. 2 Abs. 1 GG i. V. m. dem Sozialstaatsprinzip und aus Art. 2 Abs. 2 S. 1 GG. Das BVerfG stellte dahingehend klar, „[…] dass sich „[…] die Gestaltung des Leistungsrechts der gesetzlichen Krankenversicherung […] an der objektiv-rechtlichen Pflicht des Staates zu orientieren [hat], sich schützend und fördernd vor die Rechtsgüter de[r] [betroffenen Grundrechte] zu stellen“.[489] Wenn die Voraussetzungen in einem solchen Fall vorliegen und die Übernahme der Krankenbehandlungskosten durch die Krankenkasse verwehrt bleibt, sind die Grundsätze aus Art. 2 Abs. 1 GG i. V. m. dem Sozialstaatsprinzip und aus Art. 2 Abs. 2 S. 1 GG nicht gewahrt. Daraus ist ein verfassungsunmittelbarer Anspruch auf eine bestimmte Krankenbehandlung in Verbindung mit maßgeblichen krankenversicherungsrechtlichen Normen abzuleiten. Zur Begründung führt das BVerfG an, dass der Staat die Versicherten gemäß § 5 SGB V einer Pflichtversicherung unterwirft, womit der Schutzbereich des Art. 2 Abs. 1 GG betroffen ist. Insbesondere solche gesetzlichen Regelungen, welche die zu zahlende Beiträge der Versicherten und auf der anderen Seite die zu gewährenden Leistungen des Versicherungsträgers betreffen, sind vor dem Hintergrund einer verfassungsrechtlichen Rechtfertigung eines Eingriffs in die allgemeine Handlungsfreiheit zu sehen.[490] Der Gesetzgeber sagt den Versicherten im Falle der Krankheit die notwendige Krankenbehandlung gesetzlich zu und kann sie dann nicht gleichzeitig von der notwendigen Behandlung ausschließen.[491]

In diesem Zusammenhang steht auch die Bestimmung des Sozialstaatsprinzips gemäß Art. 20 Abs. 1 GG, das es zur Grundaufgabe des Staates macht, für die Einzelnen im Falle der Krankheit zu sorgen. Mit der Einführung der Pflichtversicherung hat der Staat diese Aufgabe übernommen. Durch die Ausrichtung des Versicherungssystems an der individuellen Leistungsfähigkeit und durch die Art und Weise der Aufstellung der Versicherung wird deutlich, dass von Einzelnen keine zusätzliche Selbstvorsorge oder Übernahme von Leistungen, die außerhalb der GKV liegen, im Falle der Krankheit verlangt werden kann.[492] Das System ist gerade zugängig für Beschäftigte mit mittlerem bis niedrigerem Einkommen, denen dadurch ein Schutz vor Krankheit in Form der Pflichtversicherung geboten wird. Wird dann eine Leistung im Falle einer lebensbedrohlichen

489 BVerfG v. 06.12.2005 - 1 BvR 347/98, Rn. 55 (juris); auch später: BVerfG v. 10.11.2015 - 1 BvR 2056/12, Rn. 20 (juris).

490 BVerfG v. 06.12.2005 - 1 BvR 347/98, Rn. 49 ff. (juris).

491 BVerfG v. 06.12.2005 - 1 BvR 347/98, Rn. 49 f., 64 (juris).

492 BVerfG v. 06.12.2005 - 1 BvR 347/98, Rn. 52 (juris).

oder regelmäßig tödlich verlaufenden Erkrankung versagt, ist eine besondere Rechtfertigung vor Art. 2 Abs. 1 GG i. V. m. dem Sozialstaatsprinzip nötig.[493]

Darüber hinaus ist bei einer Versagung der Leistung das Recht auf Leben und körperliche Unversehrtheit aus Art. 2 Abs. 2 S. 1 GG betroffen. Auch wenn daraus kein Leistungsrecht abzuleiten ist,[494] muss die Ausgestaltung des krankenversicherungsrechtlichen Leistungsrechts die darauf gerichtete Schutzpflicht des Staates berücksichtigen.[495] Zu beachten ist insbesondere, dass es sich bei dem Recht auf Leben und körperliche Unversehrtheit um höchste grundrechtliche Werte handelt. Das Gericht verweist genauso auf die grundlegende objektive Wertentscheidung, die der Gesetzgeber damit getroffen hat und wodurch er sich zum besonderen Schutz dieser Rechtsgüter verpflichtet.[496]

Weiter hat das BVerfG später herausgestellt, dass „gesetzlicher Ausgestaltung [...] insbesondere auch die grundsätzlich zulässigen Verfahren zur Bewertung des diagnostischen und therapeutischen Nutzens sowie der medizinischen Notwendigkeit und Wirtschaftlichkeit neuer Untersuchungs- und Behandlungsmethoden [bedürfen]. Würde eine zur Behandlung einer Krankheit benötigte Leistung in einem Entscheidungsprozess verweigert, der verfassungsrechtlichen Anforderungen nicht genügt, wären Versicherte in ihren Grundrechten verletzt“.[497] Gemeint ist damit ein Grundrechtsschutz durch das Verfahren der Leistungsgewährung.[498] Dabei geht es um die Teilhabe der Versicherten an leistungsrelevanten Entscheidungen innerhalb der GKV.[499]

Fraglich ist, zu welchem Zeitpunkt diese Schutzpflicht ausgelöst wird. Das kann nur der Fall sein, sobald der oder die Einzelne seine oder ihre Freiheitsrechte nicht mehr ausüben kann, die ihm oder ihr verfassungsrechtlich garantiert sind.

---

493 BVerfG v. 06.12.2005 - 1 BvR 347/98, Rn. 53 (juris).

494 BVerfGE 77, 170 (215); 79, 174 (202).

495 Vgl. BVerfGE 46, 160 (164).

496 Vgl. BVerfGE 39, 1 (41).

497 BVerfG v. 10.11.2015 - 1 BvR 2056/12, Rn. 20 (juris).

498 *Bockholdt*, NZS 2017, 569 (576); *Schmidt-De Caluwe,* in: Becker/Kingreen, SGB V, § 92 Rn. 8.

499 *Schmidt-De Caluwe,* in: Becker/Kingreen, SGB V, § 92 Rn. 8.

II. Die Erstreckung der staatlichen Schutzpflicht auf die Zweitmeinung

Damit sich ein Recht auf Zweitmeinung aus der Verfassung ergibt, muss die ärztliche Zweitmeinung von dieser Schutzpflicht erfasst sein, wobei sich die Frage stellt, unter welchen Bedingungen das der Fall ist.

Die Zeitmeinung, wie sie in der Medizin als Behandlungsvorgang und aus Sicht von Patient:innen als Ausdruck seiner Selbstbestimmung verstanden wird,[500] könnte sowohl im Recht auf Leben und körperliche Unversehrtheit aus Art. 2 Abs. 2 S. 1 GG verankert als auch Ausfluss des Selbstbestimmungsrecht der Patient:innen sein, das sich sowohl aus Art. 2 Abs. 2 S. 1 GG als auch aus dem allgemeinen Persönlichkeitsrecht gemäß Art. 2 Abs. 1 i. V. m. Art. 1 Abs. 1 GG ergibt.

1. Das Recht auf Leben und körperliche Unversehrtheit aus Art. 2 Abs. 2 GG

Nahe liegt, dass ein Recht auf Zweitmeinung in dem Recht auf Leben und körperlicher Unversehrtheit aus Art. 2 Abs. 2 GG wurzelt, da das Grundrecht direkten Bezug auf die Schutzgüter Leben und körperliche Unversehrtheit nimmt.[501] Unter Leben versteht das BVerfG die „biologisch-physische Existenz jedes Menschen vom Zeitpunkt ihres Entstehens an bis zum Eintritt des Todes unabhängig von den Lebensumständen des Einzelnen, seiner körperlichen und seelischen Befindlichkeit“[502]. Schutzgegenstand ist mithin die körperliche Existenz.[503] Die körperliche Unversehrtheit meint einen biologisch-physiologischen Gesundheitszustand.[504] Darunter ist auch die Unverletzlichkeit des psychischen Zustandes eines Menschen zu fassen.[505] In den Schutzbereich fällt deshalb generell der Schutz vor Krankheiten.[506] Ein Eingriff in das Recht auf körperliche Unversehrtheit liegt vor, wenn der Gesundheitszustand oder der Körper eine Beeinträchtigung erfährt.[507] Gemeint ist jegliche Beeinträchtigung, sei es

500 Siehe Erstes Kapitel, B.

501 So auch: *Panagopoulou-Koutnatzi,* Die Selbstbestimmung des Patienten, S. 45.

502 BVerfGE 115, 118 (139).

503 *Jarass,* in: Jarass/Pieroth GG Art. 2 Rn. 81.

504 *Lang,* in: Epping/Hillgruber, BeckOK-GG, Art. 2 Rn. 62.

505 *Pieroth/Schlink/Kingreen/Poscher,* Grundrechte, § 9 II 3 Rn. 439; kritisch dazu: *Klopfer,* Verfassungsrecht II, § 57 Rn. 8.

506 BVerfGE 56, 54 (74); *Jarass,* in: Jarass/Pieroth GG Art. 2 Rn. 83.

507 *Jarass,* in: Jarass/Pieroth GG Art. 2 Rn. 87.

in Form der Schmerzempfindung oder der bloßen Gesundheitsgefährdung.[508] Beide Gewährleistungen des Art. 2 Abs. 2 S. 1 GG können zwar einzeln betrachtet werden, bilden aber einen gemeinsamen Sachbereich.[509] Zusammenfassend wird der Mensch in seiner biologisch-physischen Gestalt und vor Eingriffen in die Unverletzlichkeit seiner Daseinsform geschützt.[510] Der Schutzbereich des Art. 2 Abs. 2 S. 1 GG bezieht sich auf die menschliche Existenz und den Schutz ihrer Beeinträchtigungen.

Die Zweitmeinung als medizinischer Behandlungsablauf dient genau diesem Schutz von Leben und körperlicher Unversehrtheit und ist deshalb Ausdruck der verfassungsrechtlichen Gewährleistung in Art. 2 Abs. 2 S. 1 GG. Mit dem Einholen einer Zweitmeinung geht die Überprüfung einer bereits gestellten Diagnose einher. Grund dafür ist, dass ein zweiter Arzt oder eine zweite Ärztin die erste Diagnose und damit verbundene Therapie in ihrer medizinischen Zweckmäßigkeit und Gebotenheit erneut beurteilt. Dabei besteht immer die Möglichkeit, dass sich die erste Diagnose als fehlerhaft herausstellt, was dem Schutz des Lebens und der Gesundheit der Patient:innen dient. Die Zweitmeinung an sich ist in diesem Zusammenhang nicht selbst die medizinische Methode der Heilung einer Erkrankung. Vielmehr ist sie als Verfahrensvorgang während des medizinischen Behandlungsablaufs zu betrachten, der selbst den Schutz von Art. 2 Abs. 2 S. 1 GG gewährleistet. Dieser Verfahrensvorgang ermöglicht es den Patient:innen, die notwendige medizinische Behandlung für ihre Erkrankung zu erlangen, wodurch unmittelbar der Schutz ihrer Rechte aus Art. 2 Abs. 2 S. 1 GG sichergestellt wird.

2. Das Selbstbestimmungsrecht der Patient:innen

Das Selbstbestimmungsrecht der Patient:innen wird z. T. unterschiedlich verfassungsrechtlich verankert.[511] Im Allgemeinen charakterisiert es ganz maßgeblich das Verhältnis zwischen Arzt oder Ärztin und Patient:innen. Das Verhältnis beider Parteien wird von *Karl Jasper* beschrieben als „[...] die Idee

508 BVerfGE 66, 39 (57 f.); *Pieroth/Schlink/Kingreen/Poscher*, Grundrechte, § 9 II 3 Rn. 441.

509 *Müller-Terpitz*, in: Isensee/Kirchhof, HStR VII, § 147 Rn. 7.

510 *Müller-Terpitz*, in: Isensee/Kirchhof, HStR VII, § 147 Rn. 7.

511 *Höfling*, Salus aut/et voluntas aegroti suprema lex – Verfassungsrechtliche Grenzen des Selbstbestimmungsrechts, in: Wienke/Eberbach, Die Verbesserung des Menschen - Tatsächliche und rechtliche Aspekte der wunscherfüllenden Medizin, S. 120; zur Frage der Verankerung des Rechts ausführlich: *Panagopoulou-Koutnatzi*, Die Selbstbestimmung des Patienten, S. 26 ff.

[eines] Umgang[s] zweier vernünftiger Menschen, in dem der wissenschaftlich Sachkundige dem Kranken hilft".[512] Auch wenn sich der Arzt oder die Ärztin der wissenschaftlichen Erkenntnis verschrieben hat, übt er oder sie eine Tätigkeit aus, die grundlegend auf Humanität und Mitgefühl basiert. Die Würde des Menschen, die alle Patient:innen tragen, darf für den Arzt oder die Ärztin ebenso wenig in den Hintergrund geraten, wie der Wille der Patient:innen.[513] Diese Erwartungen, die an das Verhältnis von Arzt oder Ärztin und die Patient:innen gestellt werden, kommen auch an der Stelle der MBO zum Ausdruck, an der Behandlungsgrundsätze und Verhaltensregeln aufgestellt werden: Die medizinische Behandlung soll die Menschenwürde wahren und unter Achtung der Persönlichkeit, des Willens und der Rechte der Patient:innen, insbesondere des Selbstbestimmungsrechts, erfolgen (§ 7 Abs. 1 S. 1 MBO).[514] Zwischen dem Arzt oder der Ärztin und den Patient:innen soll ein partnerschaftliches Verhältnis bestehen, in dem auf die Selbstbestimmung der Patient:innen Rücksicht genommen wird.[515] Der BGH stellt dazu fest, dass das Verhältnis zwischen dem Arzt oder der Ärztin und den Patient:innen über eine juristische Vertragsbeziehung hinausgeht. Vielmehr geht es dabei um ein Vertrauensverhältnis, dem eine zwischenmenschliche Beziehung zwischen beiden Parteien zugrunde liegt.[516] In diesem umschriebenen Verhältnis ist das Selbstbestimmungsrecht der Patient:innen funktional. Die Durchführung der medizinischen Behandlung hängt nämlich vom Willen der Patient:innen ab.[517] *Kern* bezeichnet diese Funktion des Selbstbestimmungsrechts als Grenze der ärztlichen Behandlungspflicht, womit dem Selbstbestimmungsrecht eine entscheidende Rolle zukommt.[518] Der oder die Patient:in soll selbst bestimmen, was mit dem eigenem Körper geschieht.[519] Die Selbstbestimmung der Patient:innen soll ihre Integrität bewahren.[520] Das muss im Verhältnis beider Parteien insbesondere gegenüber dem Arzt oder

---

512 Zitiert bei: *Laufs,* in: Laufs/Katzenmeier/Lipp, Arztrecht, Band 29I. Rn. 14.

513 *Laufs,* in: Laufs/Katzenmeier/Lipp, Arztrecht, Band 29I. Rn. 14.

514 Abrufbar unter: <http://www.bundesaerztekammer.de/fileadmin/user_upload/downloads/pdf-Ordner/MBO/MBO_02.07.2015.pdf>, letzter Zugriff: 26.10.2016.

515 *Janda,* Medizinrecht, 3. Kapitel D. III, S. 115.

516 BGHZ NJW 1959, 811 (813).

517 *Kern/Rehborn,* in: Laufs/Kern/Rehborn, Handbuch des Arztrechts § 54 Rn. 7.

518 *Kern/Rehborn,* in: Laufs/Kern/Rehborn, Handbuch des Arztrechts § 54 Rn. 7.

519 *Wiesemann/Simon,* in: Wiesemann/Simon, Patientenautonomie, S. 9.

520 *Höfling,* Salus aut/et voluntas aegroti suprema lex – Verfassungsrechtliche Grenzen des Selbstbestimmungsrechts, in: Wienke/Eberbach, Die Verbesserung des Menschen - Tatsächliche und rechtliche Aspekte der wunscherfüllenden Medizin, S. 119 (120).

der Ärztin gelten, weshalb die Patient:innen die Respektierung ihrer Entscheidungen durch den Arzt oder die Ärztin erwarten dürfen.[521] Mit dem Begriff wird auch die unabhängige Entscheidungsfreiheit der Patient:innen über einen medizinischen Vorgang beschrieben, die ihren eigenen Körper, ihr Leben oder ihren Gesundheitszustand betrifft.[522] Das BVerwG hat bereits festgestellt, dass das Selbstbestimmungsrecht der Patient:innen ihre freie Entscheidung umfasst, den eigenen Körper einer Gefahr auszusetzen.[523] Inzwischen geht das BVerwG davon aus, dass sich das Selbstbestimmungsrecht der Patient:innen auch auf einen Anspruch auf lebensbeendende Medikamente erstreckt.[524] Sofern die Patient:innen ihren Willen frei bilden und entsprechend handeln können, umfasst ihr allgemeines Persönlichkeitsrecht auch das Recht eines schwer und unheilbar kranken Menschen, zu entscheiden, wie und zu welchem Zeitpunkt sein oder ihr Leben enden soll.[525] Es geht dabei um den Schutz des selbstbestimmten Sterbens.[526]

a) Verankerung im Recht auf Leben und körperliche Unversehrtheit Art. 2 Abs. 2 S. 1 GG

aa) Sachlicher Schutzbereich

Die Herleitung des Selbstbestimmungsrechts aus dem Recht auf Leben und körperliche Unversehrtheit gemäß Art. 2 Abs. 2 S. 1 GG beruht auf einem Sondervotum dreier Richter des zweiten Senats des BVerfG aus dem Jahr 1979. In einem Urteil zu den verfassungsrechtlichen Fragen eines Arzthaftungsprozesses erklärten die Richter *Hirsch, Niebler* und *Steinberger,* dass sich das Selbstbestimmungsrecht der Patient:innen mit seiner normativen Ausstrahlungswirkung auf die ärztliche Aufklärungspflicht aus Art. 2 Abs. 2 S. 1 GG ergibt.[527] Das Grundrecht gewährleistet „[...] Freiheitsschutz im Bereich der leiblich-seelischen

---

521 *Janda,* Medizinrecht, 3. Kapitel D. III, S. 115; *Kern/Rehborn,* in: Laufs/Kern/Rehborn, Handbuch des Arztrechts § 54 Rn. 7; *Katzenmeier,* in: Laufs/Katzenmeier/Lipp, Arztrecht, Band 29V. Rn. 105.

522 *Endriß/Malek,* Patientenrechte, S. 133 ff.; *Panagopoulou-Koutnatzi,* Die Selbstbestimmung des Patienten, S. 24; im Kern auch so *Di Fabio,* in: Maunz/Dürig GG, Art. 2 Rn. 204; *Heide,* Medizinische Zwangsbehandlung, S. 190.

523 BVerwG v. 27.04.1989 – 3 C 4/86, Rn. 32 (juris).

524 BVerwG v. 02.03.2017 – 3 C 19/15, Rn. 24 (juris).

525 BVerwG v. 02.03.2017 – 3 C 19/15, Rn. 24 (juris).

526 BVerwG v. 02.03.2017 – 3 C 19/15, Rn. 25 (juris).

527 BVerfG NJW 1979, 1925 (1930).

Integrität des Menschen [...]".[528] Das Recht auf Leben und körperliche Unversehrtheit sei die besondere Form der in Art. 2 Abs. 1 GG gewährleisteten freien Entfaltung der Persönlichkeit.[529] „Die Bestimmung über seine leiblich-seelische Integrität gehört zum ureigenen Bereich der Persönlichkeit des Menschen".[530] „In diesem Bereich ist er aus der Sicht des Grundgesetzes frei, seine Maßstäbe zu wählen und nach ihnen zu leben und zu entscheiden."[531] Es handelt sich dabei um die „Freiheit zur Selbstbestimmung", die „durch Art. 2 Abs. 2 S. 1 GG besonders hervorgerufen und verbürgt [wird]."[532] Dieser Auffassung hat sich der zweite Senat des BVerfG inzwischen angeschlossen. In einem Urteil aus dem Jahr 1993 zum Strafverfahren in der Abwesenheit eines verhandlungsunfähigen Angeklagten betont das Gericht, dass „die Entscheidung über einen ärztlichen Heileingriff [...] grundsätzlich dem betroffenen Patienten [zusteht]. Art. 2 Abs. 2 S. 1 GG gewährleistet das Recht auf Leben und körperliche Unversehrtheit als Freiheitsrecht, wodurch der ärztliche Heilversuch vom Willen der Patient:innen abhängt."[533] Das Gericht geht nunmehr davon aus, dass es beim Recht der Selbstbestimmung vor allem um den Freiheitsschutz der leiblich-seelischen Integrität des Menschen geht.[534] Beispielhaft sei auch die Rechtsprechung zur medizinischen Zwangsbehandlung an dieser Stelle angeführt: die Selbstbestimmung i. S. d. Art. 2 Abs. 2 S. 1 GG bezieht sich auf das selbstbestimmte Verfahren der Patient:innen über ihre eigene körperliche Integrität.[535] Auch hierbei geht die Rechtsprechung von einem Eingriff in das von Art. 2 Abs. 2 S. 1 GG mitgeschützte Selbstbestimmungsrecht aus.[536] Deutlich wird auch, dass damit das Recht auf Kranksein einer Person geschützt wird, woraus sich ergibt, dass Patient:innen eine Krankenbehandlung nicht auf Grund ihrer medizinischen Gebotenheit vornehmen zu lassen haben.[537] Die Gewährleistung eines speziellen Gesundheitsschutzes ist dem Recht auf Selbstbestimmung dagegen nicht immanent.[538]

---

528 BVerfG NJW 1979, 1925 (1931).
529 BVerfG NJW 1979, 1925 (1931).
530 BVerfG NJW 1979, 1925 (1931).
531 BVerfG NJW 1979, 1925 (1931).
532 BVerfG NJW 1979, 1925 (1931).
533 BVerfG NJW 1994, 1590 (1591).
534 BVerfG NJW 1994, 1590 (1591); BVerfG NJW 1979, 1925 (1931).
535 BVerfGE 128, 282 (300).
536 BVerfGE 128, 282 (300); 129, 269 (280).
537 BVerfGE 128, 282 (304).
538 BVerfG NJW 1979, 1925 (1931).

bb) Verankerung eines Rechts auf Zweitmeinung

In diesem Zusammenhang muss die Zweitmeinung auch als Teil des Selbstbestimmungsrechts verortet werden, und zwar als Verfahrensvorgang während der Leistungsgewährung innerhalb des Systems der GKV.

Das Selbstbestimmungsrecht aus Art. 2 Abs. 2 S. 1 GG ist als Freiheitsschutz über die seelisch-körperliche Integrität zu verstehen.[539] Vorrangig ist diese Herleitung, wenn sich die Selbstbestimmung der Patient:innen direkt auf Entscheidungen über ihr Leben oder ihre körperliche Unversehrtheit bezieht.[540] Ob die Zweitmeinung als Verfügungsrecht über das eigene Leben (oder den eigenen Tod) zu verstehen ist, erscheint aber zweifelhaft. Eine Zweitmeinung bewirkt zwar einen Identitätsschutz i. S. v. Art. 2 Abs. 2 S. 1 GG und ergibt sich deshalb in Form eines Gesundheitsschutzes ohnehin aus Art. 2 Abs. 2 S. 1 GG. Das letztliche Verfügen über den Körper oder die Gesundheit steht dabei aber nicht im Vordergrund der ärztlichen Zweitmeinung, das bleibt der jeweiligen medizinischen Behandlung im Einzelfall vorbehalten.

Vielmehr ist die Zweitmeinung Bestandteil des Verfahrens während der Leistungsgewährung und als solche Voraussetzung und auch Methode für die spätere selbstbestimmte Verfügung von Patient:innen über ihr Leben und ihre körperliche Unversehrtheit. Es handelt sich deshalb um einen Verfahrensvorgang, der dem Schutz von körperlicher Unversehrtheit und dem Leben dient.

b) Verankerung im allgemeinen Persönlichkeitsrecht in Art. 2 Abs. 1 i. V. m. Art. 1 Abs. 1 GG

aa) Sachlicher Schutzbereich

Daneben wird vertreten, dass das Recht auf Selbstbestimmung der Patient:innen aus dem allgemeinen Persönlichkeitsrecht gemäß Art. 2 Abs. 1 i. V. m. Art. 1 Abs. 1 GG[541] herrührt.[542]

---

539 *Panagopoulou-Koutnatzi,* Die Selbstbestimmung des Patienten, S. 50.

540 *Panagopoulou-Koutnatzi,* Die Selbstbestimmung des Patienten, S. 50.

541 Das BVerfG hat das allgemeine Persönlichkeitsrecht aus diesen Verfassungsnormen entwickelt, vgl. BVerfGE 54, 148 (153 f.); 65, 1 (44).

542 Z. B. *Zuck*, NJW 1991, 2933; *Di Fabio,* in: Maunz/Dürig GG, Art. 2 Rn. 204; *Janda,* Medizinrecht, 3. Kapitel D. III, S. 115; ausführlich: *Koppernock,* Das Grundrecht auf bioethische Selbstbestimmung, S. 49 ff.; z. T. wird für die verfassungsrechtliche Verankerung sogar auf das Recht auf Leben und körperliche Unversehrtheit neben dem allgemeinen Persönlichkeitsrecht verwiesen: *Laufs,* in: Laufs/Kern, Handbuch des Arztrechts, 4. Auflage, 2010, § 57 Rn. 15; darauf hinweisend auch: *Di Fabio,* in: Maunz/Dürig GG, Art. 2 Rn. 204; in der Rechtsprechung: bereits das Reichsgericht nahm

Das allgemeine Persönlichkeitsrecht kommt für die Herleitung des Selbstbestimmungsrechts der Patient:innen in Betracht, da es auch eine Form von Integritätsschutz bietet. Gemeint ist dieser Schutz aber nicht (wie er aus Art. 2 Abs. 2 S. 1 GG bekannt ist) in physischer Hinsicht. Vielmehr geht es um den Schutz der Integrität durch Gewährleistung der „personalen Autonomie".[543] Der Gedanke der Eigenverantwortlichkeit und der Selbstbestimmung des Menschen entspringt maßgeblich dem Schutzgehalt des Art. 1 Abs. 1 GG.[544] Das allgemeine Persönlichkeitsrecht umfasst somit auch die „personale Identität" des Menschen.[545] Schutzgegenstand des Grundrechts sind die Komponenten der Persönlichkeit, die für deren Herausbildung bedeutsam sind, bislang aber nicht in den Schutzbereich eines anderen Freiheitsgrundrechts fallen.[546] Auch das allgemeine Persönlichkeitsrecht ist nicht nur als Abwehrrecht zu verstehen.[547] Ebenso obliegt dem Staat der Schutz der Persönlichkeit des oder der Einzelnen.[548] Er ist dazu verpflichtet, die Freiheit der Person nicht nur vor Zugriffen Dritter zu schützen. Ihm kommt auch bei der eigenen Normsetzung eine Pflicht zum Schutz der Persönlichkeit des Einzelnen zu.[549]

Das BVerfG hat verschiedenen Formen des sachlichen Schutzbereichs des Grundrechts herausgearbeitet, wobei zunächst drei Bereiche zu unterscheiden sind: die Möglichkeit der Selbstbewahrung, das Recht der Selbstdarstellung und das Recht der Selbstbestimmung.[550] Bei dem Recht auf Selbstdarstellung geht es vor allem um die Wahrnehmung der Person in der Öffentlichkeit. Jeder soll selbst über die Darstellung seiner Persönlichkeit gegenüber Dritten bestimmen können.[551] Umfasst wird davon der Schutz der persönlichen Ehre[552] oder auch der Schutz des eigenen Namens[553]. Das Recht auf Selbstbestimmung bezieht sich

---

darauf Bezug: RGZ 88, 433 (435); später greift auch das BVerfG neben dem Recht aus Art. 2 Abs. 2 GG auf das allgemeine Persönlichkeitsrecht zurück: BVerfG NJW 1979, 1925 (1930).

543 *Dreier*, in: Dreier GG, Art. 2 Abs. 1 Rn. 69.

544 *Di Fabio*, in: Maunz/Dürig GG, Art. 2 Rn. 130.

545 *Dreier*, in: Dreier GG, Art. 2 Abs. 1 Rn. 22.

546 BVerfGE 120, 274 (303); vgl. 99, 185 (193); vgl. 114, 339 (346).

547 *Di Fabio*, in: Maunz/Dürig GG, Art. 2 Rn. 132.

548 *Hufen*, Staatsrecht II, § 11 Rn. 27; *Epping*, Grundrechte, Kapitel 13 Rn. 654; *Manssen*, Staatsrecht II, § 11 Rn. 267 ff.

549 *Di Fabio*, in: Maunz/Dürig GG, Art. 2 Rn. 135.

550 *Pieroth/Schlink/Kingreen/Poscher*, Grundrechte, § 8 II 2 Rn. 408 ff.

551 BVerfGE 63, 131 (142).

552 BVerfGE 54, 208 (217); 93, 266 (290).

553 BVerfGE 97, 391 (399); 104, 373 (387).

auf die Findung und Behauptung der eigenen Identität. Geschützt sind davon z. B. die Kenntnis der eigenen Abstammung[554], die Festlegung der sexuellen Orientierung einer Person[555] oder auch die Entscheidung einer Person über ihre Fortpflanzung[556]. Das Recht auf Selbstbewahrung[557] umschreibt ein Rückzugs- und Abschottungsrecht des Einzelnen.[558] Es geht hierbei um die soziale und räumliche Komponente des Persönlichkeitsschutzes.[559] In diesem Bereich hat das BVerfG im Rahmen der Rechtfertigung eines Eingriffs die Sphärentheorie entwickelt. Demnach wird zwischen einer unantastbaren Intimsphäre und einer Privatsphäre der Persönlichkeit unterschieden. Sachverhalte, die der Art nach in die Intimsphäre einzuordnen sind, sind für Eingriffe vollkommen unzugänglich.[560] Es handelt sich dabei um den absoluten „Kernbereich der privaten Lebensführung“[561], dem der Gehalt der Würde des Menschen aus Art. 1 Abs. 1 GG innewohnt.[562] Eingriffe in die Privatsphäre einer Person können unter Beachtung des Verhältnismäßigkeitsgrundsatzes gerechtfertigt sein.[563] In diesem Bereich hat das BVerfG verschiedene Fallgruppen herausgearbeitet, die vom Schutz der Intim- und Privatsphäre erfasst sind. Bezüglich des Verhältnisses zwischen dem Arzt oder der Ärztin und den Patient:innen sind einige besonders herauszustellen:

Ein Bereich betrifft den Schutz von Krankenakten. Krankenakten enthalten eine Vielzahl persönlicher Informationen über die Patient:innen. Zu finden sind darin Angaben über Anamnese, über die gestellte Diagnose, die beabsichtige medizinische Maßnahme und sonstige schriftlich oder bildlich festgehaltene Informationen, die der Arzt oder die Ärztin über die Patient:innen gesammelt hat. Schutzbedürftig nach Maßgabe des allgemeinen Persönlichkeitsrechts ist dabei vor allem der Wille der Patient:innen, die Krankenakte vor dem Zugriff Anderer abzuschirmen.[564] Z. T. wird der Schutz von Krankenakten auch in den

---

554 BVerfGE 79, 255 (268 f.); 90, 263, (270 f.).
555 BVerfGE 47, 46 (73); 121, 175 (190).
556 BVerfGE 88, 203 (254).
557 Oder auch das Recht auf Selbstentfaltung bei: *Dreier,* in: Dreier GG, Art. 2 Abs. 1 Rn. 70.
558 *Pieroth/Schlink/Kingreen/Poscher,* Grundrechte, § 8 II 2, Rn. 411.
559 *Pieroth/Schlink/Kingreen/Poscher,* Grundrechte, § 8 II 2, Rn. 411.
560 BVerfGE 6 32 (41); 38, 312 (320).
561 BVerfG NJW 2004, 999 (1002); zur Entwicklung des Kernbereichs bereits: BVerfG NJW 1957, 297.
562 *Pieroth/Schlink/Kingreen/Poscher,* Grundrechte, § 8 II 2 Rn. 413.
563 *Pieroth/Schlink/Kingreen/Poscher,* Grundrechte, § 8 II 2, Rn. 413.
564 BVerfG NJW 1972, 1123 (1124); vgl. BGH NJW 57, 1146 (1147).

Schutzbereich des informationellen Selbstbestimmungsrechts eingeordnet,[565] das vom BVerfG als besondere Ausprägung des allgemeinen Persönlichkeitsrechts herausgearbeitet wurde. Das BVerfG hebt damit das Recht der Einzelnen auf Schutz ihrer persönlichen oder personenbezogenen Daten hervor.[566] Geschützt werden in diesem Zusammenhang auch Daten zur Identifizierung der menschlichen DNA.[567] Neben dem Schutz der Vertraulichkeit von Krankenakten sind weitere Ausprägungen des allgemeinen Persönlichkeitsrechts anerkannt, die das Verhältnis zwischen dem Arzt oder der Ärztin und den Patient:innen betreffen. Es ergibt sich ferner ein Recht der Patient:innen auf „Dokumentation und Rechenschaft" über den Ablauf der ärztlichen Behandlung.[568] Auch haben die Patient:innen das Recht, sich mit ihrem Gesundheitszustand nicht zu befassen und davon keine Kenntnis nehmen zu müssen. In der Literatur wird vom „Recht auf Nichtwissen" gesprochen.[569] Dazu gehört vor allem das Recht auf Nichtwissen genetischer Voraussetzungen einer Person.[570] In einem Fall über einen verdeckt durchgeführten Aids-Test bei der Einstellung eines EG-Bediensteten hat der EuGH herausgestellt, dass das in Art. 8 EMRK verankerte Recht auf Privatsphäre als Ausfluss des allgemeinen Persönlichkeitsrechts den Schutz umfasst, dass der oder die Patient:in das Recht haben, ihren Gesundheitszustand geheim zu halten.[571]

Die Aufklärungspflicht des Arztes oder der Ärztin wird auch als „Ausfluss des allgemeinen Persönlichkeitsrechts" bezeichnet.[572] Die Bedeutung dieser Ausprägung wird darin deutlich, dass der Arzt oder die Ärztin bei Verletzung der Aufklärungspflicht mit haftungsrechtlichen Konsequenzen zu rechnen hat.[573] Der BGH hat sich dazu in ständiger Rechtsprechung dem angeschlossen,

565 So z. B. *Jarass,* in: Jarass/Pieroth GG Art. 2 Rn. 44.

566 BVerfG NJW 1984, 419 (421).

567 BVerfGE 103, 21 (32).

568 *Di Fabio,* in: Maunz/Dürig GG, Art. 2 Rn. 204; dazu auch: *Janda,* Medizinrecht, 3. Kapitel D. III,S. 117.

569 *Koppernock,* Das Grundrecht auf bioethische Selbstbestimmung, S. 89 ff.

570 *Di Fabio,* in: Maunz/Dürig GG, Art. 2 Rn. 204.

571 EuGH NJW 1994, 3005 (3006).

572 BGHZ 85, 327 (332 ff.); *Di Fabio,* in: Maunz/Dürig GG, Art. 2 Rn. 139, 204; *Panagopoulou-Koutnatzi,* Die Selbstbestimmung des Patienten, S. 48; zur Ausstrahlungswirkung des allgemeinen Persönlichkeitsrechts auf die Vorschriften des Dienstvertrages: BVerfG MedR 1993, 232.

573 Die Folge sind Haftung aus Behandlungsvertrag und aus unerlaubter Handlung: *Greiner,* in: Geiß/Greiner, Arzthaftpflichtrecht, C. Rn. 1 ff.

worauf das Reichsgericht schon früh hingewiesen hat[574]: „jede in die körperliche Unversehrtheit eingreifende ärztliche Behandlungsmaßnahme [erfüllt] den objektiven Tatbestand der vorsätzlichen Köperverletzung [...], unabhängig davon, ob sie lege artis durchgeführt und erfolgreich ist."[575] Deshalb müsse der oder die Patient:in in jede ärztliche Heilbehandlung zuvor einwilligen.[576] In der medizinischen Literatur geht es dabei um das Prinzip des „informed consent".[577] Nur durch eine wirksame Einwilligung kann der ärztliche Heileingriff gerechtfertigt werden. An die Wirksamkeit der Einwilligung werden allerdings Anforderungen gestellt. Der oder die Patient:in muss über „den Verlauf des Eingriffs, seine Erfolgsaussichten, seine Risiken und mögliche Behandlungsalternativen mit wesentlich anderen Belastungen, Chancen und Gefahren im Großen und Ganzen aufgeklärt worden [sein]".[578] Der BGH weist in diesem Urteil zur Aufklärungspflicht über seltene mit der Blutspende spezifisch verbundene Gefahren darauf hin, dass nur eine diesen hohen Anforderungen genügende Aufklärung das Selbstbestimmungsrecht der Patient:innen wahren kann.[579]

bb) Verankerung eines Rechts auf Zweitmeinung

Besonders aus Sicht von Patient:innen ist die Zweitmeinung Ausdruck der patient:innenrechtlichen Selbstbestimmung, die auf das allgemeine Persönlichkeitsrecht zurückgeht. Den Patient:innen geht es bei der Einholung einer Zweitmeinung vor allem um eine bestmögliche medizinische Versorgung abgestimmt nach seinen jeweiligen Präferenzen und um die Absicherung von Diagnosen[580], mithin um Eigenverantwortlichkeit und Selbstbestimmung über den Verhandlungsablauf.

Die Patient:innen begreifen die Zweitmeinung als Ausdruck der Freiheit ihrer Person, trotz und gerade im Rahmen der medizinischen Behandlung.

---

574 Das Reichsgericht geht bereits davon aus, dass ärztliche Heileingriffe nicht vom Straftatbestand der Körperverletzung ausgenommen seien: RGSt 25, 375 (378 f.).

575 BGH NJW 2011, 1088 (1089).

576 BGH NJW 2011, 1088 (1089).

577 *Förster*, in: BeckOK-BGB, § 823 Rn. 838; *Koppernock*, Das Grundrecht auf bioethische Selbstbestimmung, S. 49 ff.; *Wiesemann*, Die Autonomie des Patienten in der modernen Medizin, in: Wiesemann/Simon, Patientenautonomie, Teil 1 S. 21ff.

578 BGH NJW 2006, 2108; auch: BGH NJW 2011, 1088 (1089).

579 Im Übrigen geht das Gericht davon aus, dass auch nur durch eine solche Aufklärung das Recht der Patient:innen auf Leben und körperliche Unversehrtheit gewahrt werden kann, BGH NJW 2006, 2108; BGH NJW 2011, 1088 (1089).

580 Siehe Erstes Kapitel, B. II.

Das zentrale Schutzgut der Zweitmeinung ist die freie Willensentscheidung der Patient:innen für oder gegen einen indizierten Heileingriff. Im Vordergrund eines Zweitmeinungsbegehrens steht dabei die freie Willensbildung und -entscheidung der Patient:innen. Die Zweitmeinung berührt somit den Kern des Selbstbestimmungsrechts[581], nämlich die Autonomie der Persönlichkeit.[582] Das bedeutet im Hinblick auf die Zweitmeinung als Verfahrensvorgang Verschiedenes: Zum einen gewährleistet die Zweitmeinung, dass die Patient:innen die Lage ihrer medizinischen Behandlung vollumfänglicher verstehen und aus dieser Situation heraus frei entscheiden können. Zum anderen dient die Einholung der Zweitmeinung als Entfaltung der Persönlichkeit auch dem Ausschluss von Beeinflussung, Manipulation und Zwang Anderer, was wiederum eine freie Entscheidungsmöglichkeit der Patient:innen fördert.[583] Es geht den Patient:innen bei der Einholung einer Zweitmeinung maßgeblich um die Wahrung von Patient:innenautonomie.[584] Als Verfahrensvorgang ist die Zweitmeinung vom Schutz des Art. 2 Abs. 1 i. V. m. Art. 1 Abs. 1 GG erfasst, da sie aus Sicht der Patient:innen die Entscheidung für eine richtige Behandlungsmethode stärkt.

3. *Zwischenergebnis*

Die Zweitmeinung als ein Verfahrensvorgang und ärztliche Behandlungsmethode ist sowohl dem sachlichen Schutzbereich des Rechts auf Leben und körperliche Unversehrtheit aus Art. 2 Abs. 2 GG als auch dem Selbstbestimmungsrecht der Patient:innen aus Art. 2 Abs. 2 GG und aus Art. 2 Abs. 1 i. V. m. Art. 1 Abs. 1 GG zuzuordnen. Die Überprüfung einer bereits gestellten Diagnose und die erneute Auseinandersetzung mit dem Krankheitsbild der Patient:innen schützen das Leben und die körperliche Unversehrtheit der Versicherten. Daneben resultiert das Recht auf Zweitmeinung auch aus dem

---

581 Dafür wird z. T. auch der Begriff der Patient:innen*autonomie* als Synonym verwendet, vgl. dazu: *Ach/Schöne-Seifert*, „Relationale Autonomie“, in: Wiesemann/Simon, Patientenautonomie, S. 42; *Steinfath*, Das Wechselspiel zwischen Autonomie und Vertrauen, in: Steinfath/Wiesemann, Autonomie und Vertrauen, S. 15.

582 *Di Fabio*, in: Maunz/Dürig GG, Art. 2 Rn. 130.

583 Eine solche Einflussnahme ist denkbar, sowohl durch den oder die Erstbehandler:in, als auch durch das soziale Umfeld (Familie, Freunde) der Patient:innen.

584 Grundlegend für das Verständnis des Begriffs der *Autonomie*, wie er im Verhältnis zwischen dem Arzt oder der Ärztin und den Patient:innen gebraucht wird, ist sein philosophischer Kontext, der maßgeblich auf die Lehre Kants zurückgeht. Ausführlich dazu der gesamte *Teil 1*, in: Wiesemann/Simon, Patientenautonomie, S. 13ff.; zur Lehre Kants:

Selbstbestimmungsrecht der Patient:innen und dient damit dem grundrechtlichen Schutz der freien Entscheidungsfindung der Patient:innen innerhalb des medizinischen Behandlungsvorgangs.[585]

III. Ergebnis

Aus Art. 2 Abs. 2 S. 1 GG und aus Art. 2 Abs. 1 i. V. m. Art. 1 Abs. 1 GG ergibt sich ein Recht auf Zweitmeinung als ein Verfahrensvorgang. Die Zweitmeinung genießt damit verfassungsrechtlichen Schutz während des Verfahrens der Leistungsgewährung.

Die Zweitmeinung während des Verfahrens der Leistungsgewährung soll der Sicherung des fehlerlosen Behandlungsablaufs zum Schutze des Lebens und der körperlichen Unversehrtheit der Patient:innen dienen und ihr Selbstbestimmungsrecht stärken. Die Anwendung des Leistungsrechts der GKV hat sich nach der Nikolausrechtsprechung an der objektiv-rechtlichen Pflicht des Staates zu orientieren, sich schützend und fördernd vor die Rechtsgüter der Einzelnen aus Art. 2 Abs. 2 S. 1 GG zu stellen. Insofern können die Grundrechte die Gerichte zu einer grundrechtsorientierten Auslegung und Ausgestaltung krankenversicherungsrechtlichen Vorschriften verpflichten, was auch für die Bereitstellung der Zweitmeinung gilt. Darüber hinaus muss der Grundrechtsschutz allerdings auch durch das Verfahren der Leistungsgewährung sichergestellt werden, weshalb auch der Grundrechtsschutz durch Verfahren[586] bei der Erbringung der Zweitmeinung zum Tragen kommt.

B. Zulässige Beschränkung des Rechts auf Zweitmeinung

Es obliegt im Einzelnen dem Gesetzgeber, Art und Umfang des Schutzes zu bestimmen, den die Verfassung als Ziel vorgibt.[587] Dabei hat der Gesetzgeber aber das Untermaßverbot einzuhalten, was auch der verfassungsgerichtlichen Kontrolle unterliegt.[588] Erforderlich ist ein angemessener, wirksamer Schutz, der entgegenstehende Rechtsgüter berücksichtigt und auf sorgfältigen

585 Sprechen davon, dass die Zweitmeinung der Stärkung von Patient:innenautonomie dient: *Heberlein/Heberlein*, GuP 2015, 201 (204).

586 *Schmidt-De Caluwe*, in: Becker/Kingreen, SGB V, § 92 Rn. 8.

587 *Hopfauf*, in: Schmidt-Bleibtreu/Hofmann/Henneke GG, Einleitung, Rn. 311; in Bezug auf Art. 2 Abs. 2 GG *Manssen*, Staatsrecht II, § 12 Rn. 290.

588 BVerfG 88, 254; *Leibholz/Rinck/Hesselberger*, in: Leibholz/Rinck, Grundgesetz, Art. 2 Rn. 485.

Tatsachenermittlungen und vertretbaren Einschätzungen beruht.[589] Vor dem Hintergrund des Untermaßverbots stellt sich die Frage, wann eine Zweitmeinung verfassungsrechtlich gefordert ist.

I. Rechtsprechung des Bundesverfassungsgerichts

Nach der Rechtsprechung des BVerfG[590] muss deshalb das Recht auf Zweitmeinung während des Verfahrens der Leistungsgewährung zumindest gewährleistet sein, wenn die Patient:innen an einer lebensbedrohlichen oder regelmäßig tödlich verlaufenden Erkrankung leiden. Da der Ableitung von verfassungsunmittelbaren Ansprüchen ein Ausnahmecharakter zukommt, ist die Ausweitung eines verfassungsunmittelbaren Anspruchs auf Zweitmeinung darüber hinaus nicht geboten, was sich aus dem Nikolausbeschluss des BVerfG ergibt. Der Grundrechtsschutz kann nur durch das Verfahren darüber hinausgehen, was die Teilhabe der Versicherten an leistungsrelevanten Entscheidungen innerhalb der GKV betrifft.[591]

Mit dem Nikolausbeschluss hat das BVerfG festgelegt, dass in Fällen von lebensbedrohlichen oder regelmäßig tödlich verlaufenden Erkrankungen ein Ausschluss von der Leistung nicht mit dem Grundrecht aus Art. 2 Abs. 2 S. 1 GG i. V. m. dem Sozialstaatsprinzip vereinbar ist.[592] Damit sich die Versicherten auf eine derartige grundrechtsorientierte Auslegung der krankenversicherungsrechtlichen Vorschriften stützen können, müssen dafür drei vom BVerfG aufgestellte Voraussetzungen erfüllt sein. In dem Sachverhalt, der dem Urteil zugrunde lag, war das zutreffend, weshalb die in Frage stehende Behandlungsmethode von der GKV zu übernehmen war.

Entschieden wurde über die Leistungsgewährung einer nicht zugelassenen Behandlungsmethode in einem Fall, in dem der Versicherte an einer lebensbedrohlichen oder regelmäßig tödlich verlaufenden Erkrankung litt, für die eine allgemein anerkannte, dem medizinischen Standard entsprechende Behandlung nach Maßgabe des SGB V nicht zur Verfügung stand. Die bisher nicht zugelassene Methode war dann von der GKV zu übernehmen, sobald eine auf Indizien gestützte, nicht ganz fernliegende Aussicht auf Heilung oder auf eine spürbare

---

589 BVerfGE 92, 26; 88, 262; *Leibholz/Rinck/Hesselberger*, in: Leibholz/Rinck, Grundgesetz, Art. 2 Rn. 485.

590 BVerfG v. 06.12.2005 - 1 BvR 347/98, Rn. 1, 56 (juris)

591 *Schmidt-De Caluwe*, in: Becker/Kingreen, SGB V, § 92 Rn. 8; BVerfG v. 10.11.2015 - 1 BvR 2056/12, Rn. 20 (juris).

592 BVerfG v. 06.12.2005 - 1 BvR 347/98, Rn. 55 f. (juris).

positive Einwirkung auf den Krankheitsverlauf bestand.[593] Neben diesen Voraussetzungen tastete das BVerfG die Grundsätze der Leistungsgewährung des SGB V nicht an. Demnach sei es mit der Verfassung prinzipiell vereinbar, dass sich die krankenversicherungsrechtliche Leistungsgewährung an den Vorgaben des Wirtschaftlichkeitsgebots und somit an wirtschaftlichen Erwägungen orientiere.[594] Auch die Rechtmäßigkeit der Richtliniengebung des G-BA in Hinblick auf das Verfahren kam für diese Entscheidung nicht zum Tragen.

Die einzelnen Voraussetzungen wurden in den Folgejahren vor allem durch die Rechtsprechung des BSG konkretisiert. Wann eine Krankheit im Einzelfall lebensbedrohlich ist oder regelmäßig tödlich verläuft, ist mit keiner einheitlichen Formel zu beschreiben. Entscheidend ist dafür immer die Einschätzung des erstbehandelnden Arztes oder der Ärztin.[595] Für die Feststellung eines solchen Zustandes sind statistische Aussagen darüber heranzuziehen, wie die Krankheit in vergleichbaren Fällen verläuft.[596] Damit eine Erkrankung als regelmäßig tödlich verlaufend einzustufen ist, muss zumindest statistisch belegt sein, dass die zu erwartende Lebensdauer in Folge der Krankheit erheblich verkürzt ist.[597]

Darüber hinaus darf für die Erkrankung keine allgemein anerkannte, dem medizinischen Standard entsprechende Behandlung zur Verfügung stehen. Gemeint ist damit die anerkannte, zur Verfügung stehende Schulmedizin.[598] Nach der Rechtsprechung des BSG geht es dabei um allgemein anerkannte, dem medizinischen Standard entsprechende Leistungen. Diese stehen nicht zur Verfügung, wenn sie kein Bestandteil des medizinischen Leistungsspektrums sind oder im Einzelfall wegen sich ergebender gesundheitlicher Risiken, wie z. B. schwerwiegender Nebenwirkungen, für die Versicherten nicht in Frage kommen.[599] Hier wäre zu überlegen, ob den Versicherten mit der Erstmeinung möglicherweise eine bereits anerkannte Form der ärztlichen Leistung zur Verfügung steht, weshalb dann für die Anwendung des Rechts auf Zweitmeinung kein Raum bestände. Die Erstmeinung meint die erstmalige Behandlungs- und Untersuchungsleistung. Dafür spricht, dass auch die Zweitmeinung – wie die

---

593 BVerfG v. 06.12.2005 - 1 BvR 347/98, Rn. 64 (juris).

594 BVerfG v. 06.12.2005 - 1 BvR 347/98, Rn. 57 (juris).

595 *Langhals*, NZS 2007, 76 (78).

596 *Padé*, NZS 2007, 352 (354).

597 So z. B. bei: BSG v. 14.12.2006 – B 1 KR 12/06 R, Rn. 21 (juris); *Padé*, NZS 2007, 352 (354).

598 *Padé*, NZS 2007, 352 (355 f.).

599 BSG v. 04.04.2006 – B 1 KR 7/05 R, Rn. 31 (juris).

Erstmeinung – ihrer Art nach eine Beratungs- und Untersuchungsleistung ist.[600] Demnach wären beide Leistungen vergleichbar und die Erstmeinung könnte an Stelle der Zweitmeinung als anerkannte Form der Leistungserbringung zur Verfügung stehen. Alte Normierungen von Zweitmeinung wie beispielsweise in § 137 Abs. 3 S. 1 Nr. 3 SGB V a. F. haben aber gezeigt, dass auch der Gesetzgeber davon ausgeht, dass es sich bei der Zweitmeinung um eine eigenständige medizinische Leistung handelt. Es mag sich dabei zwar im Sinne der Leistungserbringung um eine Beratungs- und Untersuchungsleistung handeln; das Wesen der Zweitmeinung liegt aber vielmehr in der zulässigen Wiederholung einer bereits erfolgten Beratungs- und Untersuchungsleistung zu einem bestimmten Zweck. Durch die Einholung der Zweitmeinung soll die Stärkung von Patient:innenautonomie und die Verbesserung von Behandlungsabläufen durch die Erweiterung des fachlichen Sachverstandes gefördert werden. Dadurch wird die Möglichkeit geschaffen, die Qualität der Indikationsstellung abzusichern.[601] Für die Patient:innen können Behandlungsalternativen gefunden und aufgezeigt werden. Voraussetzung für die Erbringung der Zweitmeinung ist daher, dass bereits eine medizinische Erstmeinung vorliegt. Es ist die Absicht der Zweitmeinung, die Ergebnisse der ersten medizinischen Behandlung zu überprüfen. Die Zweitmeinung hat demnach einen prüfenden Charakter. Man würde diesen Zweck geradezu ad absurdum führen, ginge man davon aus, die Zweitmeinung sei durch die Erstmeinung ersetzbar. Bei der Erstmeinung steht auch nicht die Stärkung der Patient:innenautonomie oder die Erweiterung des medizinischen Sachverstandes im Fokus der Leistung. Gerade zur Erweiterung des medizinischen Sachverstandes ist die Hinzuziehung weiterer medizinischer Kräfte unabdingbar. Die Erstmeinung muss der Erbringung der Zweitmeinung vorausgehen; sie kann nicht an Stelle der Zweitmeinung erbracht werden. Festzuhalten ist, dass beide Leistungen zwar in der Art der medizinischen Erbringung ähnlich sind, sie können aber aufgrund ihrer Zweckausrichtung immer nur nacheinander stehen.

Ferner muss in Bezug auf die Zweitmeinung auch eine auf Indizien gestützte, nicht ganz fernliegende Aussicht auf Heilung oder wenigstens auf eine spürbar positive Einwirkung auf den Krankheitsverlauf bestehen.[602] Entscheidend ist im Einzelfall, wie wirksam die Leistung zur Heilung der bestehenden Krankheit ist. Voraussetzung dafür ist zumindest, dass ernsthafte Hinweise vorliegen, dass der

---

600 Vgl. zu diesem leistungsrechtlichen Charakter der Zweitmeinung BT-Drs. 18/4095, S. 74.

601 BT-Drs. 18/4095, S. 55, 74.

602 BVerfG v. 06.12.2005 - 1 BvR 347/98, Rn. 64 (juris).

Eintritt eines Erfolges nicht gänzlich fernliegt.[603] Es muss feststehen, dass die in Frage stehende Behandlung überwiegend positive Wirkung auf den Verlauf der Krankheit hat und somit „mehr nützt, als schadet".[604] Die spätere Verankerung der Zweitmeinung in § 27b SGB V zeigt, dass der Gesetzgeber selbst davon ausgeht, dass durch die Zweitmeinung der medizinische Sachverstand erweitert, die Qualität der Behandlung verbessert sowie die Patient:innenautonomie gestärkt wird.[605] Gleiche Bestrebungen waren auch zuvor bei der Einführung von Zweitmeinungssystemen in ausländischen Rechtssystemen zu beobachten.[606] Durch den gesteigerten Sachverstand, steigt die Möglichkeit, dass die richtige Therapieform ausgesucht und angewendet wird, was zur Heilung einer Krankheit mehr nützt und in der Mehrzahl der Fälle überwiegend positive Wirkung auf den Krankheitsverlauf entfalten wird.

Im Ergebnis muss nach der Rechtsprechung des BVerfG bei lebensbedrohlichen oder regelmäßig tödlich verlaufenden Erkrankungen ein Anspruch auf Zweitmeinung zu Lasten der GKV bestehen, sofern die Voraussetzungen der Nikolausrechtsprechung erfüllt sind. In allen anderen Fällen könnte das Gebot der Wirtschaftlichkeit gemäß § 12 Abs. 1 S. 1 SGB V dagegenstehen.

II. Rechtsprechung der Sozialgerichtsbarkeit

Das BSG hat in den Folgejahren die Nikolausrechtsprechung des BVerfG teils ausgeweitet, teils aber auch restriktiv ausgelegt.[607]

Bezüglich des Merkmals der Schwere der Erkrankung hat das BSG bereits in einem Urteil vom 04.04.2006 notstandsähnlichen Extremsituationen mit lebensbedrohlichen oder regelmäßig tödlich verlaufenden Erkrankungen gleichgestellt. In einem Fall zur Versorgung mit Einfachzucker (D-Ribose) bei einer Muskelerkrankung urteilte es, dass die Erkrankung „von ihrer Schwere und dem Ausmaß der aus ihr folgenden Beeinträchtigungen her solchen Krankheiten [gemeint sind lebensbedrohlichen oder regelmäßig tödlich verlaufenden Erkrankungen] nicht gleichgestellt werden" kann. Obwohl die dem Urteil zugrunde liegenden Erkrankung zweifellos schwere Folgen aufwies, „führen sie doch keine notstandsähnliche Extremsituation herbei, in der das Leistungsrecht der GKV aus

603 BVerfG v. 06.12.2005 - 1 BvR 347/98, Rn. 64 (juris).
604 BSG v. 7.11.2006 – B 1 KR 24/06 R, Rn. 22 (juris).
605 BT-Drs. 18/4095, S. 50, 55.
606 *Geraedts,* Die ärztliche Zweitmeinung bei der Therapiewahl, S. 217.
607 *Bockholdt,* NZS 2017, 569 (571).

verfassungsrechtlichen Gründen gegenüber den allgemein geltenden Regeln zu modifizieren wäre".[608]

Letztlich erfolgte die Ausweitung des Anwendungsbereichs der Nikolausrechtsprechung auf Krankheiten, die wertungsmäßig mit lebensbedrohlichen oder regelmäßig tödlich verlaufenden Erkrankungen vergleichbar sind.[609] Das sind nach der Rechtsprechung des BSG der Verlust eines wichtigen Sinnesorgans oder einer herausragenden Körperfunktion.[610]

Gleichzeitig legt das BSG das Merkmal der Schwere der Erkrankung aber auch restriktiv aus, indem der verfassungsunmittelbare Anspruch nur in notstandsähnlichen Extremsituationen gegeben sein solle, wofür eine in einem gewissen Zeitdruck zum Ausdruck kommenden Problematik bestehen müsse. Das sei der Fall, wenn nach den konkreten Umständen im Einzelfall bereits drohe, dass sich der voraussichtlich tödliche Krankheitsverlauf innerhalb eines kürzeren, überschaubaren Zeitraums mit großer Wahrscheinlichkeit verwirkliche.[611] Das BSG begründet diese Auslegung damit, dass das vom BVerfG aufgestellte Kriterium der Schwere der Erkrankung bei weiter Auslegung sinnentleert würde, weil nahezu jede schwere Krankheit ohne therapeutische Einwirkung irgendwann auch einmal lebensbedrohende Konsequenzen nach sich ziehe.[612] Verbleibe „dagegen durch einen langen, verzögerten Krankheitsverlauf jahrzehntelang Zeit zur Therapie, ist in Rechnung zu stellen, dass die im Zeitablauf typischerweise voranschreitenden medizinischen und pharmakologischen Erkenntnisse in Zukunft Therapiemöglichkeiten eröffnen und (positive wie negative) Ergebnisse zu Tage fördern können, welche aktuell noch nicht verfügbar sind."[613] Es sei dann verfassungsrechtlich vertretbar, „den von einer schweren Krankheit betroffenen Patienten bei fehlender Akut-Problematik trotz der damit verbundenen Belastungen und Unzuträglichkeiten in der Regel abzuverlangen, vor der Inanspruchnahme der GKV für unkonventionelle Pharmakotherapien zunächst

608 BSG v. 04.04.2006 – B 1 KR 12/04 R, Rn. 31 (juris).

609 BSG v. 14.12.2006 - B 1 KR 12/06 R, Rn. 20; BSG v. 27.03.2007 - B 1 KR 17/06 R, Rn. 23 (juris).

610 BSG v. 14.12.2006 - B 1 KR 12/06 R, Rn. 20; BSG v. 27.03.2007 - B 1 KR 17/06 R, Rn. 23 (juris).

611 BSG v. 14.12.2006 - B 1 KR 12/06 R, Rn. 20; BSG v. 27.03.2007 - B 1 KR 17/06 R, Rn. 23 (juris).

612 BSG v. 14.12.2006 - B 1 KR 12/06 R, Rn. 19; BSG v. 27.03.2007 - B 1 KR 17/06 R, Rn. 20 (juris).

613 BSG v. 14.12.2006 - B 1 KR 12/06 R, Rn. 19; BSG v. 27.03.2007 - B 1 KR 17/06 R, Rn. 22 (juris).

das Vorliegen einer auf solchen Forschungsergebnissen gestützten Zulassung der beanspruchten Fertigarzneimittel abzuwarten".[614]

In der Literatur und auch in der instanzgerichtlichen Rechtsprechung ist die restriktive Auslegung der Schwere der Erkrankung durch das BSG teilweise auf Ablehnung gestoßen.[615] Die Sozialgerichtsbarkeit bejahte eine Ausweitung auch auf nicht akut existenzbedrohende notstandsähnliche Erkrankungen[616] oder sonstige schwerwiegende Erkrankungen, die die Lebensqualität auf Dauer nachhaltig beeinträchtigen[617]. Die Ausweitung des Anwendungsbereichs erfolgte auch auf Palliativsituationen zur Ermöglichung eines menschenwürdigen Sterbens.[618] Dabei ist zu beachten, dass in Fällen vor den Instanzgerichten häufig der einstweilige Rechtsschutz in Anspruch genommen wird.[619] Eine rein summarische Prüfung ist den Gerichten dabei nicht erlaubt und eine abschließende Beurteilung medizinischer Studienlagen ist ihnen nicht möglich. Somit kommt es häufig zu einer Folgenabwägung, die meist zugunsten der Versicherten ausfällt.[620] Das BSG hat diese Entwicklung der Rechtsprechung der Instanzgerichte mit gleicher Begründung wie zur notstandsähnlichen Extremsituation abgelehnt.[621]

III. Normierung des § 2 Abs. 1a SGB V

Mit Wirkung zum 01.01.2012 hat auch der Gesetzgeber die Anforderungen der Nikolausrechtsprechung mit § 2 Abs. 1a SGB V gesetzlich verankert, diese allerdings auf wertungsmäßig vergleichbare Erkrankungen ausgeweitet und insoweit die Auslegung des BSG übernommen.[622] Der Gesetzesbegründung ist zu entnehmen, dass damit keine neuen Leistungen innerhalb des Katalogs des SGB V

---

614 BSG v. 14.12.2006 - B 1 KR 12/06 R, Rn. 19; BSG v. 27.03.2007 - B 1 KR 17/06 R, Rn. 22 (juris).

615 *Schmidt-De Caluwe,* in: Becker/Kingreen, SGB V, § 135 Rn. 27; LSG Berlin-Brandenburg v. 19.11.2007 – L 24 B 588/07 KR ER, Rn. 52 (juris); SG Düsseldorf v. 12.06.2008 – S 8 KR 252/06, Rn. 21f. (juris).

616 LSG Berlin-Brandenburg v. 19.11.2007 – L 24 B 588/07 KR ER, Rn. 52 (juris).

617 LSG Niedersachsen-Bremen v. 07.03.2011 – L 4 KR 48/11 B ER, Rn. 24f., 26 (juris); LSG Schleswig-Holstein v. 31.01.2007 - L 5 KR 28/06, Rn. 19 (juris).

618 LSG Hessen v. 27.11.2014 - L 8 KR 203/13, Rn. 57, 59, 64 (juris); *Bockholdt*, NZS 2017, 569 (574).

619 Vgl. *Wenner*, GesR 2009, 169 (177f.).

620 *Bockholdt*, NZS 2017, 569 (574).

621 BSG v. 16.12.2008 - B 1 KN 3/07 KR R, Rn. 36 (juris).

622 BT-Drs. 17/6906, S. 53.

eingeführt werden, sondern vielmehr bereits geltende Anspruchsvoraussetzungen gemäß grundrechtskonformer Auslegung des Leistungsrechts in das Gesetz aufgenommen werden sollten.[623] Bezüglich der einzelnen Voraussetzungen des § 2 Abs. 1a SGB V und auch der notstandsähnlichen Extremsituation, wofür eine in einem gewissen Zeitdruck bestehende Problematik vorliegen müsse, orientierte sich der Gesetzgeber auch an den Vorgaben der Rechtsprechung des BSG.

IV. Schlussfolgerungen für das Recht auf Zweitmeinung aus der Verfassung

Letztlich hängt die Reichweite des Rechts auf Zweitmeinung von einer Abwägung mit widerstreitenden Interessen ab. Das sind regelmäßig die Interessen der einzelnen anderen GKV Versicherten bei der Leistungsgewährung, die sich ebenso aus den betroffenen Grundrechten ergeben, sowie die Gewichtung des Wirtschaftlichkeitsgebots des SGB V dabei.

Bei der Verankerung des Rechts auf Zweitmeinung aus Art. 2 Abs. 2 GG ist auf beiden Seiten der Abwägung zu beachten, dass es um den Schutz höchster grundrechtlicher Werte geht, womit der Gesetzgeber eine grundlegende objektive Wertentscheidung getroffen hat (s. o.). Ein Eingriff in das Recht auf Zweitmeinung als Ausprägung des allgemeinen Persönlichkeitsrechts wäre mindestens als Verletzung der Privatsphäre der Patient:innen zu werten, da die Entscheidung über die Vornahme einer medizinischen Behandlung dem engeren persönlichen Lebensbereich der Patient:innen zuzuordnen ist. Patient:innen können Entscheidungen darüber mit sich selbst in einem vor staatlichen Eingriffen sicheren Bereich ausmachen oder aber besondere Vertrauenspersonen in diesen Entscheidungsprozess einbinden.[624] Ein Eingriff darin wäre nur unter den strengen Voraussetzungen des Verhältnismäßigkeitsgrundsatzes gerechtfertigt.[625]

1. Abänderung der Rechtsprechung des Bundesverfassungsgerichts - Senatsbeschluss vom 10.11.2015 - 1 BvR 2056/12

Der grundrechtlich zu gewährende Schutz, besonders aus Art. 2 Abs. 2 GG, muss besonders gewichtet werden, wenn Patient:innen an einer besonders schweren Erkrankung leiden. Dabei hat das BVerfG in seiner neueren Rechtsprechung die Ausweitung der verfassungsunmittelbaren Leistungspflicht der

623 BT-Drs. 17/6906, S. 52.
624 BVerfGE 90, 255 (260).
625 Martini, JA 2009, 839 (844).

GKV auf Erkrankungen, die wertungsmäßig mit lebensbedrohlichen oder regelmäßig tödlichen verlaufenden Erkrankungen vergleichbar sind, abgelehnt.[626] In dem Senatsbeschluss vom 10.11.2015 führte es aus, dass es dem Ausnahmecharakter eines aus Art. 2 Abs. 1 GG i. V. m. dem Sozialstaatsprinzip und aus Art. 2 Abs. 2 GG abgeleiteten Leistungsanspruchs nicht gerecht würde, in großzügiger Auslegung der Verfassung einen solchen zu erweitern und so die sozialstaatliche Gestaltungsbefugnis des Gesetzgebers außer Acht zu lassen.[627] Der unmittelbar verfassungsrechtliche Leistungsanspruch sei deshalb auf extreme Situationen einer krankheitsbedingten Lebensgefahr beschränkt. Entscheidend sei, dass eine Krankheit lebensbedrohlich ist, das heißt in überschaubarer Zeit das Leben beenden könne, und dies eine notstandsähnliche Situation herbeiführe, in der Versicherte nach allen verfügbaren medizinischen Hilfen greifen müssen.[628] Das BVerfG betonte dabei, dass dies nicht automatisch bedeute, dass in anderen Krankheitsfällen Versicherte der GKV keinen grundrechtlichen Schutz genössen; in diesen Fällen käme nur kein verfassungsunmittelbarer Leistungsanspruch nach den Vorgaben der Nikolausrechtsprechung in Betracht.[629] Mit dieser Entscheidung hat das BVerfG auch bewusst die Ausgestaltung des § 2 Abs. 1a SGB V konkretisiert, indem es die Ausweitung auf Krankheiten, die wertungsmäßig mit lebensbedrohlichen oder regelmäßig tödlich verlaufenden Erkrankungen vergleichbar sind, abgelehnt hat.

Neben dieser Kehrtwende führte das BVerfG aber aus, dass die Schutzwirkungen des Art. 2 Abs. 1 GG i. V. m. dem Sozialstaatsprinzip und des Art. 2 Abs. 2 S. 1 GG über den im Nikolausbeschluss anerkannten, besonderen Extremfall der lebensbedrohlichen oder regelmäßig tödlichen Krankheit hinaus ginge und einen weitergehenden subjektivrechtlichen Grundrechtsschutz vermittle.[630] Das bedeutet, dass von der Anspruchskonstruktion des Art. 2 Abs. 1 GG i. V. m. dem Sozialstaatsprinzip und des Art. 2 Abs. 2 S. 1 GG auch Fälle erfasst sind, die unterhalb der Schwelle zu lebensbedrohlichen oder regelmäßig tödlich verlaufenden Erkrankungen liegen.[631] Das BVerfG betont, dass sich insofern die Ausgestaltung des Leistungsrechts der gesetzlichen Krankenversicherung an der

---

626 BVerfG v. 11.04.2017 - 1 BvR 452/17, Rn. 22; BVerfG v. 10.11.2015 - 1 BvR 2056/12, Rn. 17f. (juris); anders dagegen noch BVerfG v. 26.02.2013 – 1 BvR 2045/12, Rn. 15 und BVerfG v. 26.03.2014 - 1 BvR 2415/13, Rn. 14 (juris).

627 BVerfG v. 10.11.2015 - 1 BvR 2056/12, Rn. 18 (juris).

628 BVerfG v. 10.11.2015 - 1 BvR 2056/12, Rn. 18 (juris).

629 BVerfG v. 10.11.2015 - 1 BvR 2056/12, Rn. 18 (juris).

630 BVerfG v. 10.11.2015 - 1 BvR 2056/12, Rn. 20 (juris).

631 *Kingreen*, MedR 2017, 8 (10).

grundrechtlichen Pflicht des Staates zu orientieren habe, sich schützend und fördernd vor die Rechtsgüter des Art. 2 Abs. 2 S. 1 GG zu stellen.[632] [...] Gesetzliche oder auf Gesetz beruhende Leistungsausschlüsse und Leistungsbegrenzungen seien daraufhin zu prüfen, ob sie im Rahmen von Art. 2 Abs. 1 GG gerechtfertigt seien. Den Versicherten stehe insoweit ein Anspruch auf eine verfassungsmäßige Ausgestaltung und auf eine grundrechtsorientierte Auslegung des Leistungsrechts der GKV zu. Würde eine zur Behandlung einer Krankheit benötigte Leistung in einem Entscheidungsprozess verweigert, der verfassungsrechtlichen Anforderungen nicht genüge, wären Versicherte in ihren Grundrechten verletzt. Voraussetzung sei dafür aber, dass die begehrte Behandlungsmethode eine zumindest auf Indizien gestützte, nicht ganz fernliegende Aussicht auf Heilung oder wenigstens auf eine spürbare positive Einwirkung auf den Krankheitsverlauf biete.[633] Das BVerfG stärkt somit auch den „Grundrechtsschutz durch Verfahren",[634] indem es einen Anspruch auf Gewährleistung verfassungsmäßiger Ausgestaltung des Verfahrens der Leistungsgewährung betont,[635] worin ein prozedurales Teilhaberecht der Versicherten zu sehen sei, an den leistungsrelevanten Entscheidungen innerhalb der GKV teilzuhaben (s.o.).[636]

Diese Linie vertrat das BVerfG auch in seinem Beschluss vom 11.04.2017, indem es auf die Grundsätze des Beschlusses vom 10.11.2015 verwies.[637]

2. *Bedeutung für das Recht auf Zweitmeinung aus der Verfassung*

Für den verfassungsrechtlich garantierten Schutz der Zweitmeinung als Verfahrensvorgang innerhalb eines medizinischen Behandlungsablaufs vermag die einschränkende Konkretisierung auf wertungsmäßig vergleichbar schweren Erkrankungen nicht zu überzeugen. Auch der Beschränkung des BSG auf akut lebensgefährliche Erkrankungen ist nicht zuzustimmen.

Vielmehr muss sich das Recht auf Zweitmeinung, wie es sich aus Art. 2 Abs. 2 S. 1 GG und aus Art. 2 Abs. 1 i. V. m. Art. 1 Abs. 1 GG ergibt, mindestens auf lebensbedrohliche und regelmäßig tödlich verlaufende Erkrankungen und auch auf solche, die wertungsmäßig damit vergleichbar sind, erstrecken. Darüber hinaus greift der Schutz des Rechts auf Zweitmeinung auch bei

---

632 BVerfG v. 10.11.2015 - 1 BvR 2056/12, Rn. 20 (juris).
633 BVerfG v. 10.11.2015 - 1 BvR 2056/12, Rn. 20 (juris).
634 *Bockholdt*, NZS 2017, 569 (576).
635 BVerfG v. 10.11.2015 - 1 BvR 2056/12, Rn. 20 (juris).
636 *Schmidt-De Caluwe*, in: Becker/Kingreen, SGB V, § 92 Rn. 8.
637 BVerfG v. 11.04.2017 - 1 BvR 452/17, Rn. 22f. (juris).

sonstigen schwerwiegenden Erkrankungen, die die Lebensqualität auf Dauer nachhaltig beeinträchtigen.

Da die Zweitmeinung als Verfahrensvorgang Teil des staatlichen Schutzauftrages ist und der Staat sich schützend und fördernd insbesondere vor die Rechtsgüter des Art. 2 Abs. 2 S. 1 GG zu stellen hat, würde es gerade den verfassungsrechtlichen Anforderungen aus Art. 2 Abs. 2 S. 1 GG und aus Art. 2 Abs. 1 i. V. m. Art. 1 Abs. 1 GG nicht mehr genügen, wenn dieser Schutz während eines Behandlungsprozesses bei besonders schweren Erkrankungen, die mit lebensbedrohlichen Erkrankungen vergleichbar sind, oder auch solchen, die die Lebensqualität nachhaltig beeinträchtigen, außer Acht gelassen würde. Das resultiert gerade daraus, dass der Schutz des Lebens gemäß Art. 2 Abs. 2 S. 1 GG einen Höchstwert innerhalb der grundgesetzlichen Ordnung darstellt, weshalb behördliche und gerichtliche Verfahren dieser Bedeutung und der im Grundrecht auf Leben enthaltenen grundlegenden objektiven Wertentscheidung gerecht werden und sie bei der Auslegung und Anwendung der maßgeblichen Vorschriften des Krankenversicherungsrechts berücksichtigen müssen.[638] Das gilt dann auch im Hinblick auf die verfassungsgemäße Auslegung des § 27 Abs. 1 SGB V, wenn es darum geht, dass Patient:innen, die an einer der oben genannten Erkrankungen leiden, innerhalb eines Behandlungsvorgangs die Zweitmeinung in Anspruch nehmen möchten, die zur Auffindung der richtigen Behandlungsmethode verhilft und ihren Entscheidungsprozess dafür stärkt. Letztlich betont das BVerfG selbst, dass die Schutzwirkungen des Art. 2 Abs. 1 GG i. V. m. dem Sozialstaatsprinzip und des Art. 2 Abs. 2 S. 1 GG über den im Nikolausbeschluss anerkannten, besonderen Extremfall der lebensbedrohlichen oder regelmäßig tödlichen Krankheit hinaus ginge und einen weitergehenden subjektivrechtlichen Grundrechtsschutz vermittle. Ein solcher subjektiver Grundrechtsschutz muss dann aber gerade vor dem Hintergrund des Art. 2 Abs. 2 S 1 GG auch gewährleistet sein, wenn Patient:innen an einer der genannten schwerwiegenden Erkrankungen leiden. Es kann für das Auslösen der Schutzpflicht aus Art. 2 Abs. 2 S. 1 GG nicht ausschlaggebend sein, ob die Erkrankung unmittelbar lebensbedrohlich oder regelmäßig tödlich ist, damit wertungsmäßig vergleichbar oder ob sie in ihrer Schwere und ihrem Ausmaß der aus ihr folgenden Beeinträchtigungen mit lebensbedrohlichen Erkrankungen gleichgestellt werden muss. In allen Fällen gilt es den Schutz des Lebens gemäß Art. 2 Abs. 2 S. 1 GG als Höchstwert innerhalb der grundgesetzlichen Ordnung zu beachten. Wenn in solchen Fällen die Zweitmeinung im Rahmen des medizinischen Behandlungsprozesses dazu

638 BVerfG v. 06.12.2005 - 1 BvR 347/98, Rn. 56 (juris).

beiträgt die richtige Behandlung zur Heilung zu finden oder eine erhebliche Linderung der Erkrankung zu erzielen, kann sie vor dem Hintergrund des Art. 2 Abs. 2 S 1 GG auch nicht versagt werden.

Daneben kann für die Inanspruchnahme des Rechts auf Zweitmeinung auch nicht eine *akute* Notstandssituation der Patient:innen ausschlaggebend sein, was sich auch aus dem verfassungsrechtlichen Schutz des Art. 2 Abs. 2 S. 1 GG ergibt und weshalb insofern auch der Rechtsprechung des BSG kritisch entgegenzutreten ist. Zutreffender ist vielmehr, dass Art. 2 Abs. 2 S. 1 GG sowohl das Leben als auch die körperliche Unversehrtheit unter den besonderen Schutz des Staates stellt und dabei insbesondere keine Abstufung trifft, was davon schutzbedürftiger wäre. Für eine nachrangige Schutzintensität der körperlichen Unversehrtheit sind keine Anhaltspunkte im Wortlaut, nach Sinn und Zweck oder nach der Verfassungssystematik ersichtlich.[639] Der Staat hat mit dem System der GKV somit grundsätzlich Verantwortung für beides übernommen. In dieser Hinsicht ist deshalb dem *LSG Niedersachsen-Bremen* zuzustimmen, da es davon ausgeht, dass die Pflicht des Staates zur Bereitstellung von Leistungen außerhalb des Leistungskataloges der GKV nicht auf Situationen beschränkt sein könne, in denen der Tod kurz bevorstehe, sondern davon auch Fälle erfasst sein müssen, in denen die körperliche Unversehrtheit der Versicherten gefährdet sei.[640] Überzeugend ist es auch, diese Leistungspflicht dann auf Fälle zu beschränken, die gesundheitlich besonders gravierend sind. Das gebietet nicht nur der Ausnahmecharakter des unmittelbaren Leistungsanspruchs,[641] sondern auch die Funktionsfähigkeit der GKV und die Wirtschaftlichkeit der Leistungserbringung als Grundprinzip der GKV.[642] In Fällen besonders schwerer Erkrankung, bei denen nachhaltige und gravierende Beeinträchtigungen der körperlichen Unversehrtheit drohen, die später zum Tod führen werden, sei es nicht mit Art. 2 Abs. 2 S. 1 GG vereinbar, erfolgversprechende rechtzeitige Behandlungen zu verweigern und Beeinträchtigungen in Kauf zu nehmen, wohl wissend, dass sie später nicht mehr zu beheben seien. In diesen Fällen nütze es den Versicherten nicht, wenn sie später - in einer notstandsähnlichen Situation, also kurz vor dem Tod - behandelt werden.[643]

639 Zutreffend LSG Niedersachsen-Bremen v. 07.03.2011 – L 4 KR 48/11 B ER, Rn. 25 (juris).

640 LSG Niedersachsen-Bremen v. 07.03.2011 – L 4 KR 48/11 B ER, Rn. 25 (juris).

641 Insofern zutreffend dennoch BVerfG v. 10.11.2015 - 1 BvR 2056/12, Rn. 20 (juris).

642 LSG Niedersachsen-Bremen v. 07.03.2011 – L 4 KR 48/11 B ER, Rn. 25 (juris).

643 LSG Niedersachsen-Bremen v. 07.03.2011 – L 4 KR 48/11 B ER, Rn. 25 (juris).

Im Übrigen kann es auch nicht maßgeblich sein, ob die Zweitmeinung unmittelbare Einwirkung auf die Grunderkrankung hat,[644] sondern als Verfahrensvorgang den Patient:innen zur Wahl der richtigen Therapieform verhilft und so zu einer Heilung oder Linderung der Grunderkrankung führt. Genau das erfasst der grundrechtliche Schutz aus Art. 2 Abs. 2 S. 1 GG und aus Art. 2 Abs. 1 i. V. m. Art. 1 Abs. 1 GG. Nichts anderes resultiert daraus, dass nach der Rechtsprechung des BVerfG nur das Recht auf Leben und körperliche Unversehrtheit maßgeblich ist,[645] denn genau dann muss es auch unerheblich sein, mit welchen Maßnahmen der grundrechtliche Schutz von Art. 2 Abs. 2 S. 1 GG geboten wird.[646] Es geht also vor allem um den potentiellen Erfolg der in Frage stehenden Behandlung, was auch der Gesetzgeber bei der Normierung von § 2 Abs. 1a SGB V vor Augen hatte.[647] Sofern also die positive Aussicht besteht, dass die Inanspruchnahme einer Zweitmeinung zur Heilung oder Linderung einer schweren Erkrankung führen kann, ist sie auch von dem zu gewährleistendem grundrechtlichen Schutz des Art. 2 Abs. 2 S. 1 GG erfasst. Das kann schon der Fall sein, wenn eine von dem oder der Erstbehandler:in nicht vorgeschlagene andere Behandlungsmethode besteht oder die Patient:innen unsicher bei der Inanspruchnahme der vorgeschlagenen Methode sind. Diesen grundrechtlichen Schutz hat der Gesetzgeber bei der Ausgestaltung des einfachen Rechts in ausreichendem Maße zu beachten.

Wenn es um die Reichweite des Rechts auf Zweitmeinung geht, gilt es auch seine verfassungsrechtliche Verankerung in Art. 2 Abs. 1 i. V. m. Art. 1 Abs. 1 GG ausreichend zu gewichten. Das Recht auf Zweitmeinung schützt gerade auch die freie Willensentscheidung der Patient:innen für oder gegen eine Heilbehandlung, ihre freie Willensbildung, ihre Eigenverantwortlichkeit und Selbstbestimmung innerhalb des medizinischen Behandlungsablaufs. Handelt es sich um eine besonders schwere Erkrankung, sind es gerade diese Mechanismen, die bei den Patient:innen in Gefahr geraten. Die Diagnose über eine schwere Krankheit oder das in Aussicht Stellen einer risikobehafteten Behandlung kann einen Menschen in eine psychische wie körperliche Ausnahmesituation versetzen. Geht es um eine existenzielle Erkrankung, ist wohl stets von einem solchen Zustand der Patient:innen auszugehen. Denkbar ist das auch bei Erkrankungen, die so schwer sind, dass sie Identitätsveränderungen zur Folge haben, da sie die

644 LSG Hessen v. 27.11.2014 - L 8 KR 203/13, Rn. 62 (juris).
645 LSG Hessen v. 27.11.2014 - L 8 KR 203/13, Rn. 63 (juris).
646 LSG Hessen v. 27.11.2014 - L 8 KR 203/13, Rn. 63 (juris).
647 LSG Hessen v. 27.11.2014 - L 8 KR 203/13, Rn. 63 (juris).

normale körperliche und geistige Funktion eines Menschen dauerhaft schädigen. Beispielhaft dafür ist die Diagnose einer Querschnittslähmung[648] oder auch die Erblindung[649], auf die der Leistungsanspruch bereits durch das BSG ausgeweitet wurde. Entscheidungsgrundlagen wie das Denken oder das Körperempfinden der Patient:innen können gerade bei existenziellen Erkrankungen außer Kontrolle geraten. Es kann sich neben der körperlichen Extremsituation eine psychische Belastung ergeben, die die Veränderung der Entscheidungsperspektiven und -prioritäten für Patient:innen zur Folge hat. Die Ausübung des patientenrechtlichen Selbstbestimmungsrechts ist deshalb gerade in diesen Fällen gefährdet, weshalb die Rechte der Patient:innen aus Art. 2 Abs. 1 i. V. m. Art. 1 Abs. 1 GG dann besonders gewichtet werden müssen.

Letztlich spricht auch das Argument der Beitragsbelastung der Versicherten, die sich in einem System aus Zwangsmitgliedschaft und Beitragspflicht befinden, dafür, dass der unmittelbare Leistungsanspruch nicht nur auf lebensbedrohlichen oder regelmäßig tödlich verlaufenden Erkrankungen beschränkt sein kann. Das BVerfG betont selbst, dass die GKV auf einem System aus Zwangsmitgliedschaft und Beitragspflicht beruhe, bei dem der oder die einzelne Versicherte keinen Einfluss auf zu beanspruchende Leistungen habe, weshalb er oder sie gerade durch Art. 2 Abs. 1 GG i. V. m. dem Sozialstaatsprinzip vor einer Unverhältnismäßigkeit von Beitrag und Leistungen geschützt sei. Es wäre aber gerade unverhältnismäßig, wenn die Versicherten innerhalb des Systems der GKV in einer notstandsähnlichen Situation unterversorgt blieben, obwohl ihnen gerade aufgrund der hohen Beitragslast keine Mittel zur Zahlung einer Behandlung außerhalb der GKV zur Verfügung stehen.[650] Der Schutz des Art. 2 Abs. 1 GG i. V. m. dem Sozialstaatsprinzip soll gerade gewährleisten, dass eine Versorgung durch die GKV als verfassungsrechtliches Minimum auch bei unvorhersehbaren Erkrankungen mit schweren Folgen gewährleistet ist.[651] Da die Beitragsbelastung zugenommen hat, muss dieses Argument des BVerfG an Gewicht gewinnen, weshalb die Ausweitung des Anspruchs auch auf wertungsmäßig mit schwereren Erkrankungen vergleichbare Erkrankungen und solche, die die Lebensqualität nachhaltig beeinträchtigen, angemessen ist.[652]

---

648 Vgl. *Wiesemann*, Die Autonomie des Patienten in der modernen Medizin, in: Wiesemann/Simon, Patientenautonomie, S. 17.

649 Denkbar ist auch die Erblindung, vgl. BSG v. 20.04.2010 - B 1/3 KR 22/08 R, Rn. 31 (juris).

650 *Gassner*, NZS 2016, 121 (123).

651 *Gassner*, NZS 2016, 121 (123).

652 *Gassner*, NZS 2016, 121 (123).

Da die Zweitmeinung unter dem Schutz der Grundrechte innerhalb dieses Prozesses der Bereitstellung einer Krankenbehandlung steht, kann sie in den genannten Fällen im Hinblick auf Art. 2 Abs. 1 S. 1 GG nicht verwehrt bleiben. Dabei besteht auch keine Gefahr einer unangemessenen Ausweitung des verfassungsunmittelbaren Leistungsanspruchs, weil das gerade nicht bedeutet, dass darüber hinaus nicht das Gebot der Wirtschaftlichkeit gemäß § 12 Abs. 1 SGB V entgegenstehen kann. Die Nikolausrechtsprechung des BVerfG schließt zumindest Wirtschaftlichkeitserwägungen nicht aus.[653]

V. Ergebnis

Ein verfassungsrechtlich fundiertes Recht auf Zweitmeinung muss zumindest in Fällen lebensbedrohlicher oder regelmäßig tödlich verlaufender Erkrankungen, solchen, die damit wertungsmäßig vergleichbar sind und bei sonstigen schwerwiegenden Erkrankungen, die die Lebensqualität auf Dauer nachhaltig beeinträchtigen, ausreichend gewährleistet werden. Dabei kommt es nicht darauf an, ob die Krankheit akut zum Tod führt oder erst zu einem späteren Zeitpunkt. Der Gesetzgeber ist in diesen Fällen verfassungsrechtlich dazu verpflichtet, einen angemessenen, wirksamen Schutz zu garantieren, der die Bedeutung der Rechtsgüter vor allem aus Art. 2 Abs. 2 S. 1 GG aber auch aus Art. 2 Abs. 1 i. V. m. Art. 1 Abs. 1 GG hinreichend gewichtet.

C. Verhältnis zu § 27b SGB V

Mit der Normierung des § 27b SGB V ist die Zweitmeinung zu einer Leistung der GKV geworden, weshalb sich die Frage stellt, in welchem Verhältnis diese Norm zu dem Recht auf Zweitmeinung aus der Verfassung steht.

I. § 27b SGB V

Entscheidend ist dafür vor allem, wie weit der Wortlaut des § 27b Abs. 1 SGB V reichen kann.[654] Der § 27b SGB V mag teilweise verfassungsrechtlichen Anforderungen entsprechen, sofern es um die Gewährleistung von Gesundheitsschutz i. S. v. Art. 2 Abs. 2 GG geht. Wie die Auslegung des engen Wortlauts aber gezeigt hat (s. o.), bietet der Anspruch nach § 27b Abs. 1 SGB V keinen ausreichenden Spielraum, um diesen verfassungsgemäß auszulegen. Dem steht besonders das

---

653 *Gassner*, NZS 2016, 121 (123).

654 Zur Auslegung des Anspruchs siehe Zweites Kapitel, B. V.

zentrale Anspruchskriterium der Mengenanfälligkeit entgegen, das dann auch noch nicht einmal hinreichend definiert ist.

Der dem Anspruch innewohnende Leistungsausschluss bezieht sich insbesondere auf Versicherte, die gerade von dem Recht auf Zweitmeinung aus der Verfassung erfasst sind, d. h. Patient:innen die an einer lebensbedrohlichen, regelmäßig tödlich verlaufenden Erkrankung leiden, an einer Erkrankung die wertungsmäßig damit vergleichbar ist oder auch, die ihre Lebensqualität aufgrund der Schwere besonders beeinträchtigt. Aufgrund des engen und eindeutigen Wortlauts ist eine verfassungskonforme Auslegung des § 27b Abs. 1 S. 1 SGB V vor dem Hintergrund des Rechts auf Zweitmeinung aus der Verfassung nicht möglich. Daraus ergibt sich, dass das Kriterium der Mengenanfälligkeit zumindest keine taugliche Grundlage darstellt, um einen Anspruch auf Zweitmeinung einfachgesetzlich abschließend auszugestalten.

II. Verfassungskonforme Auslegung des § 27b Abs. 6 SGB V

Der § 27b SGB V könnte dennoch an anderer Stelle einen Anhaltspunkt dafür bieten, dass er dem Recht auf Zweitmeinung aus der Verfassung nicht gänzlich entgegensteht. Mit § 27b Abs. 6 SGB V könnte der Gesetzgeber „Vorkehrungen zum Schutz der Grundrechte [getroffen haben], die nicht völlig ungeeignet oder unzulänglich [sind]".[655] § 27b Abs. 6 SGB V eröffnet die Möglichkeit, dass auch andere Versicherte über den Anwendungsbereich des Abs. 1 S. 1 hinaus eine Zweitmeinung einholen können, wenn die Krankenkasse dafür in ihrer Satzung eine zusätzliche Leistung vorsieht.[656]

In Hinblick auf den grundrechtlichen Schutz der Zweitmeinung wäre zu überlegen, ob aus dem § 27b Abs. 6 SGB V eine Verpflichtung der Krankenkassen zur Schaffung einer Satzungsleistung abzuleiten ist, die die Zweitmeinung für lebensbedrohliche oder regelmäßig tödlich verlaufende Erkrankungen, solche die damit wertungsmäßig vergleichbar sind und für sonstige schwerwiegende Erkrankungen, die die Lebensqualität auf Dauer nachhaltig beeinträchtigen, beinhaltet.

1. Auslegung

Die Betrachtung des Wortlauts und des Zwecks der Regelung deuten nicht darauf hin, dass dem § 27b Abs. 6 SGB V eine Verpflichtung für die Regelung

655 BVerfG v. 06.12.2005 - 1 BvR 347/98, Rn. 40 (juris).
656 BT-Drs. 18/4095, S. 75.

bestimmter Satzungsleistungen zur Zweitmeinung entnommen werden kann. Den Krankenkassen steht es gemäß § 27b Abs. 6 SGB V dem Wortlaut nach frei, weitere Angebote für die Einholung einer ärztlichen Zweitmeinung in ihre Satzungsleistungen zu vereinbaren. Diese Regelung ist in Hinblick auf das grundrechtlich geschützte Recht auf Zweitmeinung ohnehin problematisch, da damit die Einschätzung über die Sinnhaftigkeit der Zweitmeinung im Einzelnen geradewegs nur noch den Krankenkassen obliegt. Vor dem Hintergrund der Bedeutung der staatlichen Schutzverpflichtung aus Art. 2 Abs. 2 GG dürfte das der Wesentlichkeitstheorie des BVerfG widersprechen, wonach der Gesetzgeber auf einfachgesetzlicher Normenebene wesentliche Entscheidungen, wie solche, die die Schutzpflicht aus Grundrechten betreffen,[657] selbst zu regeln hat.[658]

Ferner gibt der Wortlaut des § 27b Abs. 6 SGB V vor, dass die Vorgaben und Anforderungen, die der G-BA nach Richtlinie gemäß Abs. 2 trifft, auch für die Angebote der Satzungsleistungen der Krankenkassen gemäß § 27b Abs. 6 S. 2 SGB V verbindlich sind. Eine Abweichung davon ist gemäß § 27b Abs. 6 S. 3 SGB V auch nicht möglich, wenn die Krankenkassen eine Zweitmeinung im Rahmen von Verträgen der besonderen Versorgung nach § 140a SGB V anbieten. Die Finanzierung der Satzungsleistungen nach Abs. 6 unterscheidet sich nicht von der des Abs. 1 S. 1. Sie erfolgt gemäß Abs. 6 durch Zuweisung durch den Gesundheitsfond, was bedeutet, dass Krankenkassen für Satzungsangebote über die Zweitmeinung eine zusätzliche finanzielle Berücksichtigung aus dem Gesundheitsfond erfahren.[659]

Darüber hinaus soll die Regelung dazu dienen, eine Rechtsgrundlage für bereits vor der Normierung des § 27b SGB V bestehende Angebote der Krankenkassen zur Erbringung einer Zweitmeinung zu schaffen.[660]

Mit dem § 27b Abs. 6 SGB V soll für die Krankenkassen Rechtssicherheit geschaffen werden, dass Leistungen, die über den Anwendungsbereich der Zweitmeinung gemäß Abs. 1 S. 1 hinausgehen, von den Krankenkassen angeboten und auch von diesen finanziert werden dürfen. Die Stellung gegenüber § 27b Abs. 1 SGB V zeigt, dass es bei Abs. 6 aus gesetzgeberischer Sicht nicht darum gehen soll, die Zweitmeinung für Patient:innen zur Verfügung zu stellen,

657 BVerfGE 56, 1 (21); vgl. *Propp*, in: Schnapp/Wigge Vertragsarztrecht, § 12 Rn. 55.

658 BVerfG v. 08.08.1978 – 2 BvL 8/77, Rn. 19, 77f. (juris).

659 Was im Übrigen auch die Bereitschaft zum Angebot von Satzungsleistungen nach § 27b Abs. 6 SGB V steigern dürfte. So *Zieglmeier*, in: KassKomm, SGB V, § 27b Rn. 16.

660 BT-Drs. 18/4095, 71; *Knispel*, in: BeckOK-SozR, SGB V, § 27b Rn. 26; *Lang*, in: Becker/Kingreen, SGB V, § 27b Rn. 19; *Zieglmeier*, in: KassKomm, SGB V, § 27b Rn. 19.

die nicht von Abs. 1 S. 1 erfasst sind, für die die Einholung einer Zweitmeinung aus Gesichtspunkten des Gesundheitsschutzes oder auch zum Schutz von patient:innenrechtlicher Selbstbestimmung aber sinnvoll wäre. Das würde gerade dem abschließenden Wortlaut des Abs. 1 entgegenstehen.

Dem § 27b Abs. 6 SGB V ist somit im Wege der Auslegung keine Rechtsverpflichtung zur Schaffung bestimmter Satzungsleistungen zur Zweitmeinung zu entnehmen.

2. *Gesetzliche Krankenkassen als Körperschaften des öffentlichen Rechts– Bedeutung für den Mindestumfang der Satzungsleistungen nach § 27b Abs. 6 SGB V*

Fraglich ist, ob nicht eine Verpflichtung zur Schaffung von Satzungsleistungen nach § 27b Abs. 6 SGB V für schwere Erkrankungen oder Behandlungen resultiert, da die Krankenkassen in ihrer Eigenschaft als Körperschaften des öffentlichen Rechts (§ 4 Abs. 1 SGB V) grundrechtsgebunden sind.

Wie das BVerfG klargestellt hat, sind die Krankenkassen als Körperschaften des öffentlichen Rechts zwar nicht grundrechtsfähig.[661] Das ist darauf zurückzuführen, dass die Krankenkassen Teil der staatlichen Verwaltung sind und somit öffentliche Aufgaben wahrnehmen, was zeigt, dass sie selbst durch einen Hoheitsakt betroffen sind.[662] Im Gegensatz zu anderen Körperschaften des öffentlichen Rechts, wie z. B. Hochschulen oder auch Religionsgemeinschaften, wird den Krankenkassen damit aber keine Unabhängigkeit vom Staat zuteil.[663] Krankenkassen werden gerade zur Erfüllung sozialstaatlicher Aufgaben tätig, weshalb sie insofern auch an die ihrer Tätigkeit zugrundeliegenden grundrechtlichen Schutzverpflichtungen gebunden sein müssen. Das BVerfG hat ausgeführt, dass der Gesetzgeber durch die Schaffung der GKV seiner grundrechtlichen Verpflichtung zum Schutz in Fällen von Krankheit nachgekommen ist, wobei die „Hauptaufgabe der gesetzlichen Krankenkassen […] im Vollzug einer zwecks Erfüllung dieser staatlichen Grundaufgabe geschaffenen detaillierten Sozialgesetzgebung [liegt].[664] Die Krankenkassen sind somit als Körperschaften des öffentlichen Rechts zumindest mittelbar grundrechtsverpflichtet. Aus Sicht der Krankenkassen ist deshalb eine solche staatliche Schutzverpflichtung zu berücksichtigen, auf der die Ausführung ihrer Tätigkeit beruht. Damit

661 BVerfG NZS 2005, 139 (140).

662 *Schiller*, in: Schnapp/Wigge, Vertragsarztrecht, § 5 A., Rn. 50f.

663 Dazu BVerfG NZS 1996, 237.

664 BVerfGE 39, 302 (313).

müssen die Krankenkassen daran gebunden sein, dass aus Art. 2 Abs. 1 i. V. m. Art. 1 Abs. 1 GG und i. V. m. Art. 2 Abs. 2 GG ein Recht auf Zweitmeinung abgeleitet werden kann, aus dem sich eine weitreichende staatliche Verpflichtung zum Schutz der Selbstbestimmung und des Rechts auf Leben und körperliche Unversehrtheit der Einzelnen ergibt, dem in Fällen schwerer Erkrankung auch nicht das Wirtschaftlichkeitsgebot entgegensteht.

Daraus folgt, dass von den Krankenkassen die Leistung auf Zweitmeinung für Patient:innen, die an einer lebensbedrohlichen, regelmäßig tödlich verlaufenden, an einer damit wertungsmäßig vergleichbaren Erkrankung leiden oder an einer sonstigen schwerwiegenden Erkrankung, die die Lebensqualität auf Dauer nachhaltig beeinträchtigt, nicht versagt werden darf. Sind also die Krankenkassen durch § 27b Abs. 6 SGB V ausdrücklich dazu berechtigt über den Rechtsanspruch aus § 27b Abs. 1 S. 1 SGB V hinaus eine Leistung auf Zweitmeinung zu schaffen, so sind sie gleichzeitig grundrechtlich dazu verpflichtet, wenn sie Satzungsleistungen nach § 27b Abs. 6 SGB V ausgestalten, das zumindest derart zu tun, dass die Einholung einer Zweitmeinung in den Fällen schwerer Erkrankung generell möglich ist. Das bedeutet, dass die Satzungsleistungen nach § 27b Abs. 6 SGB V zumindest eine Öffnungsklausel in Hinblick auf besonders schwerwiegende Krankheiten beinhalten müssen.

3. *Zwischenergebnis*

In Hinblick auf die eingangs aufgeworfene Überlegung, ob der § 27b Abs. 6 SGB V eine ausreichende staatliche Vorkehrung zum Schutz der Grundrechte[665] darstellt, ist das zu verneinen. Dem § 27b Abs. 6 SGB V ist unter Bezugnahme auf die Bindung der Krankenkassen als Körperschaften des öffentlichen Rechts an die staatliche Schutzverpflichtung aus Art. 2 Abs. 1 i. V. m. Art. 1 Abs. 1 GG und i. V. m. Art. 2 Abs. 2 GG zu entnehmen, dass sie bei der Regelung ihrer entsprechenden Satzungsleistungen zwar Fälle schwerer Erkrankungen nicht regeln müssen, aber dennoch dazu verpflichtet sind, eine Möglichkeit der Leistungserbringung für diesen Fällen vorzusehen. Denkbar wäre dafür eine Art „Öffnungsklausel".

Im Ergebnis ist § 27b Abs. 6 SGB V als Leistungsgrundlage nicht mit dem gesetzlichen Anspruch aus § 27b Abs. 1 S. 1 SGB V vergleichbar, zumal es gerade keine rechtsverbindliche Pflicht der Krankenkassen gibt, eigene Satzungsleistungen nach § 27b Abs. 6 SGB V zu regeln.

---

665 BVerfG v. 06.12.2005 - 1 BvR 347/98, Rn. 40 (juris).

III. Kostenerstattungsanspruch nach § 13 Abs. 3 SGB V

Sollte eine entsprechende Satzungsleistung der Krankenkassen im Falle einer schweren Erkrankung fehlen, könnte ein Anspruch auf Kostenerstattung gemäß § 13 Abs. 3 SGB V in Frage kommen. Demnach sind den Versicherten die Kosten zu erstatten, sofern die Krankenkasse eine notwendige Leistung zu Unrecht abgelehnt hat und dadurch den Versicherten für die selbstbeschaffte Leistung Kosten entstanden sind. Gemeint sind Leistungsansprüche bei Systemversagen.[666]

§ 13 Abs. 3 SGB V regelt den Fall, dass die Krankenkasse die Leistung nicht erbracht hat und nachträglich die Kosten dafür erstatten muss, wenn tatsächlich eine Leistungspflicht bestand.[667] Hintergrund ist der den Krankenkassen obliegende Sicherstellungsauftrag. Demnach haben die Krankenkassen zu gewährleisten, dass den Versicherten zur Erbringung der Sach- oder Dienstleistungen im Bedarfsfall Leistungserbringer:innen zur Verfügung stehen.[668] Den Versicherten entstehe ein Schaden, den die Krankenkasse zu ersetzen habe, sofern sie ihrer Leistungspflicht nicht nachkomme und die Versicherten sich deshalb selbst die Leistung beschaffen müssen.[669] Für den Fall der Zweitmeinung wird es dabei um die rechtswidrige Ablehnung einer von der Leistungspflicht erfassten Sachleistung gehen. Sollte eine Krankenkasse keine Satzungsleistung für die Zweitmeinung bei schweren Erkrankungen beschlossen haben, wäre die Ablehnung der Leistung rechtswidrig, da die Krankenkassen, wie oben dargelegt, dazu grundrechtlich verpflichtet sind. Sofern die Krankenkassen Satzungsleistungen nach § 27b Abs. 6 SGB V ausgestalten, müssen sie zumindest eine Öffnungsklausel für die Erbringung der Zweitmeinung in den Fällen schwerer Erkrankung bereithalten.

Aus Versichertensicht bietet der § 13 Abs. 3 SGB V damit die Möglichkeit, eine bei der Zweitmeinung verfassungsrechtlich notwendige Leistungsausweitungen geltend zu machen.[670]

IV. Anwendbarkeit der Zm-RL

Neben dem § 27b SGB V dürfte auch die Zm-RL der Inanspruchnahme des Rechts auf Zweitmeinung aus der Verfassung entgegenstehen – zumindest,

666 BSG, SGb 2017, 509.
667 *Joussen*, in: BeckOK Sozialrecht, SGB V, § 13 Rn. 13.
668 *Joussen*, in: BeckOK Sozialrecht, SGB V, § 13 Rn. 14.
669 *Joussen*, in: BeckOK Sozialrecht, SGB V, § 13 Rn. 14.
670 Vgl. *Kingreen*, in: Becker/Kingreen, SGB V, § 13 Rn. 23.

wenn sie auch für Versicherte, Krankenkassen und Leistungserbringer:innen verbindlich ist.

Zwar ist gesetzlich in § 91 Abs. 6 SGB V verankert, dass die Richtlinien des G-BA für alle Systembeteiligten und ihre Mitglieder verbindlich sind. Bei dem Erlass von Richtlinien handelt es sich aber um Rechtssetzung, welche auf die vom Volk legitimierte Staatsgewalt zurückgeführt werden muss,[671] weshalb umstritten ist, inwiefern der G-BA zur Richtliniensetzung ausreichend legitimiert ist.

Der 1. und 6. Senat des BSG halten seit langem daran fest, dass die Richtlinien des G-BA normative Wirkung haben und somit gleichermaßen für Krankenkassen, Versicherte und Leistungserbringer:innen verbindlich seien. Vergleichbar ist das mit der Wirkung von Rechtsverordnungen.[672] Der 1. Senat des BSG versteht die Leistungsrechte gemäß §§ 27 ff. SGB V als ausfüllungsbedürftige „Rahmenrechte", die sich erst durch die Ausgestaltung der Richtlinieninhalte des G-BA zu durchsetzbaren Einzelansprüchen verdichten.[673] Die Versicherten können letztlich nur Leistungen beanspruchen, die in einer Richtlinie des G-BA aufgeführt sind, § 27 Abs. 1 SGB V gewähre dementsprechend nur einen Anspruch dem Grunde nach.[674] Die Verfassungsmäßigkeit dieser Konstruktion wurde auch nicht mehr grundlegend in Zweifel gezogen.[675] Hinzu kam eine relativ geringe Kontrollintensität, wobei von den Gerichten lediglich die Ordnungsgemäßheit des Erlassverfahrens und das Vorliegen eines Systemversagens in Bezug auf die Richtlinien geprüft wurde.[676] Letztlich hat der 1. Senat des BSG sich aber dahingehend geöffnet, die materiell rechtliche Übereinstimmung der Richtlinien mit dem Gesetz zu prüfen, zumindest was die bindenden gesetzlichen Vorgaben dafür betrifft. Darüber hinaus sei der G-BA als Normengeber für gesetzliche Konkretisierungen zuständig, weshalb die Sozialgerichte ihre eigene gesetzliche Wertung nicht an Stelle des G-BA stellen dürfen. Die gerichtliche Kontrolle beschränkt sich dabei (s. o.).[677]

671 *Neumann*, NZS 2010, 593 (594).

672 Seit dem „Methadonurteil" BSGE 78, 70, 74ff.; BSG v. 05.05.2009 – B 1 KR 15/08 R, Rn. 11 m.w.N. (juris); zur Entwicklung der Rechtsprechung *Kingreen*, ZMGR 2010, 216 (217ff.); *Kingreen*, MedR 2017, 8f.

673 BSGE 81, 54, 59ff.; 81, 73, 76ff.; *Kingreen*, MedR 2017, 8 (9).

674 BSGE 82, 158 (161).

675 BSG, NZS 2016, 302.

676 BSG, SozR 4-2500, § 135 Nr. 1 Rn. 7; vgl. BSG, SozR 3-2500, § 135 Nr. 4 S. 17; dazu *Schmidt-De Caluwe,* in: Becker/Kingreen, SGB V, § 92 Rn. 7.

677 BSG, SozR 4-2500, § 34 Nr. 18 Rn. 25.

In der Literatur hat sich schon lange Widerstand gegen die Normbindungswirkung der Richtlinien des G-BA gebildet.[678] Insbesondere fehle es dem G-BA an einer hinreichenden verfassungsrechtlichen Legitimation zur Normsetzung gegenüber Versicherten, was Fragen bezüglich der Vereinbarkeit mit dem Demokratiegebot gemäß Art. 20 Abs. 2 GG aufwirft. Grundlegend ergeben sich Probleme aus der auf das Volk bezogenen fehlenden personellen Legitimation der Mitglieder des G-BA, was wiederum von der Rechtsprechung über die Grundsätze der funktionalen Selbstverwaltung aufgewogen wird.[679]

Nach der Rechtsprechung des BVerfG kann den Richtlinien des G-BA keine normverbindliche Maßstabsfunktion zukommen.[680] Das BVerfG geht schon seit 2002 davon aus, dass die geringe Kontrolldichte der Richtlinien durch die Sozialgerichte unvereinbar mit Art. 19 Abs. 4 i. V. m. Art. 2 Abs. 2 GG sei.[681] Es verlangt deshalb eine breite materiellrechtliche Prüfung der Richtlinien.[682] Mit dem subjektiven Recht des Art. 19 Abs. 4 GG kann dabei nur der Leistungsanspruch des Versicherten gemeint sein, der wiederum nicht konstitutiv von den Richtlinien des G-BA abhängig sein kann, sofern er auch vor dem Hintergrund des Art. 19 Abs. 4 i. V. m. Art. 2 Abs. 2 GG bestehen kann, wenn eine Richtlinie des G-BA dies nicht vorsieht.[683] Wie oben bereits dargestellt, geht das BVerfG später dazu über, einen Anspruch auf eine bestimmte Krankenbehandlung zu prüfen, losgelöst von dem Richtlinienrecht des G-BA und nur an dem Maßstab, ob nach der „gesetzlichen Zusage" der Verschaffung der notwendigen Krankenbehandlung eine Versorgungslücke i. S. d. Systemversagens oder der Grundsätze der Nikolausrechtsprechung besteht.[684] Aus dieser Rechtsprechung geht hervor, dass die Richtlinien, die mit den gesetzlichen Vorgaben zumindest übereinstimmen, nur eine *Orientierungsfunktion* haben können, mit der sie die gesetzlichen Vorgaben des SGB V in zutreffender Weise konkretisieren.[685] Das wird auch in dem Beschluss des BVerfG vom 10.11.2015 deutlich, indem es betont, dass über den verfassungsunmittelbaren Leistungsanspruch bei lebensbedrohlichen oder regelmäßig tödlich verlaufenden Erkrankungen hinaus Art. 2 Abs. 1 GG i. V. m.

678 *Schmidt-De Caluwe,* in: Becker/Kingreen, SGB V, § 92 Rn. 9 ff. m.w.N.
679 Vgl. BSG, SozR 4-2500, § 92 Nr. 5 Rn. 58.
680 Zutreffend *Schmidt-De Caluwe,* in: Becker/Kingreen, SGB V, § 92 Rn. 8.
681 BVerfG, NZS 2003, 253; NZS 2004, 527.
682 BVerfG, NZS 2003, 253; NZS 2004, 527.
683 *Schmidt-De Caluwe,* in: Becker/Kingreen, SGB V, § 92 Rn. 8.
684 BVerfG v. 29.11.2007 - 1 BvR 2496/07, Rn. 15 (juris); vgl. *Schmidt-De Caluwe,* in: Becker/Kingreen, SGB V., § 92 Rn. 8.
685 *Schimmelpfeng-Schütte,* NZS 2006, 567.; *Schmidt-De Caluwe,* SGb 2006, 619 ff.

dem Sozialstaatsprinzip und Art. 2 Abs. 2 S. 1 GG einen weitergehenden subjektivrechtlichen Grundrechtsschutz vermitteln, an dem sich die Ausgestaltung und Anwendung des Leistungsrechts der GKV zu orientieren hat (s. o.). Insofern hat das BVerfG in seinem Beschluss vom 10.11.2015 auch mitgeteilt, dass die Zweifel an der demokratischen Legitimation des G-BA „durchaus gewichtig" seien.[686]

Letztlich bedeutet das aber, dass die Zm-RL zwar hinreichend konkretisiert, was im Rahmen von § 27b SGB V von den Versicherten beansprucht werden kann. Da der Richtlinie aber gerade keine normverbindliche Maßstabsfunktion zukommt, kann sie einen verfassungsunmittelbaren Anspruch auf Zweitmeinung in den Fällen von schwerer Erkrankung nicht entgegenstehen. Gerade in diesen Fällen vermittelt Art. 2 Abs. 1 GG i. V. m. dem Sozialstaatsprinzip und Art. 2 Abs. 2 S. 1 GG einen weitergehenden subjektivrechtlichen Grundrechtsschutz, der über die konkretisierten Fälle der Zm-RL hinausgeht.

V. Ergebnis

Der § 27b SGB V steht in einem starken Spannungsverhältnis zu dem Recht auf Zweitmeinung aus der Verfassung. Verantwortlich ist dafür vor allem das Kriterium der Mengenanfälligkeit des § 27b SGB V, das den Anwendungsbereich des Anspruchs auf Zweitmeinung strakt begrenzt und das somit keine taugliche Grundlage darstellt, um einen Anspruch auf Zweitmeinung einfachgesetzlich abschließend auszugestalten.

Unter den Voraussetzungen von Art. 2 Abs. 1 GG i. V. m. dem Sozialstaatsprinzip und Art. 2 Abs. 2 S. 1 GG ist ein Leistungsausschluss von Patient:innen, die an einer besonders schweren oder das Leben nachhaltig beeinträchtigenden Erkrankung leiden, nicht gerechtfertigt – genau davon scheint aber der § 27b SGB V auszugehen. Eine dahingehende verfassungskonforme Auslegung des § 27b SGB V scheint wegen des engen Wortlauts auch nicht möglich. Dieses Spannungsverhältnis kann auch nicht durch die Normierung von § 27b Abs. 6 SGB V aufgelöst werden. Für die Krankenkassen wird hierdurch zwar eine ausdrückliche Rechtsgrundlage für Satzungsleistungen zur Zweitmeinung über den eingeschränkten Anwendungsbereich des § 27b Abs. 1 SGB V hinaus geschaffen. Darin liegt aber gerade kein mit § 27b Abs. 1 SGB V vergleichbarer (verpflichtender) Leistungsanspruch.

Somit fehlt es im Ergebnis bei § 27b SGB V an einer ausreichenden verfassungsmäßigen Ausgestaltung. Die grundrechtsorientierte Auslegung des § 27b

686 BVerfG v. 10.11.2015 - 1 BvR 2056/12, Rn. 22 (juris).

SGB V bei Patient:innen, die an einer besonders schweren Erkrankung leiden, sind nicht unbedingt vom Anwendungsbereich erfasst. Insofern schränkt der § 27b SGB V das Recht auf Zweitmeinung, wie es sich aus der Verfassung ergibt, unzulässig ein.

Fünftes Kapitel: Zusammenfassung und abschließende Würdigung

A. Überblick der Thesen

- Von dem Begriff Zweitmeinung geht im Allgemeinen ein breites medizinisches Verständnis aus. Darüber hinaus werden mit dem Begriff besonders die unterschiedlichen Erwartungen ausgedrückt, die von verschiedener Seite an die Erbringung einer Zweitmeinung gestellt werden, denn je nachdem, wen man im System der Gesundheitsversorgung betrachtet, werden mit einer Zweitmeinung unterschiedliche Interessen und Zwecke verfolgt. In Hinblick auf die Verwendung des Begriffs in § 27b SGB V stellt man fest, dass dieser mit dem medizinischen Verständnis von Zweitmeinung wenig gemein hat. Der Gesetzgeber verwendet den Begriff im § 27b SGB V i. S. e. *Zweitmeinungsverfahrens*, der ausschließlich die Einholung einer ärztlichen Zweitmeinung für mengenanfällige Eingriffe i. S. d. § 27b Abs. 1 SGB V meint, die vom G-BA als solche in der Zm-RL festgelegt werden.
- Für die Einholung einer ärztlichen Zweitmeinung bestand vor Einführung des § 27b SGB V keine rechtliche Grundlage, die tatsächlich auch Relevanz für die Versorgung erlangt hat. Vielmehr erbrachten Krankenkassen die Zweitmeinung in unterschiedlichem Umfang meist unter Hinweis auf das Recht der freien Arztwahl. Auch wenn Patient:innen eine Zweitmeinung trotzdem auf verdeckte Weise unter Kostenübernahme durch die Krankenkasse einholen konnten, war dies rechtlich vielmehr nur bei privater Kostenübernahme oder aber auch durch einen zulässigen Arztwechsel nach Wegfall der Vertrauensgrundlage des Behandlungsverhältnisses möglich.
- Aus heutiger Sicht steht die Normierung der Zweitmeinung in § 27b SGB V als speziellere Anspruchsgrundlage allen anderen (früher) in Frage kommenden Rechtsgrundlagen entgegen und ist vorrangig.
- Bei der Normierung des § 27b SGB V geht es um die Verfolgung eines Systeminteresses. Durch ein gezieltes Zweitmeinungsverfahren sollen Mehrkosten der Krankenkassen reduziert werden, die bei der gehäuften Durchführung bestimmter Eingriffe möglicherweise unnötig entstehen. Deshalb besteht der Anspruch auf Zweitmeinung gemäß § 27b SGB V nur für einen bestimmten abgrenzbaren Personenkreis und nicht darüber hinaus. Das widerspricht den Erwartungen von Patient:innen, die diese an das Einholen einer Zweitmeinung in Hinblick auf die Wahrnehmung von Patient:innenautonomie stellen.

- Im Falle des Unterbleibens der Zweitmeinungsaufklärung gemäß § 27b Abs. 5 SGB V ergeben sich für den oder die Erstbehandler:in haftungsrechtliche Konsequenzen nach Maßgabe der §§ 630e, 630d Abs. 2 BGB, was daraus folgt, dass die Zweitmeinungsaufklärung systematisch in den Anwendungsbereich des § 630e BGB einzuordnen ist.
- Das Verfahren über das rechtmäßige Zustandekommen der Zm-RL wurde nicht eingehalten. Nach § 16 Abs. 1, 1. Kapitel VerfO G-BA hätte eine IQWiG Beauftragung zu Beginn der Beratungen erfolgen müssen, da die Richtlinienerstellung grundsätzliche Fragen von sektorenübergreifender Versorgungsrelevanz betrifft und keine abweichende Begründung davon ersichtlich oder erfolgt ist. Die Folge dessen ist die Teilnichtigkeit der davon betroffenen Stellen des Besonderen Teils der Richtlinie.
- Weder in § 27b SGB V noch in der Zm-RL wird der Begriff der Mengenanfälligkeit als zentraler Ausgangspunkt des Anspruchs auf Zweitmeinung definiert. In Bezug auf die Mandel- und die Gebärmutterentfernungen kann der G-BA anhand seiner tragenden Gründe nicht nachweisen, dass Anzeichen für eine Mengenanfälligkeit die maßgeblichen Gesichtspunkte der Listung dieser Eingriffe in der Zm-RL waren. Vielmehr erscheinen die Begründungen dazu in Bezug auf den Gesetzeswortlaut widersprüchlich. Auch der allgemeine Ausschluss maligner Erkrankungen von der Erbringung der Zweitmeinung steht nicht im Einklang mit den Vorgaben des § 27b Abs. 1 SGB V. Die Zm-RL ist deshalb in diesen Punkten teilnichtig, wofür auch die übrigen Voraussetzungen erfüllt sind.
- Die Zm-RL ist – besonders was die Leistung der Eingriffe des Besonderen Teils angeht – mit bisher acht Eingriffen kurzgefasst, was insgesamt die Entwicklung des Zweitmeinungsverfahrens nach § 27b SGB V nur langsam voranbringt. Das schwere und langsame Zustandekommen der Richtlinie und ihre aktuelle Ausgestaltung haben dazu beigetragen, dass das Zweitmeinungsverfahren nach § 27b SGB V bisher weitgehend unbedeutend ist. Das soll sich zumindest mit der Gesetzesänderung des GVWG ändern, wodurch der G-BA nunmehr verpflichtet ist, jährlich mindestes zwei neue Eingriffe in die Zm-RL aufzunehmen.
- Vor dem Hintergrund der Nikolausrechtsprechung des BVerfG ergibt sich ein Recht auf Zweitmeinung bereits aus der Verfassung, was im leistungsrechtlichen Sinne dem § 27 SGB V als allgemeinem Leistungsanspruch zuzuordnen ist. Es wurzelt sowohl im Recht auf Leben und körperliche Unversehrtheit als auch im allgemeinen Persönlichkeitsrecht.
- Das Recht auf Zweitmeinung soll während des Verfahrens der Leistungsgewährung der Sicherung des fehlerlosen Behandlungsablaufs zum Schutze des

Lebens und der körperlichen Unversehrtheit der Patient:innen dienen und ihr Selbstbestimmungsrecht stärken. Es muss zumindest in Fällen lebensbedrohlicher oder regelmäßig tödlich verlaufender Erkrankungen, bei solchen die damit wertungsmäßig vergleichbar sind und bei sonstigen schwerwiegenden Erkrankungen, die die Lebensqualität auf Dauer nachhaltig beeinträchtigen, unabhängig davon, ob die Krankheit akut zum Tod führt oder erst zu einem späteren Zeitpunkt, gewährleistet werden. Vor dem Hintergrund der Art. 2 Abs. 2 S. 1 GG und Art. 2 Abs. 1 i. V. m. Art. 1 Abs. 1 GG ist der Gesetzgeber in diesen Fällen verfassungsrechtlich dazu verpflichtet, einen angemessenen, wirksamen Schutz zu garantieren.

- Das verfassungsmäßige Recht auf Zweitmeinung geht über den einfachgesetzlichen Anspruch aus § 27b SGB V weit hinaus. Mit der Normierung des § 27b SGB V ist deshalb eine Begrenzung dieses Rechts eingetreten, da sich § 27b SGB V auf mengenanfällige und planbare Eingriffe beschränkt. Eine Rechtfertigung dieser Grundrechtsbeschränkung ist nicht unbedingt gegeben. Die grundrechtsorientierte Auslegung des § 27b SGB V bei Patient:innen, die an einer besonders schweren Krankheit leiden, ist aufgrund des eindeutigen Wortlauts des § 27b Abs. 1 S .1 SGB V nicht möglich.
- Vor dem Hintergrund der verfassungsrechtlichen Verankerung der Zweitmeinung wird deutlich, dass der Begriff der Mengenanfälligkeit keine taugliche Grundlage darstellt, um einen Anspruch auf Zweitmeinung einfachgesetzlich abschließend zu regeln.
- Krankenkassen, als Körperschaften des öffentlichen Rechts, sind sowohl mittelbar als auch unmittelbar grundrechtgebunden, weshalb sie verpflichtet sind, ihre Zweitmeinungsangebote auf Grundlage des § 27b Abs. 6 SGB V entsprechend dem verfassungsrechtlichen Schutzgebot auszugestalten.
- Trotzdem ist es nach den Vorgaben der Wesentlichkeitstheorie unzureichend, die Patient:innen für die Inanspruchnahme ihres verfassungsmäßigen Rechts auf Zweitmeinung über § 27b Abs. 6 SGB V auf die Satzungsleistungen der Krankenkassen zu verweisen. § 27b Abs. 6 SGB V ist nicht mit dem gesetzlichen Anspruch aus § 27b Abs. 1 S. 1 SGB V vergleichbar, da dieser keine rechtsverbindliche Pflicht der Krankenkassen normiert, eigene Satzungsleistungen nach Maßgabe des verfassungsmäßigen Rechts auf Zweitmeinung zu regeln. Er bietet allenfalls die Möglichkeit, dass auch andere Versicherte über den Anwendungsbereich des § 27b Abs. 1 S. 1 SGB V hinaus eine Zweitmeinung einholen können, wenn die Krankenkasse dafür in ihrer Satzung eine zusätzliche Leistung vorsieht.
- Sollten Krankenkassen keine Möglichkeiten für die Inanspruchnahme der Zweitmeinung bei schweren Erkrankungen in ihren Satzungsleistungen

vorsehen, kommt ein Anspruch auf Kostenerstattung gemäß § 13 Abs. 3 SGB V für Patient:innen in Betracht.

B. Zusammenfassende Würdigung

Im Ergebnis stellt der § 27b SGB V keine so große Bereicherung für das Leistungsrecht des SGB V dar, wie zuerst zu vermuten war. Die Enttäuschung darüber dürfte ganz auf Seiten der Patient:innen liegen, die mit einer ärztlichen Zweitmeinung vor allem patient:innenrechtliche Selbstbestimmung, eine bestmögliche medizinische Versorgung, die Absicherung von schwerwiegenden Diagnosen und damit verbundene Behandlungsoptionen assoziieren. Sofern es nicht explizit um die Eingriffe geht, die in der Zm-RL gelistet sind oder um die (möglichen) Satzungsleistungen der Krankenkassen in diesem Zusammenhang, steht Patient:innen nach wie vor kein echter Leistungsanspruch auf Zweitmeinung im Recht der GKV zu.

Dieses Auseinanderfallen von Erwartung und leistungsrechtlicher Wirklichkeit resultiert maßgeblich daraus, dass nicht alle Beteiligten des Gesundheitssystems mit der Erbringung der Zweitmeinung denselben Zweck verfolgen. Gerade aus gesetzgeberischer Sicht ist die Zweitmeinung vor allem ein Mechanismus der Kostenregulierung steigender Gesundheitsausgaben, weshalb sich der Umfang des Leistungsanspruchs aus § 27b Abs. 1 SGB V besonders daran ausrichtet. Dass Patient:innen darüber hinaus auf die Satzungsleistungen der Krankenkassen verwiesen werden, kann verfassungsrechtlichen Anforderungen bei der Ausgestaltung des Leistungskatalogs der GKV nicht genügen.

Gerade auch aus medizinischer Sicht wird die Ausgestaltung des Leistungsanspruchs auf Zweitmeinung dem Verständnis von Zweitmeinung nicht gerecht, was sich schon daraus ergibt, dass gerade im medizinischen Bereich der Begriff viel differenzierter betrachtet wird. Hier wurde bereits unterschieden in explizite und implizite Zweitmeinungsverfahren und Zweitmeinungsverfahren *peer review*. Diese Ansätze sind zur allgemeinen Strukturierung des Begriffs sinnvoll, da sie die Vielseitigkeit, der mit der Zweitmeinung verbundenen Zwecke, besser abbilden. Dieses medizinische Verständnis von Zweitmeinung findet sich leider kaum im § 27b SGB V wieder, genauso wenig wie das, was Patient:innen unter Zweitmeinung verstehen.

Im Ergebnis muss man feststellen, dass die Zweitmeinung, wie sie mit § 27b SGB V Einzug in den Leistungskatalog des SGB V gefunden hat, den verschiedenen Erwartungen, die die unterschiedlichen Leistungsbeteiligten an sie stellen, nur wenig gerecht wird. Damit verbunden ist prinzipiell auch ein grundlegendes Verständnisproblem, was bisher besonders auf Seiten der Patien:innen, aber auch auf Seite der Krankenkassen existierte. Beide gingen aus unterschiedlichen (rechtlichen) Gründen davon aus, dass ein „Recht auf Zweitmeinung" ohnehin existierte. So haben Patient:innen eine Zweitmeinung auf verdecktem Wege bisher nicht nur tatsächlich in Anspruch nehmen können, sondern auch Krankenkassen stellten schon vor Einführung des § 27b SGB V Angebote dazu bereit, auch wenn die Rechtsgrundlage dafür z. T. unklar blieb. Zumindest ist das oftmals dafür herangezogene Recht auf freie Arztwahl, besonders auch wegen der Wertung des § 76 Abs. 3 SGB V, keine taugliche Anspruchsgrundlage. Zumindest vor diesem Hintergrund ist es aus Gründen der Rechtssicherheit als durchweg positiv zu bewerten, dass der Gesetzgeber mit der Normierung des § 27b SGB V für die verschiedenen Wege, die bisher für die Einholung einer Zweitmeinung in Betracht kamen, eine einheitliche Rechtsgrundlage geschaffen hat.[687]

Der § 27b SGB V selbst ist aus leistungsrechtlicher Sicht als eine komplizierte Neuregelung einzustufen, da die Einholung einer Zweitmeinung an eine Reihe von Voraussetzungen sowohl für die Leistungserbringer:innen als auch für die Versicherten geknüpft ist. Der entscheidende Punkt dabei ist, dass die Erbringung der Zweitmeinung von der Mengenanfälligkeit bestimmter Eingriffe abhängt und dem § 27b SGB V selbst nicht zu entnehmen ist, wann eine solche Mengenanfälligkeit vorliegt. Dieses Problem konnte leider auch nicht durch die Ausgestaltung der Zm-RL behoben werden, die genauso wenig einheitlich darlegt, was Mengenanfälligkeit überhaupt bedeutet. Daneben hat es ohnehin lange gedauert, bis die Zm-RL erlassen wurde, weshalb der § 27b SGB V bisher kaum für die Leistungserbringung der GKV relevant ist. Derzeit umfasst die Richtlinie zwar einen breiten Allgemeinen Teil, dieser gibt überwiegend aber nur die zahlreichen gesetzlichen Vorgaben des § 27b SGB V wieder. Der Besondere Teil der Zm-RL umfasst nach „Anlaufschwierigkeiten" aktuell immerhin acht Eingriffe. Es bleibt abzuwarten, wie kontinuierlich die Liste der Eingriffe erweitert wird, insbesondere auch durch die Änderung des § 27b SGB V im Zuge des GVWG, wodurch der G-BA nunmehr verpflichtet ist, jährlich mindestens zwei neue Eingriffe in die Zm-RL aufzunehmen.[688] Für eine breitere Akzeptanz und auch Relevanz der Zweitmeinung innerhalb der Leistungserbringung der GKV wird die kontinuierliche Erweiterung des Zm-RL zumindest wichtig sein.

Besonders kritisch ist die Neuregelung aber vor dem Hintergrund der Rechtsprechung des BVerfG und der Sozialgerichtsbarkeit zu betrachten. Dafür lohnt

---

687 Zuzustimmen ist *Wenner*, SozSich 2015, 333 (335).

688 BT-Drs. 19/26822, S. 10, 67.

es, sich die verschiedenen Rechte auf Zweitmeinung einmal in ihrem Verhältnis zueinander vorzustellen:

Der Ausgangspunkt dafür ist das verfassungsmäßige Recht auf Zweitmeinung, das sich aus Art. 2 Abs. 2 S. 1 GG und aus Art. 2 Abs. 1 i. V. m. Art. 1 Abs. 1 GG ergibt und prinzipiell eine große Reichweite hat, da unterschiedliche grundrechtliche Schutzbereiche betroffen sind. Es betrifft insbesondere schwerwiegende Erkrankungen aber auch risikoreiche medizinische Behandlungen. Vor dem Hintergrund der aufgezeigten Rechtsprechung besteht gerade eine Leistungspflicht der GKV, wenn Patient:innen an lebensbedrohlichen, regelmäßig tödlich verlaufenden Erkrankungen oder aber an solchen Erkrankungen leiden, die wertungsmäßig damit vergleichbar sind und auch bei sonstigen schwerwiegenden Erkrankungen, die die Lebensqualität auf Dauer nachhaltig beeinträchtigen. Ob eine Krankheit dabei akut zum Tod führt oder erst im weiteren Verlauf, ist unerheblich. Wenn die Zweitmeinung als Verfahrensvorgang der Behandlung in diesen Fällen geeignet ist, die Heilung der Erkrankung zu fördern oder Methoden der Linderung der Erkrankung zu finden, so kann sie zumindest in diesen Fällen nicht versagt werden. Der Gesetzgeber ist dann verfassungsrechtlich dazu verpflichtet, einen angemessenen, wirksamen Schutz zu garantieren, der die Bedeutung der Rechtsgüter aus Art. 2 Abs. 2 S. 1 GG aber auch aus Art. 2 Abs. 1 i. V. m. Art. 1 Abs. 1 GG ausreichend gewichtet.

Zu diesem verfassungsmäßigem Recht auf Zweitmeinung tritt mit § 27b SGB V der Anspruch auf Zweitmeinung im Leistungsrecht der GKV, dessen Anwendungsbereich mit Beschränkung auf mengenanfällige Eingriffe dagegen sehr viel enger gefasst ist. Das ist erst einmal prinzipiell auch nicht verboten, da anerkannt ist, dass der Gesetzgeber im Bereich der Krankenversicherung Fragen der Finanzierbarkeit auch zum Gegenstand der Gesetzgebung machen darf (s. o.). Dennoch ist dieser Anwendungsbereich in Anbetracht der Bedeutung betroffener grundrechtlicher Schutzgüter zu eng gefasst, gerade, wenn es um schwerwiegende, wie z. B. existenzielle, Erkrankungen geht. Gleichzeitig wurde mit der Normierung von § 27b SGB V der einst weite Rechtskreis schwer kranker Patient:innen, die zuvor ihren Anspruch auf Zweitmeinung zumindest auf § 27 SGB V i. V. m. Grundrechten stützen konnten, im Grunde verkürzt. Die Ausgestaltung des § 27b SGB V genügt damit insgesamt nicht mehr den verfassungsrechtlichen Anforderungen, die an die Leistungserbringung im SGB V gestellt werden.

Zu diesem Gefüge an Regelungen kommt schließlich die Zm-RL des G-BA hinzu, die den Leistungsanspruch aus § 27b SGB V konkretisiert und die damit grundsätzlich keine begrenzende Wirkung für das verfassungsmäßige Recht auf Zweitmeinung hat. Die Regelung des G-BA muss sich aber zumindest innerhalb der Vorgaben der Ermächtigungsgrundlage bewegen, was dem G-BA nicht an jeder Stelle gelungen ist. Vielmehr hat er mit der Listung der Tonsillektomie, bzw. Tonsillotomie und bei den Hysterektomien seine Regelungsbefugnis überschritten und das gerade mit der Begründung, dass es sich bei den Tonsillektomie, bzw. Tonsillotomie um schwere Eingriffe handelt, die oftmals mit lebensgefährlichen Blutungen, besonders auch bei jungen Patient:innen, verbunden sind. Er spricht in diesem Zusammenhang von einer Risiko-Nutzen-Abwägung, etwas, was der Gesetzgeber mit der Zweitmeinung bei § 27b SGB gerade nicht vor Augen hatte. Bei der Listung der Hysterektomien geht es wahrscheinlich darum, dass Patient:innen oftmals lange unter den Folgen des Eingriffs leiden, der überwiegend auf Grund von benignen Erkrankungen durchgeführt wird. Auch wenn die Zm-RL damit als teilnichtig zu bewerten ist, sind diese Begründungen in Hinblick auf die verfassungsmäßigen Vorgaben für die Zweitmeinung erfreulich.

Die Richtlinie erweckt den Anschein, sie möge so das Vakuum füllen, dass sich zwischen verfassungsmäßigem Recht auf Zweitmeinung und einfachgesetzlicher Ausgestaltung des Anspruchs im SGB V ergibt. Dabei steht die Überschreitung der Regelungsbefugnis des G-BA geradezu sinnbildhaft dafür, was den Umgang mit Zweitmeinung für allen Systembeteiligten so kompliziert macht: Im Ergebnis ist es nämlich das zentrale Anspruchskriterium der *Mengenanfälligkeit*, dass eben keine taugliche Grundlage darstellt, um eine Recht auf Zweitmeinung als Leistungsrecht innerhalb der GKV abschließend zu regeln.

So kann im Ergebnis nur eine Gesetzesänderung des § 27b SGB V - allein auch aus Gründen der Rechtssicherheit und aus Gründen der Sicherheit im praktischen Umgang mit dem Recht auf Zweitmeinung – die Spannungen beheben, die durch die Einführung der Mengenanfälligkeit als zentrale Anspruchsvoraussetzung geschaffen wurden. Anders kann wohl kaum eine verfassungsgemäße Auslegung und Anwendung der Norm im Leistungsrecht der GKV erfolgen. Dafür würde eine Öffnung der Anspruchsvoraussetzungen genügen, wie sie z. B der Bundesrat im Gesetzgebungsverfahren vorgeschlagen hat und wodurch auch Patient:innen mit schwerer Erkrankung vom Wortlaut des § 27b Abs. 1 S. 1 SGB V erfasst sein können. Eine offenere Ausgestaltung des § 27b Abs. 1 S. 1 SGB V würde auch in gewisser Weise an den früheren § 137 Abs. 3 S.1 Nr. 3 SGB V a. F. erinnern. Bei diesem ging es bereits um die Schwere eines Eingriffs, die ausschlaggebend dafür sein sollte, zumindest im stationären Bereich eine Zweitmeinung einholen zu können.

Nichtsdestotrotz sind mit der Normierung des § 27b SGB V die wesentlichen Pfeiler eines ernstzunehmenden Rechts auf Zweitmeinung innerhalb der GKV gesetzt, was in Hinblick auf die Stärkung des patient:innenrechtlichen Selbstbestimmungsrechts durchweg zu befürworten ist. Dabei haben gerade

Patient:innen, bei denen die Diagnose zu einer schweren Erkrankung gestellt wurde, das besondere Bedürfnis, eine Zweitmeinung einzuholen.[689] Da diese Fälle gerade nicht mehr von der Regelung des § 27b SGB V erfasst sind, muss in Zukunft sogar damit gerechnet werden, dass der Arzt gerade dann die Zweitmeinung nur noch erbringt, wenn der oder die Patient:in sich dazu bereit erklärt, diese auch selbst zu übernehmen.[690] Auch wenn ein oder eine Patient:in an einer schweren Erkrankung leidet, dürfte genau das abschreckend auf ihn oder sie wirken.

Letztlich steht diese Auswirkung in einem gänzlichen Widerspruch zu dem eigentlichen Zweck, den eine ärztliche Zweitmeinung aus medizinischer Sicht und aus Sicht von Patient:innen erfüllen sollte. Es ist zwar nicht abzustreiten, dass sich die medizinische Behandlung mit zunehmender demografischer und technischer Entwicklung in einem Spannungsfeld zwischen Kostendruck und der Einhaltung medizinischer Standards befindet,[691] was besonders den Gesetzgeber im Bereich der GKV vor immer neue Herausforderung der Finanzierung stellt. Gerade deshalb ist es aber umso wichtiger, dass bei der Ausgestaltung von krankenversicherungsrechtlichem Leistungsrecht grundrechtlich betroffene Werte ausreichend Beachtung finden. Der Gesetzgeber selbst hat diese Vorgabe mit der Normierung von § 2 Abs. 1a SGB V bereits umgesetzt. Auch wenn das bei der Formulierung des § 27b Abs. 1 S. 1 SGB V nicht ausreichend berücksichtigt wurde, sollte durch die Änderung der Norm dafür gesorgt werden, verfassungsrechtliche Bedenken zu beseitigen.

---

689 Z. B. onkologische Erkrankungen, siehe *Geraedts/Kraska*, Gesundheitsmonitor Newsletter 01/2016, 1 (3f.).

690 *Osterloh*, DÄ 2017, 1224-1226 (1226).

691 Vgl. *Laufs*, NJW 2000, 1757 (1763) m. w. N.

Literaturverzeichnis

Asklepios Kliniken Hamburg GmbH & IMWF Institut für Management- und Wirtschaftsforschung GmbH: Zweitmeinungsverfahren aus Patientensicht, 10/2014, die Studie ist bestellbar unter: <http://www.imwf.de/Studien-und-Untersuchungen/Studie-Zweitmeinungsverfahren-aus-Patientensicht-2014/>, Stand: 2016

Axer, Peter: Begründungspflichten des Gemeinsamen Bundesausschusses im Licht des SGB V, GesR 2013, 211-219

Bäune, Stefan; Dahm, Franz-Josef; Flasbarth, Roland: GKV-Versorgungsstärkungsgesetz (GKV-VSG), MedR 2016, 4–16

Becker, Ulrich; Kingreen, Thorsten; Axer, Peter (Hrsg.): SGB V, Gesetzliche Krankenversicherung, 7. Auflage, München, 2020 (zit.: *Bearbeiter:in,* in: Becker/Kingreen, SGB V)

Becker, Ulrich; Kingreen, Thorsten; Axer, Peter (Hrsg.): SGB V, Gesetzliche Krankenversicherung, 8. Auflage, München, 2022 (zit.: *Bearbeiter:in,* in: Becker/Kingreen, SGB V)

Berchtold, Josef; Huster, Stefan; Rehborn, Martin (Hrsg.): Gesundheitsrecht, SGB V, SGB XI, 2. Auflage, Baden-Baden, 2018 (zit.: *Bearbeiter:in,* in: NoKo-GesR, SGB V)

Bergmann, Karl Otto; Wever, Carolin: Risiko- und Qualitätsmanagement im Gesundheitswesen - Entwicklung und Tendenzen 2018/2019, MedR 2019, 876-878

Birle, Jürgen Paul (Bearb. u.a.) (Hrsg.): Beck'sches Steuer- und Bilanzrechtslexikon, München, 59. Edition, Stand: 01.05.2022 (zit.: *Bearbeiter:in*, in: Beck'sches Steuer- und Bilanzrechtslexikon)

Bockholdt, Frank: Die „Nikolaus-Rechtsprechung" des BVerfG – Eine Bestandsaufnahme, Zugleich Anmerkung zu BVerfG, Beschluss vom 11. April 2017 – 1 BvR 452/17, NZS 2017, 569–577

Brüggemann, Silke; Niehues, Christiane; Rose, Anne D.; Schwöbel, Beatrice: Pschyrembel Sozialmedizin und Public Health, 2. Auflage, Berlin, 2015

Dettling, Heinz-Uwe; Gerlach, Alice: Beck'scher Online-Kommentar Krankenhausrecht, 1. Edition, Stand: 02.04.2022, München (zit.: *Bearbeiter:in*, in: BeckOK KHR, Dettling/Gerlach)

Dierks, Christian: Rechtliche und praktische Probleme der Integration von Telemedizin im Gesundheitswesen in Deutschland, Berlin, 1999

Dreier, Horst (Hrsg.): Grundgesetz, Kommentar, Band 1: Präambel, Artikel 1 - 19, 3. Auflage, Tübingen, 2013 (zit.: *Bearbeiter:in,* in: Dreier GG)

Eichenhofer, Eberhard; v. Koppenfels-Spies, Katharina; Wenner, Ulrich (Hrsg.): Kommentar zum Sozialgesetzbuch V, Gesetzliche Krankenversicherung, 3. Auflage, Köln, 2018 (zit.: *Bearbeiter:in,* in: Eichenhofer/v. Koppenfels-Spies/Wenner, SGB V)

Endriß, Rainer; Malek, Klaus: Patientenrechte, Ein Ratgeber für den Umgang mit Arzt und Krankenhaus, 2. Auflage, Köln, 1990

Epping, Volker: Grundrechte, 9. Auflage, Berlin (u. a.), 2021

Epping, Volker; Hillgruber, Christian (Hrsg.): Beck'scher Online-Kommentar GG, München, 51. Edition, Stand: 15.05.2022 (zit.: *Bearbeiter:in,* in: Epping/Hillgruber, BeckOK-GG)

Gassner, Ulrich: Götterdämmerung des Gemeinsamen Bundesausschusses?, NZS 2016, 121–127

Geiß, Karlmann; Greiner, Hans-Peter (Hrsg.): Arzthaftpflichtrecht, 8. Auflage, München, 2022 (zit.: *Bearbeiter:in,* in: Geiß/Greiner, Arzthaftpflichtrecht)

Geraedts, Max: Die ärztliche Zweitmeinung bei der Therapiewahl, in: Klauber, Jürgen/ Geraedts, Max/ Friedrich, Joerg/ Wasem, Jürgen: Mengendynamik: Mehr Menge, mehr Nutzen?, Krankenhaus-Report 2013, 1. Auflage, Stuttgart, 2013

Geraedts, Max; Kraska, Rike: Zweitmeinung: Inanspruchnahme und Nachfrage aus Sicht der Bevölkerung, Gesundheitsmonitor Newsletter 01/2016, 1–10

Grüneberg, Christian: Beck'sche Kurzkommentare, Bürgerliches Gesetzbuch, mit Nebengesetzen, 81. Auflage, München, 2022 (zit.: *Bearbeiter:in,* in: Grüneberg-BGB)

Hager, Lutz: Qualitätskriterien für die ärztliche Zweitmeinung - ein Anwendungsbeispiel, in: Amelung, Volker Eric u. a. (Hrsg.); Patientenorientierung: Schlüssel für mehr Qualität, Berlin, 2015

Hamburg Center for Health Economics: Forschungsauftrag zur Mengenentwicklung nach § 17b Abs. 9 KHG, Endbericht Juli 2014, Hamburg, 2014, abrufbar unter: <http://www.dkgev.de/media/file/17192.2014-07-10_Anlage_Forschungsbericht-zur-Mengenentwicklung_FIN.pdf>

Hamm, Christoph: Beck'sches Rechtsanwaltshandbuch, 12. Auflage, München, 2022 (zit.: *Bearbeiter:in, in*: BeckRA-HdB)

Hänlein, Andreas; Schuler, Rolf (Hrsg.): Sozialgesetzbuch V, Gesetzliche Krankenversicherung, Lehr- und Praxiskommentar, 6. Auflage, Baden-Baden, 2022 (zit.: *Bearbeiter:in,* in: LPK-SGB V)

Harney, Anke; Huster, Stefan; Recktenwald, Britta: Das Recht der Qualitätssicherung im SGB V - rechtliche Grundlagen und Systematisierung - Teil 1 -, MedR 2014, 273-282

Hau, Wolfgang; Poseck, Roman (Hrsg.): Beck'scher Online-Kommentar BGB, München, 62. Edition, Stand 01.05.2022 (zit.: *Bearbeiter:in, in*: BeckOK-BGB)

Hauck, Ernst: Rechtliche Schnittstellen im SGB V zwischen ambulanter und stationärer Arzneimittelversorgung, MedR 2010, 226-232

Hauck, Karl; Noftz, Wolfgang (Hrsg.): Sozialgesetzbuch, SGB V: Gesetzliche Krankenversicherung, Band 3: §§ 37-76, Berlin, Stand: 05/2005 (zit.: *Bearbeiter:in,* in: Hauck/Noftz, SGB V)

Hauck, Karl; Noftz, Wolfgang (Hrsg.): Sozialgesetzbuch, SGB V: Gesetzliche Krankenversicherung, Band 5: §§ 124-240, Berlin, Stand: 11/2016 (zit.: *Bearbeiter:in,* in: Hauck/Noftz, SGB V)

Heberlein, Ilse; Heberlein, Ingo: Die Zweitmeinung im SGB V - ein neuer Anlauf, GuP 2015, 201–207

Heberlein, Ingo: Die Richtlinie des G-BA zur Zweitmeinung, GuP 2018, 1–7

Heide, Jochen: Medizinische Zwangsbehandlung, Rechtsgrundlagen und verfassungsrechtliche Grenzen der Heilbehandlung gegen den Willen des Betroffenen, Berlin, 2001

Holzner, Thomas: Konsens im Allgemeinen Verwaltungsrecht und in der Demokratietheorie, Untersuchungen zur Phänomenologie gruppenpluraler Konsensverwaltung unter besonderer Berücksichtigung des Sozialrechts als Referenzgebiet, Tübingen, 2016

Hufen, Friedhelm: Staatsrecht II, Grundrechte, 9. Auflage, München, 2021

Igl, Gerhard; Welti, Felix: Gesundheitsrecht, Eine systematische Einführung, 3. Auflage, München, 2018 (zit.: *Bearbeiter:in,* in: Igl/Welti, Gesundheitsrecht)

Isensee, Josef: Das Recht des Kassenarztes auf angemessene Vergütung, VSSR 1995, 321–353

Isensee, Josef; Kirchhof, Paul (Hrsg.): Handbuch des Staatsrechts der Bundesrepublik Deutschland, Band VIII: Grundrechte: Wirtschaft, Verfahren, Gleichheit, 3. Auflage, Heidelberg, 2010 (zit.: *Bearbeiter:in,* in: Isensee/Kirchhof, HStR)

Janda, Constanze: Medizinrecht, 4. Auflage, Konstanz, 2019

Jarass, Hans D.; Pieroth, Bodo (Hrsg.): Grundgesetz für die Bundesrepublik Deutschland, Kommentar, 17. Auflage, München, 2022 (zit.: *Bearbeiter:in,* in: Jarass/Pieroth GG)

Jauernig, Othmar; Stürner, Rolf (Hrsg.): Bürgerliches Gesetzbuch, Kommentar, 18. Auflage, München, 2021 (zit.: *Bearbeiter:in,* in: Jauernig, BGB)

Jellinek, Georg: System der subjektiven öffentlichen Rechte, 2. Auflage, Tübingen, 1905

Kingreen, Thorsten: Verfassungsrechtliche Grenzen der Rechtsetzungsbefugnis des Gemeinsamen Bundesausschusses im Gesundheitsrecht, NJW 2006, 877–880

Kingreen, Thorsten: Systemstabilisierung durch ein lernendes System - Die Gemeinsame Selbstverwaltung in der gesetzlichen Krankenversicherung und das Bundessozialgericht, ZMGR 2010, 216–227

Kingreen, Thorsten: Der Gemeinsame Bundesausschuss vor dem BVerfG: Das Tor liegt in der Luft!, MedR 2017, 8–14

Kloepfer, Michael: Verfassungsrecht, Band II: Grundrechte, München, 2010

Kluth, Winfried: Grundrechte, inklusive Recht der Verfassungsbeschwerde, 4. Auflage, Halle (Saale), 2017

Knickrehm, Sabine; Kreikebohm, Ralf; Waltermann, Raimund (Hrsg.): Kommentar zum Sozialrecht, 50. Sozialgesetzbuch (SGB) Fünftes Buch (V) - Gesetzliche Krankenversicherung -, 7. Auflage, München, 2021 (zit.: *Bearbeiter:in,* in: Knickrehm/Kreikebohm/Waltermann, SGB V)

Knispel, Ulrich: Der Anspruch auf Einholung einer Zweitmeinung nach § 27b SGB V, NZS 2016, 174–178

Koppernock, Martin: Das Grundrecht auf bioethische Selbstbestimmung, zur Rekonstruktion des allgemeinen Persönlichkeitsrechts, 1. Auflage, Baden-Baden, 1997

Körner, Anne; Leitherer, Stephan; Mutschler, Bernd (Hrsg.): Kasseler Kommentar Sozialversicherungsrecht, 5. Sozialgesetzbuch, München, 118. EL, Stand: 01.03.2022 (zit.: *Bearbeiter:in,* in: KassKomm, SGB V)

Krüger, Colin M.: Die medizinische Zweitmeinung aus dem Internet: Wahrung der Patientenautonomie?, RDG 2015, 12–17

Kuhlmann, Jens-M.: GKV-Versorgungsstärkungsgesetz - Wichtige Neuregelungen, PKR 2015, 57–60

Langhals, Jürgen: Umfang des Behandlungsanspruchs bei lebensbedrohlichen oder regelmäßig tödlich verlaufenden Erkrankungen, NZS 2007, 76–80

Larenz, Karl; Canaris, Claus-Wilhelm: Methodenlehre der Rechtswissenschaft, 3. Auflage, Berlin (u. a.), 1995

Laufs, Adolf: Nicht der Arzt allein muss bereit sein, das Notwendige zu tun, NJW 2000, 1757–1769

Laufs, Adolf; Katzenmeier, Christian; Lipp, Volker (Hrsg.): Arztrecht, 8. Auflage, München, 2021 (zit.: *Bearbeiter:in,* in: Laufs/Katzenmeier/Lipp, Arztrecht)

Laufs, Adolf; Kern, Bernd-Rüdiger; Rehborn, Martin (Hrsg.): Handbuch des Arztrechts, 5. Auflage, München, 2019 (zit.: *Bearbeiter:in,* in: Laufs/Kern/Rehborn, Handbuch des Arztrechts)

Leibholz, Gerhard; Rinck, Hans-Justus (Hrsg.): Grundgesetz, 85. Aktualisierung, Köln, 2022 (zit.: *Bearbeiter:in,* in: Leibholz/Rinck, Grundgesetz)

Manssen, Gerrit: Staatsrecht II, Grundrechte, 18. Auflage, München, 2021

Marburger, Horst: Auswirkungen des Versorgungsstärkungsgesetzes, SuP 2015, 555–565

Martini, Mario: Das allgemeine Persönlichkeitsrecht im Spiegel der jüngeren Rechtsprechung des Bundesverfassungsgerichts, JA 2009, 839-845

Maunz, Theodor; Dürig, Günter; Herzog, Roman (Hrsg.): Grundgesetz Kommentar, Band 1: Texte, Art. 1-5, 96. EL, Stand: 11/2021 (zit.: *Bearbeiter:in,* in: Maunz/Dürig GG)

Mellink, Wilhelmina A. M.; Dulmen, A. M. V.; Wiggers, Th.; Spreeuwenberg, P. M. M.; Eggermont, A. M. M.; Bensing, J. M.: Cancer patients seeking a second surgical opinion: results of a study on motives, needs, and expectations, Journal of clinical oncology 2003, 1492–1497

Müller, Friedrich: Juristische Methodik, 6. Auflage, Berlin, 1995

Neumann, Volker: Verantwortung, Sachkunde, Betroffenheit, Interesse - Zur demokratischen Legitimation der Richtlinien des Gemeinsamen Bundesausschusses, NZS 2010, 593–600

Osterloh, Falk: Hilfe oder Verunsicherung?, DÄ 2014, 2254–2255

Osterloh, Falk: Uneinheitliches Angebot, DÄ 2017, 1224-1226

Padé, Christiane: Anspruch auf Leistungen der gesetzlichen Krankenversicherung bei Lebensgefahr und tödlich verlaufenden Krankheiten - Umsetzung des "Nikolaus"-Beschlusses des Bundesverfassungsgerichts durch die Rechtsprechung des Bundessozialgerichts, NZS 2007, 352–358

Panagopoulou-Koutnatzi, Fereniki: Die Selbstbestimmung des Patienten, Eine Untersuchung aus verfassungsrechtlicher Sicht, Berlin, 2009

Pentz, Vera von: Entwicklungen der neueren höchstrichterlichen Rechtsprechung zur Arzthaftung, MedR 2016, 16–23

Pieper, Dawid: Zweitmeinung bei elektiven Eingriffen, GGW 2020, Heft 2 (April), 16-22

Pieper, Dawid; Heß, Simone; Mathes, Tim: Bestandsaufnahme zu Zweitmeinungsverfahren in der Gesetzlichen Krankenversicherung (GKV), Das Gesundheitswesen 2018, 859–863

Pieroth, Bodo; Schlink, Bernhard; Kingreen, Thorsten; Poscher, Ralf: Grundrechte, Staatsrecht II, 34. Auflage, Heidelberg, Hamburg, 2018

Projektgruppe Zweitmeinung: Zweitmeinungsprogramme zur Reduktion unnötiger Operationen, Evaluation eines Second-opinion-Systems der grossen Schweizer Krankenversicherer, Muri/Schweiz, 1997

Quaas, Michael; Zuck, Rüdiger; Clemens, Thomas (Hrsg.): Medizinrecht, Öffentliches Medizinrecht - Pflegeversicherungsrecht - Arzthaftpflichtrecht - Arztstrafrecht, 4. Auflage, München, 2018 (zit.: *Bearbeiter:in,* in: Quaas/Zuck, Medizinrecht)

Ricken, Oliver: Grundfragen des Versorgungsstärkungsgesetzes, GesR 2016, 265–271

Röhrig, Daniela; Rompf, Thomas; Schröder, Jürgen: Das GKV-VSG aus Sicht des Patienten, GesR 2015, 455–461

Rolfs, Christian; Giesen, Richard; Kreikebohm, Ralf; Udsching, Peter (Hrsg.): Beck'scher Online-Kommentar Sozialrecht, München, 65. Edition, Stand: 01.06.2022 (zit.: *Bearbeiter:in,* in: BeckOK-SozR, SGB V)

Sachs, Michael: Verfassungsrecht II, Grundrechte, 3. Auflage, Berlin, 2017

Säcker, Franz-Jürgen; Rixecker, Roland; Oetker, Hartmut (Hrsg.): Münchener Kommentar zum Bürgerlichen Gesetzbuch, Band 4, 8. Auflage, München, 2019 (zit.: *Bearbeiter:in,* in: MüKo BGB)

Schimmelpfeng-Schütte, Ruth: Die Entscheidungsbefugnisse des Gemeinsamen Bundesausschusses, NZS 2006, 567–572

Schlegel, Rainer; Voelzke, Thomas (Hrsg.): juris PraxisKommentar SGB V - Gesetzliche Krankenversicherung, 4. Auflage, Saarbrücken, 2020 (zit.: *Bearbeiter:in,* in: jurisPK-SGB V)

Schlegel, Rainer; Voelzke, Thomas (Hrsg. u.a.): juris PraxisKommentar - SGB V / G-BA, 1. Auflage, 2019 (zit.: *Bearbeiter:in,* in: jurisPK-SGB V / G-BA)

Schlegel, Rainer; Voelzke, Thomas (Hrsg.): juris PraxisKommentar SGB X - Sozialverwaltungsverfahren und Sozialdatenschutz, 2. Auflage, Saarbrücken, 2017 (zit.: *Bearbeiter:in,* in: jurisPK-SGB X)

Schmidt-Bleibtreu, Bruno; Hofmann, Hans; Henneke, Hans-Günter (Hrsg.): Grundgesetz, Kommentar, 15. Auflage, Köln, 2021 (zit.: *Bearbeiter:in,* in: Schmidt-Bleibtreu/Hofmann/Henneke GG)

Schmidt-De Caluwe, Reimund: Das Behandlungsverhältnis zwischen Vertragsarzt und sozialversichertem Patienten, VSSR 1998, 207–232

Schmidt-De Caluwe, Reimund: Gesetzliche Krankenversicherung - Leistungsanspruch bei schwerwiegenden, schulmedizinisch nicht therapierbaren Erkrankungen, SGb 2006, 619–625

Schnapp, Friedrich E.; Wigge, Peter (Hrsg.): Handbuch des Vertragsarztrechts, Das gesamte Kassenarztrecht, 3. Auflage, München, 2017 (zit.: *Bearbeiter:in*, in: Schnapp/Wigge Vertragsarztrecht)

Schoch, Friedrich; Schneider, Jens-Peter (Hrsg.): Verwaltungsrecht VwVfG, Band III, Kommentar, 2. Auflage, München, 2022 (zit.: *Bearbeiter:in*, in: Schoch/Schneider, VwVfG)

Schroeder-Printzen, Jörn: GKV-VSG - Der große Entwurf für die Verstärkung der ambulanten Versorgung? - Teil I, ZMGR 2015, 377–386

Schulze, Reiner; Dörner, Heinrich (Hrsg.): Bürgerliches Gesetzbuch, Handkommentar, 11. Auflage, Baden-Baden, 2022 (zit.: *Bearbeiter:in*, in: Schulze/Dörner, NK-BGB)

Sodan, Helge; Ziekow, Jan: Grundkurs Öffentliches Recht, Staats- und Verwaltungsrecht, 9. Auflage, München, 2020

Spickhoff, Andreas (Hrsg.): Medizinrecht, 3. Auflage, München, 2018 (zit.: *Bearbeiter:in*, in: Spickhoff, Medizinrecht, SGB V)

Stang, Andreas; Merrill, Ray M.; Kuss, Oliver: Hysterektomien in Deutschland, Eine DRG-basierte nationenweise Analyse der Jahre 2005-2006, DÄ 2011, Heft 30, 108

Steinfath, Holmer; Wiesemann, Claudia (Hrsg.): Autonomie und Vertrauen, Schlüsselbegriffe der modernen Medizin, 1. Auflage, Wiesbaden, 2016 (zit.: *Bearbeiter:in*, in: Steinfath/Wiesemann, Autonomie und Vertrauen)

Stern, Klaus: Das Staatsrecht der Bundesrepublik Deutschland, Allgemeine Lehre der Grundrechte, Grundlagen und Geschichte, nationaler und internationaler Grundrechtskonstitutionalismus, juristische Bedeutung der Grundrechte, Grundrechtsberechtigte, Grundrechtsverpflichtete, Band III/1, München, 1988

Stupp, Sonja: Das GKV-Versorgungsstärkungsgesetz (GKV-VSG) - Inhaltliche Schwerpunkte und Ziele, KrV 2016, 11–15

Terbille, Michael; Clausen, Tilman; Adolphsen, Jens; Schroeder-Printzen, Jörn (Hrsg.): Münchener Anwaltshandbuch Medizinrecht, 2. Auflage, München, 2013 (zit.: *Bearbeiter:in*, in: AnwaltsHB MedizinR)

Voit, Doris; Hommel, Jasmin: Die neue G-BA-Richtlinie zum Zweitmeinungsverfahren, KH 2019, 200–207

Voßkuhle, Andreas; Kaiser, Anna-Bettina: Grundwissen - Öffentliches Recht: Funktionen der Grundrechte, JuS 2011, 411–413

Wagner, Regine; Knittel, Stefan (Hrsg.): Krauskopf, Dieter: Soziale Krankenversicherung - Pflegeversicherung, Kommentar, München, 114. EL, Stand: 04/2022 (zit.: *Bearbeiter/in*, in: Krauskopf, SGB V)

Waltermann, Raimund: Sozialrecht, 14. Auflage, Heidelberg, 2020

Wannagat, Georg (Hrsg.): Kommentar zum Recht des Sozialgesetzbuchs, Gesetzliche Krankenversicherung, Band 1-2, Köln, 1999-2009 (zit.: *Bearbeiter:in*, in: Wannagat, SGB V)

Wenner, Ulrich: Rationierung, Priorisierung, Budgetierung: verfassungsrechtliche Vorgaben für die Begrenzung und Steuerung von Leistungen der Gesundheitsversorgung, GesR 2009, 169–181

Wenner, Ulrich: Der Gemeinsame Bundesausschuss (G-BA) aus Sicht der Rechtsprechung des Bundessozialgerichts, GuP 2013, 41-50

Wenner, Ulrich: Anspruch auf Einholung einer ärztlichen Zweitmeinung, SozSich 2015, 333–338

Wiegand, Britta Beate: Die Beleihung mit Normsetzungskompetenzen, das Gesundheitswesen als Exempel, Berlin, 2008

Wienke, Albrecht; Eberbach, Wolfram; Janke, Kathrin; Kramer, Hans-Jürgen (Hrsg.): Die Verbesserung des Menschen, Tatsächliche und rechtliche Aspekte der wunscherfüllenden Medizin, Berlin, Heidelberg, 2009 (zit.: *Bearbeiter:in*, in: Wienke/Eberbach, Die Verbesserung des Menschen - Tatsächliche und rechtliche Aspekte der wunscherfüllenden Medizin)

Wiesemann, Claudia; Simon, Alfred (Hrsg.): Patientenautonomie, Theoretische Grundlagen - Praktische Anwendungen, Münster, 2013 (zit.: *Bearbeiter:in*, in: Wiesemann/Simon, Patientenautonomie)

Wille, Marion: GKV-WSG: Umsetzungsstand in der Arzneimittelversorgung, PharmR 2007, 503-512

Wolff, Heinrich Amadeus: Der Kreis der Sachverständigen der medizinischen und pharmazeutischen Wissenschaft und Praxis i. S. von § 92 Abs. 3a SGB V, MedR 2009, 441-448

Wolfram, Thomas: Das standardisierte Zweitmeinungsverfahren in der Klinikpraxis, KH 2015, 46–48

Zuck, Rüdiger: Der Standort der besonderen Therapierichtungen im deutschen Gesundheitswesen, NJW 1991, 2933–2937

www.ingramcontent.com/pod-product-compliance
Ingram Content Group UK Ltd.
Pitfield, Milton Keynes, MK11 3LW, UK
UKHW021854290926
8980IPUK00005B/834

9 783631 876954